Geistlicher Niedergang

Die Ursache, warum Gläubige von Gott abweichen

„… dieses unschätzbare Handbuch für die Behandlung der Seele ist jedem Christen zu empfehlen" –

The Crusade

Octavius Winslow

3L Verlag

Mit freundlicher Unterstützung von:
Chelford House Christian Fellowship Trust

IMPRESSUM

© Copyright 2012 by 3L Verlag gemeinnützige GmbH
D-65529 Waldems
ISBN 978-3-941988-40-8

Übersetzer: Wilhelm Schneider
Korrektur: Manfred Schwierk
Druck: CPI books

Die englische Originalausgabe erschien unter dem Titel:
Personal Declension and Revival of Religion in the Soul
by Octavius Winslow

First Banner of Truth Trust edition 1960

Inhalt

VORWORT DES DEUTSCHEN HERAUSGEBERS

Für die deutsche Übersetzung wurde der revidierte Text der Schlachterbibel zugrunde gelegt. In einigen Fällen wurden auch andere deutsche Bibelausgaben herangezogen.

Es erscheint uns angemessen, den deutschen Leser besonders darauf hinzuweisen, dass Worte wie „Abfall (vom Glauben)", „Abtrünnigkeit", „Abkehr" usw. in der Bibel streng genommen nicht alle dasselbe meinen. Wir betonen dies, da leider die deutschen Bibelübersetzungen diese Begriffe mitunter synonym verwenden. Der theologische Begriff „Apostasie" bezeichnet einen vollständigen Abfall vom Glauben, eine völlige Abkehr vom Evangelium. Dieser vollständige Abfall vom Glauben ist endgültig und unumkehrbar, wie der Puritaner John Owen deutlich macht:

> „Bei der vollständigen Abkehr vom Evangelium ist es unvereinbar mit Gottes Heiligkeit, Gerechtigkeit und Treue, dass er diese Menschen noch einmal zur Buße erneuert, die sich offen und ganz und gar einer solchen Sünde schuldig gemacht haben."[1]

In dem vorliegenden Buch behandelt Octavius Winslow jedoch *nicht* das Thema der Apostasie, dem vollständigen Abfall vom Glauben, wie es John Owen in *Die Gefahr des Abfallens* tut, sondern die Abtrünnigkeit eines durch Gottes Gnade erwählten und erneuerten Gotteskindes. Im Gegensatz zum Abfall vom Glauben (Apostasie) lehrt die Heilige Schrift: *„Kehrt um, ihr abtrünnigen Kinder! Ich will*

---

1 John Owen, *Die Gefahr des Abfallens*, 3L Verlag gemeinnützige GmbH, Waldems 2010, S. 150.

eure Abtrünnigkeit heilen!" (Jer 3,22). Ein zeitweiliger „Rückfall" (engl. *Backsliding*) in das alte Wesen und in sündhafte Verhaltensmuster, ein Niedergang des geistlichen Lebens eines Christen, sollte daher nicht mit einem Abfall vom Glauben verwechselt werden. Octavius Winslow schreibt diesbezüglich am Ende dieses Buches:

> „Manche, die nur unvollkommen im Wort unterrichtet sind, fürchten hier einen schrecklichen Abfall vom Glauben und eine endgültige Verdammung aus der Gegenwart Gottes hernach. Sie glauben zwar, dass Christus der göttlichen Gerechtigkeit bezüglich ihrer Sünden völlig Genüge getan, die mächtige Schuld ausgelöscht, ihnen seine Gerechtigkeit zugeschrieben, ihre Missetaten getilgt, sie berufen, erneuert, geheiligt und durch seinen Geist vollkommen von ihnen Besitz ergriffen hat; dass er in die Höhe aufgefahren ist, um für sie beim Vater einzutreten –, aber dass sie doch, nach all dieser erstaunlichen Ausübung von Macht und diesem einzigartigen Erweis freier Gnade, dem vollständigen Abfall von Gott überlassen werden und endgültig und ewig verloren gehen können. Wenn es eine Lehre gibt, die von ihrer Natur her äußerst schrecklich und von ihren Folgen her enorm bedrückend und der Herrlichkeit Gottes und der Ehre Christi direkt entgegengesetzt ist, dann, so scheint es mir, ist es diese."

Schließlich möchten wir anmerken, dass in diesem Buch das englische Wort „church" in der Regel mit „Kirche" wiedergegeben wird (mit Ausnahme der Bibelzitate). Andere Übersetzungsmöglichkeiten wären „Versammlung" (vgl. die Elberfelder Bibel bis zur Revision 1975) oder „Gemeinde" (vgl. die meisten modernen Bibelübersetzungen). Das Wort „Kirche" leitet sich ab von dem griechischen Wort *kyriakos*, „zum Herrn gehörig", und ist als Begriff die Übersetzung für *ekklēsia*, „die Herausgerufene".

VORWORT

Dass das Thema, von dem dieses bescheidene Buch handelt, äußerst ernst und sehr tiefschürfend ist, muss jeder wahre Gläubige an Jesus anerkennen. Die bestehende Notwendigkeit für solch ein Werk hat sich dem Sinn des Autors lange eingeprägt. Andere und fähigere Schriftsteller bemühen ihren Stift, sei es bei der Verteidigung der Außenposten des Christentums oder um eine schlummernde Kirche zu einem höheren Maß an eigenem und vereinigtem Handeln in dem großen Werk der christlichen Wohltätigkeit zu erwecken. Er aber hat gespürt, dass er, wenn er nur in noch so bescheidener Weise dazu behilflich ist, den Blick des Gläubigen gelegentlich von den blendenden und fast verwirrenden Bewegungen um ihn herum wegzulenken und ihn auf den Zustand *seiner eigenen, persönlichen Religion*[2] *zu richten, der christlichen Kirche einen Dienst erweisen würde, der in ihrer momentanen überbewerteten Lage nicht weniger gebraucht wird.*

Man muss zugestehen, dass der Charakter und die Neigung dieser Zeit nicht vorteilhaft sind für eine tiefe und reife Betrachtung des verborgenen, geistlichen Lebens der Seele. Die Kirche schwirrt herum auf ihrem glänzenden Weg der wohltätigen Initiativen. Sie ist sehr engagiert darin, neue und weitreichende Vorhaben eines Angriffs auf die Herrschaft der Sünde zu planen und auszuführen. Sie ist gezwungen, in der einen Hand das Schwert des Geistes zur Verteidigung

---

2   Dem Autor geht es in diesem Buch um die wahre Religion nach dem Vorbild der Heiligen Schrift und im Sinne christlicher Frömmigkeit und christlichen Glaubens.

des Glaubens zu halten, den sie mit der anderen aufbaut. Doch es bleibt wenig Energie übrig und man nimmt sich nur wenig Zeit, um sich eingehend, gläubig und wiederholt mit dem persönlichen und geistlichen Zustand der Gnade in der Seele zu beschäftigen. Diese kann, als Folge davon, dass sie in dieser Weise nicht beachtet und nicht gepflegt wird, in einen Zustand des tiefsten und schmerzlichsten Abfalls fallen. *„Sie setzten mich zur Hüterin der Weinberge; doch meinen eigenen Weinberg habe ich nicht gehütet!"* (Hld 1,6).

Es ist also der demütige Plan des Verfassers, mit dem gegenwärtigen Werk den Sinn eine Weile von der Betrachtung der reinen Äußerlichkeiten des Christentums wegzuziehen und dem Leser zu helfen, die ernste und dringliche Frage zu beantworten: „Wie ist der gegenwärtige Zustand meiner Seele vor Gott?" Er wird auf den folgenden Seiten ermahnt, das christliche Bekenntnis, welches er anerkennt, die Denomination, der er angehört und deren spezifischen Eigenheiten, unter denen sie bei den Menschen bekannt sind, zu vergessen; eine kurze Weile alle religiösen Pflichten, Tätigkeiten und Strömungen beiseitezulegen und dieser Frage offen und ehrlich ins Gesicht zu schauen.

Der Autor hat sich nicht in der Lage gesehen, sein Werk mit menschlicher Weisheit und Redegewandtheit zu beladen und zu schmücken: Das Thema hat sich seinem Sinn in zu ernster und schrecklicher Weise dargestellt. Er fühlte, dass der Boden, den er beschritt, so heilig war, dass er die Schuhe von seinen Füßen ausziehen und alles ablegen musste, was nicht in völliger Eintracht mit dem geistlichen Charakter seines Themas war. Niemand kann sich mehr bewusst und niemand tiefer gedemütigt sein als der Autor, dass die Spuren der menschlichen Unvollkommenheit auf jeder Seite zu finden sind. Das Empfinden darüber, wie dürftig das Thema behandelt wurde, hat seinen eigenen Sinn in der Tat so getroffen, dass er dieses Buch mehr als einmal vom Druck zurückgehalten hätte, wäre er sich nicht der immensen Wichtigkeit und des Bedarfs bewusst gewesen, den es gibt, dieses fast in jeder Form zu diskutieren. Möge der Geist Gottes seine Argumentation mit Macht und Salbung begleiten und ihm möge wie dem Vater und dem Sohn die Ehre gegeben werden!

Leamington Spa,

September 1841

KAPITEL 1

DER ANFANG VOM GEISTLICHEN NIEDERGANG

„WER EIN ABTRÜNNIGES HERZ HAT"
(SPR 14,14).

Wenn es eine Überlegung gibt, die den geistlich gesinnten Gläubigen mehr als alles andere demütigt, dann die, dass es nach all dem, was Gott für ihn getan hat – nach all den reichen Erweisen seiner Gnade, der Geduld und Sanftheit seiner Unterweisung, der wiederholten Erziehung durch seinen Bund, der Liebeserweise, die er empfing und den gelernten Lektionen aus der Erfahrung im Herzen –, immer noch ein Prinzip geben sollte, welches dazu neigt, heimlich, unaufhörlich und in beunruhigender Weise von Gott abzuweichen. Sicherlich steckt in dieser ernsten Tatsache das, was einen leicht zu der tiefsten Selbsterniedrigung vor ihm führen kann.

Wenn wir in diesem frühen Stadium unserer Untersuchung dieses Themas einen Grund für die wachsende Macht bestimmen wollen, die dieses latente, schleichende Prinzip in der Seele ausüben darf, könnten wir auf die ständige Vergesslichkeit des Gläubigen hinsichtlich der Wahrheit verweisen, dass es in der göttlichen Gnade kein wesentliches Element gibt, das die Seele vor dem tiefsten, geistlichen Niedergang schützen kann; dass, wenn man die Seele ihrer sich selbst erhaltenden Kraft überlässt, die feindlichen Einflüsse, von denen sie umgeben ist, die schlimmen Angriffe, denen sie ausgesetzt ist, und der schwache Widerstand, den sie zu leisten vermag, so sind, dass es keinen Moment gibt – wie wunderbar ihre früheren Siege auch sein mögen –, in denen das anfängliche und verborgene Voranschreiten des geistlichen Niedergangs in der Seele nicht anfangen und zunehmen kann! Es gibt in uns einen Hang, die Gnadengaben des Geistes zu vergöttlichen. Wir denken oft an Glaube und Liebe und ähnliche Gnadengaben, als wären sie in hohem Maße allmächtig; wir vergessen, dass, obwohl sie zweifellos von ihrem Ursprung her göttlich, geistlich in ihrem Wesen und heiligend in ihren Auswirkungen sind, sie doch durch keine unabhängige Kraft getragen werden, sondern durch die beständige Übermittlung von Leben und Nahrung durch Jesus. Dass der Moment, in dem man sie ihrer eigenen Kraft überlässt, der Moment ist, in dem sie gewiss einen geistlichen Niedergang erfahren und schwinden.

Wir müssen deshalb hier eine kostbare und wichtige Wahrheit schützen, nämlich das *unzerstörbare Wesen* wahrer Gnade. Göttliche Gnade in der Seele kann niemals wirklich sterben; wahre Gnade kann niemals völlig und endgültig fehlschlagen. Wir sprechen aber jetzt von ihrem *Schwinden*. Eine Blume kann ermatten und doch leben. Eine Pflanze kann kränklich sein und doch nicht sterben. In dem niedrigsten Zustand geistlichen Niedergangs, in dem schwächsten Zustand der Gnade, gibt es ein Leben, das niemals stirbt. Bei all seinem Abweichen, der Ebbe und der Flut, dem Umherschweifen und Wiederherstellen, wird der Gläubige in Christus durch die Kraft Gottes durch den Glauben zur Rettung bewahrt. Er kann nicht völlig zu Fall kommen, er kann nicht endgültig verlorengehen. Gottes Unveränderlichkeit hält ihn, der Bund der Gnade hält ihn, das vollendete Werk Christi hält ihn, die Innewohnung des Geistes hält und erhält ihn zur ewigen Herrlichkeit. Wir sagen also, dass wahre Gnade unzerstörbare Gnade ist, sie kann niemals sterben. Doch sie kann *schwinden*; und der Leser wird nun eingeladen, dieses ernste und wichtige Thema mit aufrichtiger Aufmerksamkeit zu betrachten. Wir wollen das Thema des persönlichen geistlichen Niedergangs der Religion in der Seele anhand einiger ihrer verschiedenen und hervorstechenden Formen und Phasen zeigen und auf die Mittel verweisen, die Gott zu ihrer Wiederherstellung und Wiederbelebung bestimmt und gesegnet hat.

Da wir – wie wir es tun – glauben, dass ein Kind Gottes nur durch langsame und allmähliche Schritte in einen Zustand des inneren, geistlichen Niedergangs und äußerlicher Abtrünnigkeit gerät, und da wir auch glauben, dass ein Prozess des geistlichen Schwindens in den geheimen Nischen der Seele voranschreitet, wobei keinerlei Verdacht oder Furcht in dem Sinn des Gläubigen geweckt wird, halten wir es für von größter Bedeutung, dass wir diesen Zustand zuerst in seiner anfänglichen und verborgenen Form in Augenschein nehmen. Möge Gott der Geist den Sinn des Autors und des Lesers mit Licht und das Herz mit Demut erfüllen und das Auge des Glaubens einfach und allein auf Jesus richten und an ihm festmachen, wenn wir damit fortfahren, so ein rein geistliches und das Herz tief erforschendes Thema darzulegen!

1. KENNZEICHEN FÜR DAS GÖTTLICHE LEBEN IN DER SEELE DES MENSCHEN

Wir beginnen mit einer kurzen Darlegung der Lehre, die man als die Grundlage bildend für unser Thema betrachten muss, nämlich *das Leben Gottes in der Seele des Menschen*. Der an Jesus Gläubige ist göttlicher Natur teilhaftig (s. 2.Petr 1,4). Er ist durch den Geist geboren. Christus wohnt durch den Glauben in ihm und das macht sein neues geistliches Leben aus. Eine einfache, aber deutliche Äußerung des Apostels enthüllt die Lehre und bestätigt die Tatsache: *„Christus in euch"* (Kol 1,27). Es ist nicht so sehr *der Gläubige, der lebt*, sondern *Christus lebt in ihm.* Deshalb drückt es der Apostel so aus: *„Ich bin mit Christus gekreuzigt; und nun lebe ich, aber nicht mehr ich selbst, sondern Christus lebt in mir"* (Gal 2,20). Sehen wir, wie die Geschichte von Paulus diese Lehre veranschaulicht? Schauen Sie sich das große Geheimnis seines außergewöhnlichen Lebens an. Er lebte rückhaltlos *für* Christus. Und die Quelle dafür war: Christus lebte geistlich *in* ihm. Und das machte ihn so groß an Weisheit, so reich an Erkenntnis, so kühn bei der Predigt, unerschrocken in seinem Eifer, unermüdlich in seiner Arbeit, geduldig im Leid und erfolgreich in seiner Arbeit – Christus lebte in ihm. Und das macht das erhabene und heilige Leben eines jeden Gotteskindes aus – *„Christus, unser Leben".* Ihm, dem Haupt des Bundes und Fürsprecher seiner Leute, wurde es gegeben, Leben in sich selbst zu haben, damit er so vielen ewiges Leben geben kann, wie der Vater ihm gegeben hat. Christus besitzt dieses Leben (s. Joh 5,26). Christus übermittelt es (s. Joh 5,25). Christus erhält es (s. Joh 6,57). Und Christus krönt es mit ewiger Herrlichkeit (s. Joh 17,24).

Ein besonderes Kennzeichen des Lebens Gottes in der Seele ist, dass es *verborgen* ist. *„Euer Leben ist **verborgen** mit dem Christus in Gott."* Es ist ein unsichtbares Leben. Sein Wesen, seine Quelle, sein Handeln, seine Stärkung sind vor der Wahrnehmung der Menschen verhüllt. *„Darum erkennt uns die Welt nicht ..."* (1.Joh 3,1). Sie erkannte Jesus nicht, als er im Fleisch lebte, sonst hätte sie den Herrn des Lebens und der Herrlichkeit nicht gekreuzigt. Ist es da verwunderlich, dass sie nicht erkennt, wie er – noch tiefer verhüllt – in den Herzen seiner Glieder wohnt? Die Welt kreuzigte Christus in seiner eigenen Person, sie *hat* ihn in den Personen der Heiligen gekreuzigt und würde, wenn ihr die Macht gegeben würde, ihn wiederum so kreuzigen. Und doch gibt es etwas im göttlichen Leben des Gläubigen, was die Verwunderung einer Christus ablehnenden Welt hervorruft. Dass der Gläubige unbekannt und doch wohlbekannt ist, sterbend und doch lebend, gezüchtigt, aber nicht getötet, betrübt, aber immer fröhlich, arm, aber doch viele reich machend, nichts habend und doch alles besitzend, ist in der Tat ein Rätsel – ein Paradox für den fleischlichen Sinn. Ja, es gibt Augenblicke, in denen der Gläubige für *sich selbst* ein Geheimnis ist – wie das göttliche Leben in seiner Seele inmitten von so vielem, das es schwächt, erhalten wird; am Leben erhalten wird, wenn es von so vielem umgeben ist, das abtötet; der glimmende Docht nicht ausgelöscht wird, obwohl er inmitten von Wogen ist! Ohne in Bildern zu sprechen: Wie seine Seele vorankommt, wenn ihr am meisten widerstanden wird, sich erhebt, wenn sie enorm belastet ist, sich freut, wenn sie am meisten niedergeschlagen ist, und am lieblichsten und lautesten singt, wenn das Kreuz am schwersten drückt und der Stachel am tiefsten sticht, kann ihn gut zu dem Ausruf veranlassen: „Ich bin für andere ein Wunder, doch ein größeres Wunder für mich selbst!" Doch wenn auch die Natur und die Stärkung des göttlichen Lebens in der Seele verborgen sind, so doch nicht dessen *Wirkungen*, und die beweisen dessen Existenz und Realität. Die Welt richtet ihr scharfes, suchendes Auge auf den Gläubigen. Sie gibt wohl auf jeden seiner Schritte acht, sinnt eingehend über seinen ganzen Wandel nach, sie untersucht und erforscht genau seine heimlichen Motive. Kein Fehler, keine Abweichung, kein Kompromiss entgeht ihrer Wahrnehmung oder ihrer Kritik: Sie erwartet – und sie hat das Recht, es zu erwarten – vollkommene Übereinstimmung zwischen Prinzip und Handeln. Sie rügt – und sie hat das Recht, zu rügen – jede gezeigte Unstimmigkeit zwischen den beiden. Wir sagen also, dass die *Wirkungen* des Lebens von Gott in der Seele des Gläubigen von einer gottlosen Welt beobachtet werden. In dem ehrlichen aufrechten Wandel eines Gotteskindes gibt es etwas, das die Aufmerksamkeit der Menschen fesselt und ihr Erstaunen hervorruft, die, obwohl sie es hassen und verachten, nicht anders können, als es zu bewundern und darüber zu staunen.

Ein weiteres Kennzeichen des göttlichen Lebens in der Seele aber ist seine *Sicherheit*. *„Euer Leben ist verborgen mit dem Christus in Gott.“* Dort kann es nichts antasten. Keine Macht kann es zerstören. Es ist *„mit dem Christus“* verborgen, dem geliebten Sohn des Vaters, der Freude, der Herrlichkeit und dem kostbarsten Schatz des Herrn. Und noch mehr: Es ist *„mit dem Christus in Gott“* verborgen, in der Hand, im Herzen, in der Allgenugsamkeit, ja, in der Ewigkeit Gottes. Oh, die vollkommene Sicherheit des geistlichen Lebens des Gläubigen! Keine Macht der Erde oder der Hölle kann es verrücken. Es kann von Satan bestürmt, von Verdorbenheit angegriffen und von Menschen verachtet werden. Und im Moment des Unglaubens und in der Stunde der tiefsten Versuchung wird es sogar von dem Gläubigen selbst angezweifelt; doch es ist da, tief verankert in Gottes Ewigkeit, mit dem Herzen und der Existenz des Herrn verknüpft, und kein Feind kann es zerstören. „Genauso“, sagt Charnock, „könnte Satan Gott aus dem Himmel herausholen, die Sicherheit Christi untergraben und ihn aus dem Schoß des Vaters reißen, wie den Gläubigen seines geistlichen Lebens berauben oder das Prinzip der Gnade zerstören, die Gott in ihn eingepflanzt hat.“ Doch ein Größerer als Charnock hat erklärt: *„Und ich gebe ihnen ewiges Leben, und sie werden in Ewigkeit nicht verlorengehen, und niemand wird sie aus meiner Hand reißen“* (Joh 10,28). Die Schafe und Lämmer der kleinen Herde mögen sich darüber freuen, dass der Hirte lebt und dass sie, weil er lebt, ebenfalls leben werden. Doch jetzt gehen wir über zur Betrachtung des geistlichen *Niedergangs* dieses Lebens in der Seele.

2. Das Schwinden des geistlichen Lebens und der Gnade im Gläubigen

Mit dem Zustand des anfänglichen geistlichen Niedergangs meinen wir dieses Schwinden des geistlichen Lebens und der Gnade in dem Gläubigen, der seine verborgenste und früheste Stufe ausmacht. Dieser Niedergang ist latent und verborgen und wird deshalb am wenigsten beargwöhnt und ist umso gefährlicher. Der schmerzliche Prozess der geistlichen Krankheit kann in der Seele so unauffällig, so still und so unbeobachtet voranschreiten, dass der an ihr Leidende vielleicht viel Boden verloren, viele Gnadengaben und viel Energie eingebüßt hat und zu einem alarmierenden Zustand der geistlichen Unfruchtbarkeit und des Schwindens gebracht worden sein kann, ehe überhaupt ein Verdacht über seinen wirklichen Zustand in seiner Brust erweckt wird. Wie Simson kann er aus dem Schlaf erwachen und sagen: *„Ich komme davon wie immer und brauche mich nur freizuschütteln! Er wusste aber nicht, dass der HERR von ihm gewichen war"* (Ri 16,20). Oder er gleicht vielleicht Ephraim, von dem berichtet wird: *„Fremde haben seine Kraft verzehrt, und er erkennt es nicht; sein Haupthaar ist mit Grau gesprenkelt, und er erkennt es nicht"* (Hos 7,9). Dies ist der Zustand der Seele, den wir jetzt untersuchen wollen – ein Zustand, der nicht mit der äußerlichen Wahrnehmung von Menschen zu tun hat, sondern ganz besonders und direkt mit einem heiligen und das Herz erforschenden Gott. Bei der Betrachtung des Zustands des Herzens eines Abtrünnigen wollen wir zuerst zeigen, was ein anfänglicher Zustand des geistlichen Niedergangs *nicht* notwendigerweise mit sich bringt.

2.1 Was ein anfänglicher Zustand des geistlichen Niedergangs nicht notwendigerweise mit sich bringt

Erstens, der geistliche Niedergang bringt keine Veränderung des grundlegenden Charakters der göttlichen Gnade mit sich, sondern ist ein heimliches Schwinden der Gesundheit, Kraft und Ausübung dieser Gnade in der Seele. Wie im biologischen Körper verliert das Herz nichts von seiner natürlichen Funktion, wenn es durch Krankheit nur einen schwachen und matten Pulsschlag durch den Organismus sendet; so kann auch in der geistlichen Verfassung des Gläubigen die göttliche Gnade krankhaft schwach und wirkungslos sein und doch ihren Charakter und ihre Eigenarten behalten. Der Puls kann schwach schlagen, doch er schlägt noch. Die Saat bringt vielleicht keine Frucht, doch sie lebt und bleibt in Ewigkeit. Die göttliche Natur mag matt sein, doch sie kann sich niemals angleichen oder mit etwas anderem verschmelzen und muss ihre Göttlichkeit immer fleckenlos und unverändert behalten. Und doch kann die göttliche Gnade, ohne ihr Wesen zu ändern, in beunruhigender Weise in ihrer Kraft und Ausübung abnehmen. Sie kann kränklich, schlaff und kurz vor dem Tod sein. Sie kann durch ihr Schwinden so geschwächt sein, dass sie dem Eindringen schwerer Verdorbenheit unwirksam Widerstand leistet; so niedrig, dass der Feind rücksichtslos darüber hinwegreiten kann, wie er will; so wirkungslos und nachgiebig, dass Faulheit, Weltlichkeit, Stolz, Fleischlichkeit und ihnen ähnliche Laster einen leichten und ungehinderten Sieg erringen können.

Dieses Schwinden der Gnade kann auch ohne erkennbares Abnehmen der geistlichen Erkenntnis bei der Urteilskraft voranschreiten, zum Beispiel in Bezug auf die Schönheit und Zweckmäßigkeit geistlicher Wahrheit. Der Verlust geistlicher *Freude*, nicht geistlicher *Sichtweise* bezüglich der Lieblichkeit und Eintracht der Wahrheit, ist das Symptom, welches den wahren Zustand der Seele offenbart.

Die Urteilskraft verliert nichts von ihrem Erkenntnisvermögen, doch das Herz viel von seiner Inbrunst. Die Wahrheiten von Gottes Offenbarung, besonders die Lehren der Gnade, können in Bezug auf ihren Wert und ihre Schönheit die gleiche herausragende Stellung einnehmen und doch kann der Einfluss dieser Wahrheiten kaum spürbar sein. Man pflichtet *dem Wort Gottes* bei, doch als Werkzeug zur Heiligung, Erniedrigung und Ernährung ist es dem Gläubigen fast völlig fremd. Ja, es muss notwendigerweise so sein, solange der Prozess des verborgenen geistlichen Niedergangs in seiner Seele voranschreitet.

Dieser anfängliche Zustand des geistlichen Niedergangs führt vielleicht nicht zu einem geringeren Maßstab der Heiligkeit. Und doch gibt es kein Erheben des Herzens, kein Vorwärtsdrängen des Sinnes hin zu einer praktischen Übereinstimmung mit diesem Maßstab. Das Urteilsvermögen wird das göttliche Gesetz als Richtschnur für den Wandel des Gläubigen anerkennen, wie es im Leben Christi verkörpert wird, und doch kann die lebendige Frömmigkeit in der Seele auf einen so niedrigen und schwachen Stand geschwunden sein, dass es kein Dürsten nach Gleichförmigkeit mit Christus gibt, kein Lechzen nach Heiligkeit, kein Widerstehen *„bis aufs Blut ... im Kampf gegen die Sünde"*. Oh, es ist für den Christenmenschen eine beunruhigende Verfassung, wenn das Herz dem Urteilsvermögen widerspricht und das Leben das Bekenntnis Lügen straft! Wenn es mehr *Erkenntnis* von der Wahrheit gibt als *Erfahren* ihrer Kraft, mehr Erkenntnis im Verstand als Gnade in den Empfindungen, mehr Anspruch im Bekenntnis als Heiligkeit und Geistlichkeit im Wandel! Und doch ist es bei einem bekennenden Christen möglich, dass er auf diesen traurigen und düsteren Zustand reduziert wird. Wie sollte der Mensch mit leeren Gedanken, bloßem Glaubensbekenntnis, hohen Ansprüchen, mit kalter und lebloser Orthodoxie zum Innehalten kommen, sein

Herz erforschen, sein Gewissen prüfen und den wahren Zustand seiner Seele vor Gott feststellen!

Noch einmal: Dieser Stand des verborgenen Abweichens von Gott kann zusammen mit einer äußerlichen und strengen Beachtung der Gnadenmittel existieren; und doch gibt es keinen geistlichen Nutzen durch oder keine Freude an den Mitteln. Und dies ist vielleicht das große Wiegenlied für seine Seele. Durch eine rein formale Religion in den Schlaf geschaukelt, lässt sich der Gläubige zu der Täuschung verleiten, dass sein Herz richtig und seine Seele aus der Sicht Gottes gedeiht. Noch mehr als das – ein schwächer werdender Gläubiger kann so tief in den Zustand des Formalismus versunken sein, dass dieser die äußerlichen und öffentlichen Gnadenmittel für einen engen und persönlichen Wandel mit Gott ersetzt. Er hat vielleicht in den äußeren Vorhöfen des Tempels Wohnung genommen, er mag in der bloßen Vorhalle des Heiligtums wohnen. Ein häufiger oder gelegentlicher Rückzug, der der Selbstprüfung, dem Lesen von Gottes Wort und alleinigem Gebet gewidmet ist, kann einer äußerlichen, geschäftigen Form der Frömmigkeit weichen. Öffentliche und Ausschusssitzungen, religiöse Gesellschaften, Geschäftigkeit und unentwegtes Engagement mit einem religiösen Anstrich und sogar wichtig in ihren geringeren Ämtern können Gott aus der Seele drängen und Christus aus dem Herzen ausschließen. Und dass ein Gläubiger zufrieden ist, auf diesem armseligen ersterbenden Level zu leben, sich damit zufriedengibt, inmitten des Lärms und Treibens äußerlicher Werke zu wohnen, ist eines der augenfälligsten und beunruhigendsten Symptome des Dahinschwindens des Lebens Gottes in seiner Seele. Doch wir wollen einige der *eindeutigeren* Kennzeichen eines anfänglichen und verborgenen Zustands des geistlichen Niedergangs benennen.

2.2 Eindeutigere Kennzeichen eines anfänglichen und verborgenen Zustands des geistlichen Niedergangs

Wenn ein Bekenner mit seinen gewohnten religiösen Pflichten strikt, regelmäßig und in aller Form fortfährt und doch in ihnen keine Freude an Gott erlebt, keine kindliche Nähe, keine Zerbrochenheit und Zartheit und kein Bewusstsein süßer Umkehr, darf er befürchten, dass seine Seele in einem Zustand der verborgenen und anfänglichen Abtrünnigkeit von Gott ist. Seine Seele mit einer leblosen Form zu sättigen und zu nähren – wenn man es nähren nennen kann –, welches stärkere Symptom von seinem wirklichen Zustand bedarf er noch? Ein gesunder, wachsender Zustand der Religion in der Seele bedarf mehr als dies zu seiner Ernährung und Unterstützung. Ein Gläubiger, der nach Gott dürstet, nach Gerechtigkeit hungert und dürstet, bei dem die Gnade gedeiht, das Herz sich gründlich mit geistlichen Pflichten beschäftigt, lebendig, betend, demütig und sanft, wodurch seine innere Verfassung und seine Wünsche himmelwärts gerichtet sind – ein Zustand, der durch solche Eigenschaften gekennzeichnet ist –, kann nicht auf einer leblosen, geistlosen Form religiöser Pflichten gehalten werden. Dies wären nur Hülsen eines gesunden Zustands des Lebens Gottes in der Seele. Ein solcher Zustand verlangt nach mehr. Er wird hungern und dürsten und dieses geistliche Sehnen muss gestillt werden. Und nichts kann es befriedigen und stillen als ein Leben mit Christus. *„Ich bin das Brot des Lebens … Wenn jemand dürstet, der komme zu mir und trinke! … Denn mein Fleisch ist wahrhaftig Speise, und mein Blut ist wahrhaftig Trank."* Der Bekenner der alle seine Tage ohne diese Nahrung geht, sodass seine Seele verhungert, kann gut ausrufen: *„Ich vergehe, ich vergehe!"* Oh, wie ernst sind für solche die Worte unseres Herrn: *„Wahrlich, wahrlich, ich sage euch: Wenn ihr nicht das Fleisch des Menschensohnes esst und sein Blut trinkt, so habt ihr kein Leben in euch"* (Joh 6,53).

Ferner: Wenn ein Bekenner die Bibel ohne geistliches Schmecken lesen kann, oder wenn er sie ohne ein aufrichtiges Verlangen erforscht, den Sinn des Geistes für einen heiligen und gehorsamen Wandel zu erkennen, sondern bloß neugierig oder mit einem rein literarischen Geschmack und Ziel, dann ist das ein sicheres Zeichen, dass seine Seele einen Rückschritt in echter Geistlichkeit macht. Nichts zeigt vielleicht besser das Niveau der Geistlichkeit eines Gläubigen als das Licht, in dem er die Schriften sieht. Man kann sie lesen und sie doch lesen wie jedes andere Buch, ohne die tiefe und ernste Überzeugung, dass alle Schrift durch Eingebung Gottes gegeben wurde und nützlich ist *„zur Belehrung, zur Überführung, zur Zurechtweisung, zur Erziehung in der Gerechtigkeit, damit der Mensch Gottes ganz zubereitet sei, zu jedem guten Werk völlig ausgerüstet"* (2.Tim 3,16-17). Man kann sie ohne geistlichen Geschmack lesen, ohne sie zu einem Gebet zu machen, ohne sie im Herzen zu hegen und ihre heiligen Lehren, ihre kostbaren Verheißungen, ihre süßen Tröstungen, ihre treuen Warnungen, ihre liebevollen Ermahnungen und ihre zärtlichen Verweise zur täglichen Praxis zu machen. Und wie kann ein Gläubiger erwarten, diesen „Nutzen" aus den Schriften zu erlangen, zu dem sie bestimmt sind und den sie übermitteln sollen, wenn er sie auf eben genannte Weise liest?

Wenn ein bekennender Christ *beten* kann und doch zugibt, dass er sich nicht dem Thron nähert, nicht das Zepter berührt, keine Gemeinschaft mit Gott hat – ihn „Vater" ohne das Bewusstsein der Annahme als Kind nennt –, Sünde in allgemeiner Weise bekennt, ohne durch das Kreuz zu Gott aufzublicken, kein Empfinden dafür hat, bei Gott ein offenes Ohr und Herz zu finden, dann ist das zweifellos ein Erweis für einen dahinschwindenden Zustand der Religion in der Seele. Und wenn er genauso keine Süße in einem *geistlichen Dienst* findet – wenn er unter einer gründlichen und praktischen

Entfaltung der Wahrheit ruhelos und unbefriedigt ist –, wenn die Lehre den Unterweisungen, die Verheißungen den Geboten, die Tröstungen den Ermahnungen des Evangeliums vorgezogen werden, dann ist das ein Hinweis auf anfänglichen geistlichen Niedergang.

Wenn der Gläubige nur wenig Umgang mit Christus hat – sich selten zum Blut Christi wendet, nur wenig auf seine Fülle baut, seine Liebe und Herrlichkeit kaum erwähnt –, dann sind die Symptome des geistlichen Niedergangs in der Seele augenfällig. Vielleicht gibt es kein anderes, so sicheres Kriterium für den Zustand der Seele wie dies. Wir sind gewillt, die Religion eines Menschen, sowohl ihr Wesen als auch ihr Wachstum, an seiner Antwort auf die Frage zu prüfen: *„Was denkt ihr von dem Christus?"* Befeuchtet sein Blut täglich die Wurzel Ihres Bekenntnisses? Erhebt Sie seine Gerechtigkeit aus und über Sie selbst und gibt Ihnen jeden Tag freien Zugang zu Gott? Wohnt die Süße seiner Liebe reichlich in Ihrem Herzen und der Wohlgeruch seines Namens viel auf Ihren Lippen? Wird Ihre Verderbtheit täglich seiner Gnade anbefohlen, Ihre Schuld seinem Blut, Ihre Prüfungen seinem Herzen? Mit einem Wort, ist Jesus der Kern Ihres Lebens, die Quelle Ihrer Heiligung, der Ursprung Ihrer Freuden, der Gegenstand Ihres Liedes, das eine herrliche Ziel, auf dem Ihr Auge für immer ruht, die Norm, nach der Sie sich immer ausstrecken? Seien Sie nicht gekränkt, Leser, wenn wir bemerken, dass ein Bekenner gut von Christus reden, seinen Namen ehren, für seine Sache eintreten und sein Reich fördern und doch klein darin sein kann, Christus *in seinem Herzen* zu haben, die Hoffnung der Herrlichkeit. Es ist nicht *das Reden über* Religion oder Pastoren oder Kirchen und auch nicht äußerlicher Eifer für ihr Gedeihen, das einen wahrhaft geistlichen Menschen ausmacht oder zeigt. Und doch, wie viel geht in unseren Tagen davon als Leben Gottes in der Seele durch? Oh, dass unter den teuren Heiligen weniger über Pastoren und mehr über Jesus geredet würde, weniger über Predigten und mehr über die Kraft der Wahrheit in ihren Seelen, weniger über: *„Ich gehöre zu Paulus!"* und: *„Ich zu Apollos!"* und mehr: *„Ich aber zu Christus!"* (1.Kor 1,12).

Ein liebloser Umgang mit anderen Christen zeigt einen niedrigen Zustand der Gnade in der Seele. Je vollständiger das Herz von der Liebe Christi ergriffen ist, desto weniger Raum wird es geben für Lieblosigkeit gegenüber seinen Heiligen. Weil es so wenig Liebe zu Jesus gibt, gibt es so wenig Liebe zu seinen Nachfolgern. In dem Maße, wie der Sinn geistlich wird, erhebt er sich über Parteiunterschiede und Namen – er gibt seine engen und ausschließenden Ansichten auf, verwirft die Vorurteile gegen andere Gruppen der *einen* Kirche und schließt in dem Verlangen der christlichen Zuneigung alle in die Arme, *„die unseren Herrn Jesus Christus lieb haben"*. Wenn wir für eine breitere Plattform für christliche Liebe eintreten, wollen wir auf keinen Fall die Wahrheit verkaufen, bei Grundsätzen Kompromisse machen oder das Gewissen auf dem Altar eines ungläubigen Liberalismus opfern. Wofür wir aber plädieren, ist mehr von dieser christlichen Liebe, Weichherzigkeit, Freundlichkeit und Nachsicht, die das Recht auf ein persönliches Urteil erlaubt, ein gewissenhaftes Festhalten an der Wahrheit achtet und anderen die gleichen Rechte einräumt, die man für sich selbst beansprucht. Viele Heilige Gottes unterscheiden sich notwendigerweise in ihren Ansichten. Doch gibt es die gleiche Notwendigkeit, weshalb sie in der Liebe entzweit sein sollten? Wir denken: Das sei ferne! Es gibt eine gemeinsame Grundlage, auf der alle Christen, die an dem Haupt festhalten, stehen können. Es gibt Wahrheiten, die unseren Sinn zusammenbringen und unsere Herzen verbinden können. Warum sollten wir uns dann von dem *einen* Leib fernhalten und rufen: „Der Tempel des Herrn, der Tempel des Herrn sind wir!"? Warum sollten wir uns weigern, das Bild des Vaters im Gesicht der Kinder zu sehen und sie wie *Fremde* als Person, im Geist und in der Sprache behandeln, weil sie nicht in all unseren Auslegungen des Wortes Gottes mit uns übereinstimmen? Warum sollte nicht *„alle Bitterkeit und Wut und Zorn und Geschrei und Lästerung ... weggetan [sein] samt aller"*? Und warum sollten wir nicht *„gegeneinander freundlich und barmherzig [sein] und ... einander [vergeben], gleichwie auch Gott [uns] vergeben hat in Christus"* (Eph 4,31), in Anbetracht dessen, dass es nur eine Kirche gibt, nur eine Familie, dass wahre Gläubige *„alle einer in Christus Jesus"* sind? Das wird dort so sein, wo es tiefe Geistlichkeit gibt. Und das Fehlen davon kennzeichnet ein Schwinden der Gnade, ein Abnehmen des Lebens von Gott in der Seele.

Wir haben uns nun bemüht, einige der Kennzeichen für einen Zustand des anfänglichen Niedergangs des Lebens von Gott in der Seele bei dem Gläubigen aufzuzeigen. Es wird sich zeigen, dass wir nur auf die verwiesen haben, die das *verborgene* Abweichen des Herzens von Gott kennzeichnen – jener Zustand, der so verborgen, dem Auge so verhüllt ist und ein so tadelloses Äußeres zeigt, dass jeder Verdacht seiner Existenz zum Schweigen gebracht wird und die Seele durch die Verblendung beruhigt wird, dass mit ihr alles in Ordnung ist. Lieber Leser, ist dies *Ihr* Zustand? Hat dieses Buch in Ihnen irgendwelchen geheimen geistlichen Niedergang, irgendwelches verborgene Abweichen, irgendeine Abtrünnigkeit des Herzens aufgedeckt? Hat es Ihnen bewiesen – indem der Geist Gottes hierdurch sprach –, dass Ihre Seele in einem ungesunden Zustand ist, das Leben von Gott in Ihnen ermattet? Weichen Sie nicht vor dieser Entdeckung zurück, so schmerzlich sie auch ist. Blicken Sie ihr ganz und ehrlich ins Auge. Es ist kein Schritt zur Genesung von einem kranken Zustand, wenn man die schlimmsten Symptome dieses Zustands vor dem Auge verbirgt. Es ist das Kennzeichen wahrer Weisheit und Fähigkeit, das Schlimmste an der Krankheit festzustellen, die Tiefe der Wunde zu untersuchen. Und obwohl solch ein Weg für den Patienten schmerzhaft sein kann, ist er doch für seine vollständige Genesung erforderlich. Lieber Leser, es ist wichtig, dass Sie den genauen Zustand Ihrer Seele vor Gott erkennen. Und wenn Sie es mit der Bitte aufrichtig meinen, die oft über Ihre Lippen gekommen ist: *„Erforsche mich, o Gott, und erkenne mein Herz; prüfe mich und erkenne, wie ich es meine; und sieh, ob ich auf bösem Weg bin"* (Ps 139,23-24), dann werden Sie ihm für jede freundliche und treue Ermahnung danken, die Sie zu dem großen Werk der Selbstprüfung drängt. „Es ist richtig", sagt Dr. Owen, „dass man Bekenner aller Art an diese Dinge erinnert; denn bei nicht wenigen von ihnen ist deutlich ein Rückgang zu erkennen, ohne irgendein aufrichtiges Mühen um Gesundung, wobei die Leute sich doch damit zufriedenstellen, dass sie die Wurzel der Sache in sich haben. Dem ist so, wenn Liebe zur Welt, Gleichförmigkeit zu ihr, Nachlässigkeit in heiligen Pflichten und Kälte in der geistlichen Liebe ein Erweis eines solchen Rückgangs sind. Niemand möge aber seine eigene Seele täuschen – wo immer es ein rettendes Prinzip der Gnade gibt, wird dies bis zum Ende gedeihen und wachsen. Und wenn es eine Zeit lang behindert wird und deshalb zurückgeht, gibt es der Seele keine Rast noch Ruhe, worin sie ist, sondern wird sich beständig um Gesundung mühen. Frieden in einer Verfassung des geistlichen Rückgangs ist eine die Seele zerstörende Sicherheit. Es ist besser, erschreckt zu sein, wenn man von einer Sünde überrumpelt wird, als Frieden unter offensichtlichem Rückgang des geistlichen Lebens zu haben."

Einige der gezeigten Charakteristika des Zustands geistlichen Niedergangs des Herzens, die wir betrachtet haben, zeigen sich so bemerkenswert im Fall der Kirche, wie es der Heilige Geist im fünften Kapitel des Hohelieds von Salomo beschreibt, sodass wir im Zusammenhang mit diesem Teil unseres Werkes die ernsthafte Aufmerksamkeit des Lesers darauf lenken möchten.

Im zweiten Vers *räumt die Kirche ihren verschlafenen, aber nicht völlig gleichgültigen Zustand ein: „Ich schlafe, aber mein Herz wacht."* Hier gibt es göttliches Leben in der Seele, und doch nahm dieses Leben ab. Sie wusste, dass sie in einen nachlässigen und verschlafenen Zustand gefallen war, dass das Werk der Gnade in ihrer Seele dahinschwand, dass der Geist des Schlafs über sie gekommen war. Doch das schreckliche Merkmal war, *dass sie damit zufrieden war*, so zu sein. Sie hörte ihren Geliebten klopfen, doch sie war so verliebt in ihren Stand der Schläfrigkeit, dass sie darauf nicht achtete – sie öffnete ihm nicht. *„Ich schlafe, aber mein Herz wacht. Da ist die Stimme meines Geliebten, der anklopft! ‚Tu mir auf, meine Schwester, meine Freundin, meine Taube, meine Makellose; denn mein Haupt ist voll Tau, meine Locken voll von Tropfen der Nacht!'"* (Hld 5,2). So angesprochen, wäre es ihre Pflicht gewesen, sich vom Schlaf wachzurütteln und ihren Herrn einzulassen. Ein Glaubender kann in einen schläfrigen Zustand der Seele fallen – nicht so tief, dass er die Stimme seines Geliebten völlig verlieren kann, der durch ein Wort oder Fügungen der Vorsehung im Gewissen spricht. Seine Gnade kann aber doch so weit dahingeschwunden, seine Liebe so erkaltet und sein geistlicher Niedergang so verhärtet sein, dass er damit zufrieden ist, dass dies sein Zustand ist. Oh, alarmierendes Zeichen des Niedergangs der Seele, wenn Nachsicht gegenüber der Faulheit und Selbstsucht einem Besuch von Jesus vorgezogen wird!

Beachten Sie auch, dass Christus, als sie sich aufmachte, sich zurückgezogen hatte. *„Ich tat meinem Geliebten auf; aber mein Geliebter hatte sich zurückgezogen, war fortgegangen. Meine Seele ging hinaus, auf sein Wort; ich suchte ihn, aber ich fand ihn nicht; ich rief ihm, aber er antwortete mir nicht"* (Hld 5,6). Überdrüssig, so lange zu warten, bekümmert über seine Entdeckung ihres tiefen Niedergangs und verletzt durch ihre kalte Zurückweisung, hat er seine spürbare, liebende Gegenwart zurückgezogen und sie den Folgen ihres traurigen Abweichens überlassen. Der Herr zieht sich niemals gern von seinem Volk zurück – er wird niemals von einem launenhaften Impuls seines Willens getrieben. Er hat solches Entzücken an seinen Leuten, solche Liebe zu ihnen und solche Freude an der Verbundenheit mit ihnen, dass er den ganzen Tag mit ihnen gehen und auf sie das ungetrübte Licht seines Angesichts leuchten lassen möchte. Doch wenn er sich für einen kleinen Moment verbirgt, wird er durch die Lauheit ihres Herzens und ihren herzlosen Widerstand gegen seine Liebe aus ihrer Umarmung getrieben. Da er selbst ein zartfühlendes Herz hat, wird es durch die kleinste wahrnehmbare Gleichgültigkeit bei seinem Kind verwundet. Da er selbst ein Meer der Liebe ist, bringt ihn die leichteste Lauheit der Liebe seiner Leute dazu, sich zurückzuziehen. Und doch ist dieser vorübergehende Rückzug kein Gericht, sondern eine väterliche, liebende Zurechtweisung, um sie zu der Erkenntnis und dem Bekenntnis ihres Zustands zu bringen: *„Ich werde davongehen, an meinen Ort zurückkehren, bis sie ihre Schuld erkennen und mein Angesicht suchen werden; in ihrer Drangsal werden sie mich ernstlich suchen"* (Hos 5,15).

Es ist bemerkenswert, dass sie unmittelbar nach einer besonderen Offenbarung der Liebe Christi zu ihrer Seele in diesen Zustand geistlichen Niedergangs fiel. Deshalb sehen wir, wie sie ihren Geliebten einlädt: *„Erwache, du Nordwind, und komm, du Südwind, durchwehe meinen Garten, dass sein Balsam träufle! Mein Geliebter komme in seinen Garten und esse seine herrliche Frucht!"* (Hld 4,16). Er nimmt diese Einladung gütig an: *„Ich komme in meinen Garten, meine Schwester, meine Braut; ich pflücke meine Myrrhe samt meinem Balsam; ich esse meine Wabe samt meinem Honig,* *ich trinke meinen Wein samt meiner Milch. Esst, meine Freunde, trinkt und berauscht euch an der Liebe!"* (Hld 5,1). Ihrem geistlichen Niedergang ging also eine enge und besondere Gemeinschaft mit ihrem Herrn voraus. Und wie viele Menschen vom Volk Gottes können die gleiche ernste Wahrheit bezeugen, dass manche ihrer schlimmsten Abweichungen Zeiten der lieblichsten und heiligsten Gemeinschaft mit ihrem Gott und Vater folgten! Nach solchen Zeiten ist der Gläubige am meisten für einen Geist der Selbstzufriedenheit anfällig. Wenn man nicht sehr auf sein Herz achtet, nimmt das Ich die Ehre und das Lob für den gnädigen Liebesbesuch, den Jesus der Seele abgestattet hat, und sucht in sich nach einem geheimen Grund für die Barmherzigkeit. Wenn der Herr eine Segnung gewährt, brauchen wir besondere Gnade, um uns zu bewahren, genau durch diese Segnung zu Fall zu kommen. In dem Fall der Jünger zeigt sich ein sehr denkwürdiges Beispiel für diesen Gedanken. Der Anlass, der zu dem Umstand führte, auf den wir verweisen möchten, war sehr feierlich und bewegend; es war die Begebenheit, die der Kreuzigung von Jesus unmittelbar voranging. Lukas schildert sie so: *„Und er nahm das Brot, dankte, brach es, gab es ihnen und sprach: Das ist mein Leib, der für euch gegeben wird; das tut zu meinem Gedächtnis! Desgleichen nahm er auch den Kelch nach dem Mahl und sprach: Dieser Kelch ist der Neue Bund in meinem Blut, das für euch vergossen wird"* (Lk 22,19-20). Welcher Moment konnte heiliger sein als dieser? Welche Begebenheit feierlicher und geheiligter? Hier hatten die Jünger Gemeinschaft mit ihrem anbetungswürdigen Immanuel in dem ungeheuren Geheimnis seines Leidens! Doch was lesen wir unmittelbar nach dem Ende dieses weihevollen Dienstes? *„Es entstand aber auch ein Streit unter ihnen, wer von ihnen als der Größte zu gelten habe"* (V. 24). Hier gab es die schlimmste Zurschaustellung der gefallenen Natur – Zorn, Hass und Neid schwelten in dem Moment in ihren Herzen, als die Elemente der sterbenden Liebe ihres Heilands noch auf ihren Lippen waren! Oh, was lehrt uns diese aufschlussreiche Lektion! Verlassen Sie sich nicht auf Stimmungen und Gefühle, beten Sie ohne Unterlass und seien Sie „nüchtern zum Gebet", insbesondere unmittelbar nach Zeiten der besonderen Nähe zu Gott oder besonders empfangenen Barmherzigkeiten aus seinen Händen im Gebet. „Besondere geistliche Freuden", bemerkt Traill weise, „sind gefährlich und machen einen Menschen sehr der helfenden Gnade Gottes bedürftig. Sie setzen besondere Versuchungen aus, neigen dazu, besondere Verdorbenheiten aufkommen zu lassen, wie geistlichen Stolz, Zufriedenheit mit einer gegenwärtigen guten Verfassung und Trägheit im Verlangen nach einem besseren Zustand. Wenn sich der Herr Ihnen in seiner Gnade auf ungewöhnliche Weise mitteilt, müssen Sie wissen, dass dies eine Zeit ist, in der man besonders Gnade braucht, um recht damit umzugehen. Solche Zeiten würden öfter wiederkehren, höher ragen und länger anhalten, würde man sie besser nutzen. Je größer die Segnung ist, desto größer ist die Sünde ihres Missbrauchs. Je größer die Segnung ist, desto schwieriger ist es, recht mit ihr umzugehen. Und je schwieriger das Werk ist, desto größer ist unsere Bedürftigkeit nach der Gnade; und desto häufiger und inbrünstiger sollten unsere Bitten vor dem Thron der Gnade nach dieser nötigen, hilfreichen Gnade sein."

Doch noch einmal: Beachten Sie *die verhärtende Tendenz wiederholten geistlichen Niedergangs* in ihrem Fall. In Kapitel 3, Vers 1 bekundet sie etwas Verlangen nach Christus, wenn ihre Haltung auch einen trägen Geist zeigt: *„Auf meinem Lager in den Nächten suchte ich ihn, den meine Seele liebt"* (Hld 3,1). Unmittelbar danach klopft Christus an, doch sie war in so tiefen Schlummer gesunken, dass sie nicht aufstand, um ihn einzulassen. Verfolgen Sie die Schritte und beachten Sie die abstumpfende Natur des geistlichen Niedergangs der Seele. Zuerst bringt sie sich in eine Haltung der Faulheit und bald hört man, wie sie sagt: „Ich schlafe." Wie kommt es, dass so viele, die Christus zu suchen scheinen, ihn nicht erreichen? In den meisten Fällen ist es nicht schwierig, den wahren Grund festzustellen. Der ist folgender: Sie suchen ihn in einer Haltung des Schlummerns – auf ihren Betten. Ihr Verlangen ist so schwach, ihre Geisteshaltung so leblos, ihr Herz so kalt, dass ihre Art, ihn zu suchen, ihrem Verlangen die Atmosphäre der Unaufrichtigkeit verleiht und für eine Verweigerung ihrer Bitte zu plädieren scheint. Denken Sie noch einmal über ihr Bekenntnis nach – oh, ist es nicht das Bekenntnis vieler: *„Auf meinem Lager in den Nächten suchte ich ihn, den meine Seele liebt; ich suchte ihn, **aber ich fand ihn nicht**"* (Hld 3,1). Und der Grund dafür, dass sie ihn nicht fand, war ihre träge Haltung und ihr schläfriger Geist, als sie ihn suchte! Hüten Sie sich vor einem trägen Suchen von Jesus. Mit solch einer Haltung wird die Enttäuschung unvermeidlich folgen. Suchen Sie ihn aber mit Ihrem ganzen Herzen, mit der ganzen Neigung Ihrer Seele. Suchen Sie ihn als Ihr höchstes, Ihr einziges Gut. Suchen Sie ihn als das, was die Abwesenheit von allem anderen Guten ausgleichen kann, ohne das nichts gut ist. Suchen Sie ihn als die Segnung, die jeden bitteren Kelch zu einem süßen, jede dunkle Wolke zu Helligkeit, jedes Kreuz zu einer Gnade machen kann; der Brot aus dem Fresser und Honig aus dem Felsen hervorbringen kann. Oh, was für ein Teil hat die Seele, die Jesus als ihr Teil hat! *„Der HERR ist mein Teil!, spricht meine Seele; darum will ich auf ihn hoffen."* Doch er muss mit aller Kraft der Seele, mit aller Intensität des Verlangens und mit aller Beharrlichkeit des Willens gesucht werden, wenn er gefunden werden soll. Und er ist dieser Mühe des Suchens wirklich wert. Er ist die Perle, die ein emsiges Suchen zurückerstatten wird. Er wird jeden aufrichtig, demütig Kommenden reichlich belohnen. Es gibt keinen Mangel, den er nicht stillen, keine Wunde, die er nicht heilen, keinen Kummer, den er nicht lindern, keine Sünde, die er nicht vergeben, und keine Verderbtheit, die er nicht überwinden wird. Doch suchen Sie ihn mit dem ganzen Willen der Seele, und er wird gefunden werden. *„Mein Herz hält dir vor dein Wort: ,Sucht mein Angesicht!' Dein Angesicht, o HERR, **will** ich suchen"* (Ps 27,8). *„Die Seele des Faulen gelüstet nach vielem und hat doch nichts, die Seele der Fleißigen aber wird reichlich gesättigt"* (Spr 13,4).

Es gibt in dem Zustand der Kirche, den wir betrachtet haben, noch eine bemerkenswerte Besonderheit, die zu lehrreich ist, als dass man sie unbeachtet übergehen kann. Wir verweisen auf die Überzeugung, die sie fühlte, dass, obwohl das göttliche Leben in ihrer Seele auf dem Tiefstand war, *immer noch Christus ihr und sie Christus gehörte:* *„Ich schlafe, aber mein Herz wacht. **Da ist die Stimme meines Geliebten, der anklopft!**"* (Hld 5,2). Es gibt in der schlimmsten Verfassung, die ein wahres Kind Gottes betreffen kann, immer noch Anzeichen, dass das göttliche Leben in der Seele nicht völlig ausgelöscht ist. In dem schlimmsten Schwinden gibt es doch noch Symptome für Leben. In der dunkelsten Stunde gibt es etwas in dem Wesen wahrer Gnade, was ein Funkeln ihrer immensen Herrlichkeit ausstrahlt; in ihrer größten Niederlage das, was ihre Göttlichkeit zeigt. So, wie sich ein König, der, wenn er auch von seinem Thron abgesetzt und ins Exil vertrieben wurde, sich nie ganz der Würde seines königlichen Charakters entledigen kann, so kann wirkliche Gnade, wenn sie auch oft schwer geprüft, scharf angegriffen und manchmal vorübergehend besiegt wird, niemals in ihrem Charakter nachlassen noch ihre Souveränität preisgeben. Beachten Sie den Beleg dafür im Falle des Apostels Paulus: *„Jetzt aber vollbringe nicht mehr ich dasselbe, sondern die Sünde, die in mir wohnt ... Denn ich tue nicht das Gute, das ich will, sondern das Böse, das ich nicht will, das verübe ich. Wenn ich aber das tue, was ich nicht will, so vollbringe nicht mehr ich es, sondern die Sünde, die in mir wohnt"* (Röm 7,17.19-20). Und so drückt es die Kirche aus: *„Ich schlafe, **aber** mein Herz wacht"* (Hld 5,2). In ihrem absolut verschlafenen, trägen Zustand konnte sie nicht vergessen, dass sie immer noch ihrem Geliebten gehörte und ihr Geliebter ihr. Herrliche Natur und gepriesener Sieg des Lebens von Gott in der Seele des Menschen!

3. ERWECKUNG DES GÖTTLICHEN LEBENS IN DER SEELE DES GLÄUBIGEN

Nun kommen wir zu der Betrachtung der *Erweckung* dieses göttlichen Lebens in der Seele des Gläubigen. Aus dem, was bereits vorgebracht wurde, kann man erkennen, das wir weit davon entfernt sind, dies als einen hoffnungslosen Zustand zu betrachten. Denn einen schwächer werdenden Gläubigen in der Überzeugung zu festigen, dass solch ein Zustand *unwiederbringlich* ist, dass er, weil er den ersten Schritt des Abweichens von Gott getan hat, notwendigerweise den zweiten tun muss, heißt, den am meisten alarmierenden Beweis für einen Zustand geistlichen Niedergangs der Seele zu liefern. Doch davon weit entfernt erklären wir deutlich und nachdrücklich, dass, wie auch immer das Abweichen eines abtrünnigen Kindes Gottes aussieht, es wiederhergestellt werden kann. Es hat nicht einen Schritt getan, der nicht zurückgegangen werden kann. Es ist nicht eine Gnadengabe geschwunden, die nicht wiederhergestellt, und nicht eine Freude entflohen, die nicht zurückgewonnen werden kann. Wehe uns, wenn der Tag kommt, der für eine abtrünnige Seele jeden Zugang zur Rückkehr verschließt! Das besagt, dass der Vater den verlorenen Sohn nicht mehr willkommen heißt, dass das Blut Jesu nicht länger einen verwundeten Geist heilt, dass der Heilige Geist nicht länger die verlorenen Freuden von Gottes Heil wiederherstellt! Wir möchten jetzt aber zeigen, dass es für jede arme, sich selbst verurteilende, umkehrende Seele mit gebrochenem

Herzen eine bleibende Zuneigung im Herzen des Vaters gibt, ein Willkommenheißen durch das Blut Jesu und eine wiederherstellende Kraft durch die Wirkung des Geistes, und deshalb jede *Ermutigung*, aufzustehen und zu Gott zu kommen.

Die erste Weisung, die wir auf dem Weg der Genesung geben möchten, ist: *Machen Sie sich ganz und gar mit dem wirklichen Zustand Ihrer Seele vor Gott vertraut.* So, wie der erste Schritt bei der Bekehrung war, sich als verlorenen, hilflosen und verdammten Sünder zu erkennen, so müssen Sie jetzt bei Ihrer erneuten Bekehrung zu Gott den genauen Zustand Ihrer Seele kennen. Seien Sie ehrlich sich selbst gegenüber, nehmen Sie eine vollständige gewissenhafte Untersuchung Ihrer geistlichen Verfassung vor. Entfernen Sie alle Masken, wenden Sie das Auge von der Meinung der Menschen ab und schließen Sie die Seele zu einer genauen Überprüfung Ihres sehr schlimmen Zustands mit Gott ein. Ihr Pastor, Ihre Kirche, Ihr Freund wissen vielleicht nichts von dem verborgenen Zustand Ihrer Seele; vielleicht ahnen sie nicht einmal etwas vom unbemerkten Rückgang der Gnade, vom anfänglichen Abtrünnigwerden des Herzens von Gott. Für ihr voreingenommenes Auge ist die Oberfläche vielleicht hübsch anzusehen; für sie trägt Ihr geistlicher Zustand vielleicht das Erscheinungsbild von Gedeihen und Fruchtbarkeit, doch die ernste Untersuchung findet zwischen Gott und Ihrer eigenen Seele statt. Sie haben es mit einem Gott zu tun, der nicht wie Menschen richtet – nur nach der äußerlichen Erscheinung –, sondern der das Herz richtet. *„Ich, der HERR, erforsche das Herz"* (Jer 17,10). Der „im Herzen Abtrünnige" kann sich selbst etwas vormachen, er kann anderen etwas vormachen, aber er kann Gott nichts vormachen. Trachten Sie also danach, die wahre Verfassung Ihrer Seele zu erkennen. Untersuchen und schauen Sie, welche Gnadengaben des Geistes geschwunden, welche Früchte des Geistes verkümmert sind.

Meine Leser, dies ist ein ernstes und großes Werk, zu dem wir Sie gedrängt haben, doch es ist nötig für Ihre Gesundung. Wir möchten Sie in den Gerichtshof Ihres Herzens bringen, damit der geistliche Zustand Ihrer Seele ehrlich und genau untersucht wird. Das ist ein ernster Prozess! Die *Zeugen*, die vor Gericht geladen wurden, um Zeugnis abzulegen, sind viele: Das Gewissen ist ein Zeuge – wie oft wurde es zum Schweigen gebracht; das Wort ist ein Zeuge – wie arg wurde es vernachlässigt; der Thron der Gnade ist ein Zeuge – wie häufig wurde er ignoriert; Christus ist ein Zeuge – wie sehr wurde er gering geschätzt; der Heilige Geist ist ein Zeuge – wie tief wurde er betrübt; Gott ist ein Zeuge – wie sehr wurde er beraubt. All diese legen Zeugnis ab gegen die Seele eines im Herzen Abtrünnigen und doch legen alle Fürsprache ein für ihre Rückkehr!

Der zweite Schritt ist, *den Grund für den geistlichen Niedergang der Seele zu entdecken und ans Licht zu bringen. „Ist mir's nicht befohlen?"* Suchen und schauen Sie, was als Schatten auf Ihre Seele gefallen ist, was an der Wurzel Ihres Christentums frisst. Der Apostel Paulus, der gewandt darin war, jeden Niedergang im Glauben oder jede Laxheit in der Praxis der frühen Gemeinden ausfindig zu machen und zu tadeln, erkannte in jener der Galater ein Abweichen von der reinen Wahrheit und eine daraus folgende Sorglosigkeit in ihrem Wandel. Über diese Entdeckung betrübt, richtet er an sie einen liebevollen und aufrichtigen Brief, der seine Verwunderung und seinen Schmerz ausdrückt, und spricht sich für eine ernste und gründliche Prüfung aus. *„Mich wundert"*, schreibt er, *„dass ihr euch so schnell abwenden lasst von dem, der euch durch die Gnade des Christus berufen hat ... Jetzt aber, da ihr Gott erkannt habt, ja vielmehr von Gott erkannt seid, wieso wendet ihr euch wiederum den schwachen und armseligen Grundsätzen zu? ... Ich fürchte um euch, dass ich am Ende vergeblich um euch gearbeitet habe ... Was war denn*

*eure Glückseligkeit? ... Ich weiß nicht, woran ich mit euch bin! ...
Ihr lieft gut; wer hat euch aufgehalten? ... Die Überredung kommt
nicht von dem, der euch berufen hat!"* Dem Leser, der sich, wenn
er bei dieser Seite dieses Buches angelangt ist, eines verborgenen
geistlichen Niedergangs in seiner Seele bewusst ist, schlagen wir
die gleiche Untersuchung und bedachte Prüfung vor: *„Ihr lieft gut;
wer hat euch aufgehalten?"* (Gal 5,7). Welcher Stolperstein ist auf
Ihren Weg gefallen? Was hat Ihr Vorwärtskommen behindert? Was
hat Ihren Glauben geschwächt, Ihre Liebe abgekühlt, Ihr Herz von
Jesus fortgezogen und Sie zurück zu den schwachen und armseligen
Elementen einer erbärmlichen Welt gelockt? Sie haben gut begonnen; eine Zeit lang liefen Sie gut. Ihr Eifer, Ihre Liebe und Demut
verhießen ein nützliches Leben, einen herrlichen Lauf und einen erfolgreichen Kampf um den Preis, doch etwas war im Weg. Was ist
es? Ist es die Welt, Liebe zur Schöpfung, Habsucht, Ehrgeiz, vermes-
sene Sünde, nicht abgetötete Verderbtheit, nicht ausgekehrter alter
Sauerteig? *Untersuchen Sie es.* Ruhen Sie nicht, bis es entdeckt ist.
Ihr geistlicher Niedergang ist *verborgen*, vielleicht ist die *Ursache
verborgen*, eine geistliche Pflicht, die insgeheim vernachlässigt
wird, oder eine erkannte Sünde, der insgeheim nachgegeben wird.
Untersuchen Sie es und bringen Sie es ans Licht. Es muss ein Grund
sein, der hinreichend ist, um so ernste Wirkungen zu erzeugen. Sie
sind nicht, wie Sie einst waren. Ihre Seele hat den Boden verloren;
das göttliche Leben ist dahingeschwunden; die Frucht des Geistes ist
verwelkt. Das Herz hat seine Sanftheit, das Gewissen seine Zartheit,
der Sinn seine Zurückgezogenheit, der Thron der Gnade seine Süße
und das Kreuz Jesu seine Anziehungskraft verloren. Oh, was für eine
düstere und traurige Veränderung ist über Sie gekommen! Und ist
Ihnen das nicht in Ihrer Seele bewusst? Wo ist die Seligkeit, von
der Sie sprachen? Wo ist das sonnige Angesicht eines versöhnten
Vaters? Wo sind die kostbaren Augenblicke, die vor dem Kreuz

verbracht werden – die geweihten Handlungen der Gemeinschaft im Kämmerlein, eingeschlossen mit Gott? Wo ist die Stimme der Turteltaube, das Singen der Vögel, die grünen Auen, wo Sie geweidet haben, die stillen Wasser, an deren Ufern Sie ausgeruht haben? Ist *alles* vergangen? Ist es Winter in Ihrer Seele? Ach! Ja, Ihre Seele ist dazu geschaffen, zu spüren, dass es eine schlimme und bittere Sache ist, von dem lebendigen Gott abzuweichen. Doch es gibt Hoffnung.

Der nächste Schritt der persönlichen Erweckung ist, *den Grund für den geistlichen Niedergang der Seele unverzüglich zum Thron der Gnade zu bringen und ihn vor den Herrn zu legen.* Es darf hierin kein Verhandeln, keinen Kompromiss und keine Verheimlichung geben. Es muss eine vollständige und uneingeschränkte Enthüllung vor Gott sein, ohne etwas zu beschönigen oder zu verstellen. Bekennen Sie Ihre Sünde mit all ihrer Schuld, allen erschwerenden Umständen und Folgen. Dies ist genau das, was Gott liebt – ein offenes, aufrichtiges Sündenbekenntnis. Obwohl er alle Herzen erforscht und kennt, hat er doch seine Freude an einem ehrlichen und genauen Sündenbekenntnis seines abtrünnigen Kindes. Die Sprache kann nicht zu demütig sein, die Einzelheiten nicht zu genau. Beachten Sie den Nachdruck, den er auf diese Pflicht gelegt hat, und den Segen, den er damit verknüpft hat. Deshalb sprach er zu den Kindern Israel, diesem umherschweifenden, abtrünnigen, aufrührerischen Volk: *„Dann werden sie ihre Schuld und die Schuld ihrer Väter* **bekennen** *samt ihrer Untreue, die sie gegen mich begangen haben, und dass sie sich mir widersetzten, weswegen auch ich mich ihnen widersetzte und sie in das Land ihrer Feinde brachte. Und wenn sich dann ihr unbeschnittenes Herz demütigt, sodass sie dann ihre Schuld annehmen, so will ich an meinen Bund mit Jakob gedenken, und auch an meinen Bund mit Isaak und auch an meinen Bund mit Abraham, und ich will an das Land gedenken"* (3.Mose 26,40-42). Wir können wahrhaftig ausrufen: *„Wer ist ein Gott wie du, der die Sünde vergibt und dem*

Überrest seines Erbteils die Übertretung erlässt, der seinen Zorn nicht allezeit festhält, sondern Lust an der Gnade hat?" Dies war auch die selige Erfahrung von David, Gottes geliebtem, doch oft rückfälligen Kindes: *„Da bekannte ich dir meine Sünde und verbarg meine Schuld nicht; ich sprach: ,Ich will dem HERRN meine Übertretungen bekennen!' Da vergabst du mir meine Sündenschuld"* (Ps 32,5). Und wie zerfloss das Herz Gottes vor Erbarmen und Mitleid, als er die vernehmbare Klage seines Ephraim hörte: *„Ich habe wohl gehört, wie Ephraim klagt: Du hast mich gezüchtigt, und ich bin gezüchtigt worden wie ein ungezähmtes Rind! Bringe du mich zur Umkehr, so werde ich umkehren; denn du, HERR, bist mein Gott!"* (Jer 31,18). Und wie lautet Gottes Antwort! *„Ist mir Ephraim ein teurer Sohn? Ist er mein Lieblingskind? Denn so viel ich auch gegen ihn geredet habe, muss ich doch immer wieder an ihn denken! Darum ist mein Herz entbrannt für ihn; ich muss mich über ihn erbarmen!, spricht der HERR"* (Jer 31,20).

Die Verheißung der Vergebung, die mit dem Sündenbekenntnis verbunden ist, wird auch nicht weniger klar und tröstlich in den Schriften des Neuen Testaments entfaltet. *„Wenn wir aber unsere Sünden bekennen, so ist er treu und gerecht, dass er uns die Sünden vergibt und uns reinigt von aller Ungerechtigkeit"* (1.Joh 1,9). Wie vollkommen ist also der Segen, wie reich der Trost, der mit einem ehrlichen Sündenbekenntnis mit zerbrochenem Herzen verbunden ist! Und auch wie leicht und wie einfach, diese Methode der Rückkehr zu Gott! *„Nur erkenne deine Schuld"* (Jer 3,13). Es ist nur ein Sündenbekenntnis über dem Haupt Jesu, des großen Opfers für die Sünde.[3] Oh, *was* ist es, was Gott sagt? *„Nur erkenne deine Schuld."* Ist das *alles*, was er von seinem armen umherschweifenden Kind fordert? Das ist alles! „Dann", kann die arme Seele ausrufen, „komme

---

3   S. 3.Mose 16,21.

ich, Herr, zu dir. Ich bin ein Abtrünniger, ein Umherschweifender, ein verlorener Sohn. Ich bin von dir fortgelaufen wie ein verlorenes Schaf. Meine Liebe ist zunehmend erkaltet, meine Schritte auf dem Pfad des heiligen Gehorsams haben sich verlangsamt; mein Sinn hat dem verdorbenen, abstumpfenden Einfluss der Welt nachgegeben und meine Empfindungen sind auf der Suche nach anderen, irdischen Gegenständen der Freude umhergeschweift. Doch siehe, ich komme zu dir. Lädst du mich ein? Streckst du deine Hand aus? Lädst du mich ein, mich dir zu nahen? Sagst du: ‚Nur erkenne deine Schuld‘? Dann, Herr, komme ich; ich komme im Namen deines lieben Sohnes, ich komme. Erneuere meine Freude an deinem Heil.“ Das ist ein Sündenbekenntnis über dem Haupt Jesu, bis das Herz nichts mehr zu bekennen hat als die Sünde des Bekennens – denn, geliebter Leser, selbst hinsichtlich unseres Sündenbekenntnis müssen wir noch bekennen, über unsere Tränen müssen wir weinen und für unsere Gebete beten, so sehr ist alles, was wir tun, von Sünde entstellt. Die Seele, die so entleert und von ihrer Last befreit ist, ist nun vorbereitet, von Neuem das Siegel der vergebenden Liebe eines Vaters zu empfangen.

Die wahre Haltung einer zurückkehrenden Seele ist wunderbar in der Weissagung von Hosea 14,2-3 zu sehen: *„Kehre um, o Israel, zu dem HERRN, deinem Gott! Denn du bist zu Fall gekommen durch deine eigene Schuld. Nehmt Worte mit euch und kehrt um zum HERRN! Sprecht: ‚Vergib alle Schuld und nimm es gut auf, dass wir dir das Opfer unserer Lippen bringen, das wir schuldig sind!‘“* Hier gibt es Überführung, gottesfürchtigen Kummer, Demütigung und Bekenntnis, die unentbehrlichen Bestandteile einer echten Rückkehr zu Gott – Überführung in Bezug auf den wahren Zustand der nachlassenden Seele, gottesfürchtiger Kummer, der aus der Entdeckung resultiert, deswegen eine tiefe und aufrichtige Demütigung, und ein vollkommenes und uneingeschränktes Bekenntnis davon vor Gott. Oh, selige Zeichen! Oh, liebliche Haltung einer wiederhergestellten Seele!

Mit der Entdeckung und dem Bekenntnis verbunden muss es im Wesentlichen *die völlige Abtötung und den Verzicht auf den Grund* eines solchen verborgenen geistlichen Niedergangs der Seele geben. Jenseits dessen kann es keine echte Erweckung des Werkes der göttlichen Gnade im Herzen geben. Die echte geistliche Abtötung innewohnender Sünde und das vollkommene Aufgeben des erkannten Grundes, was immer es auch ist, für den geistlichen Niedergang des Herzens bilden die echten Bestandteile der Wiederherstellung eines Gläubigen für die Freuden am Heil Gottes. Und wenn wir von der Abtötung der Sünde sprechen, darf die Natur dieses geheiligten Werkes nicht missverstanden werden. Das *war* bei vielen der Fall, warum sollte es nicht bei Ihnen sein? Es kann alle oberflächlichen Merkmale der Abtötung geben, und doch bleibt dem Herzen das Werk fremd. Eine erweckende Predigt, eine beunruhigende Fügung der Vorsehung oder eine erschreckende Wahrheit können eine abtrünnige Seele für einen Moment aufhalten und erregen. Es kann ein Öffnen eines Auges geben, eine zuckende Bewegung der geistlichen Stimmung, die für einen oberflächlichen Beobachter das Erscheinungsbild einer wirklichen Wiederkehr zum Bewusstsein in sich tragen kann, d.h. eines echten Erwachens der schlummernden Seele zu neuem Leben und neuer Kraft, und doch kann dies nur der flüchtige und unbeständige Impuls eines kränklichen und schläfrigen Geistes sein. Vielleicht kehrt man auch zu den Gnadenmitteln zurück – der heimliche geistliche Niedergang wird gespürt, beklagt und eingeräumt, doch wenn der verborgene *Grund* hierfür nicht abgetötet bleibt und nicht entfernt wird, wird aller Anschein einer Genesung rasch und schmerzlich abflauen. Es war nur ein vorübergehender, flüchtiger Schreck und alles wurde wieder still. Das schwere Augenlid öffnete sich nur schwach und schloss sich wieder; die „Tugend", die so ehrlich erschien, war nur wie eine Wolke am Morgen und der frühe Tau. Und der Grund dafür findet sich in der Tatsache, *dass es keine echte Abtötung der Sünde gab.* Und so kann ich an einer Pflanze ausbessern, die vertrocknet und welk in meinem Garten hängt. Ich kann jedes äußere Mittel zu ihrer Wiederbelebung anwenden. Ich kann die Erde um sie herum lockern, sie wässern und sie in die warme Sonne stellen. Wenn ich aber derweil nicht den verborgenen Grund ihres Verfalls entdecke und entferne – wenn ich nicht erkenne, dass ein Wurm heimlich an der Wurzel nagt, und in Unkenntnis dessen mit meinem oberflächlichen Werk der Wiederherstellung fortfahren würde, was wäre es für ein Wunder, dass trotz der Sonnenstrahlen, des abendlichen Taus und der gelockerten Erde – die eine vorübergehende Frische und Leben hervorbringen – die Pflanze am Ende dennoch aufhört zu existieren, vertrocknet und stirbt? So kann es bei jemandem sein, dessen Glauben dahinschwindet. Die äußerlichen Mittel der Erweckung können fleißig angewendet, die Gnadenmittel emsig genutzt und sogar verstärkt werden. Doch alles hat keine wirkliche und bleibende Wirkung, weil ein Wurm insgeheim an der Wurzel nagt. Und bis der verborgene Grund des geistlichen Verfalls nicht abgetötet, entfernt und völlig ausgerottet wird, endet die oberflächliche Erweckung nur in einem tieferen Schlaf und einer schrecklicheren Irreführung der Seele.

Wir können es nur ständig wiederholen: Es ist keine echte, geistliche und beständige Erweckung der Gnade bei einem Gläubigen möglich, solange *heimliche Sünde* unentdeckt und nicht abgetötet im Herzen bleibt. Echte und geistliche Abtötung der Sünde ist kein oberflächliches Werk. Es besteht nicht nur darin, die toten Ranken abzuschneiden, die hier und dort am Zweig hängen; es ist keine

Beschneidung äußerlicher Sünde und äußerliche Beachtung geistlicher Pflichten. Es ist ein Legen der Axt an die *Wurzel* der Sünde in dem Gläubigen; sie zielt auf nicht weniger als die vollständige Unterwerfung des *Prinzips* der Sünde; und bis dies nicht wirksam getan wurde, kann es keine echte Rückkehr des Herzens zu Gott geben.

Christlicher Leser, was ist der Grund des verborgenen geistlichen Niedergangs Ihrer Seele? Was ist es, das in diesem Moment an der kostbaren Pflanze der Gnade nagt und ihre Lebenskraft, Schönheit und Fruchtbarkeit zerstört? Ist es eine übermäßige Bindung an die Schöpfung? *Töten Sie sie ab.* Eigenliebe? *Töten Sie sie ab.* Liebe zur Welt? *Töten Sie sie ab.* Eine sündige Gewohnheit, der heimlich nachgegeben wird? *Töten Sie sie ab.* Dies alles muss abgetötet werden, die *Wurzel* genauso wie die Zweige, wenn Sie eine völlige Rückkehr zu Gott erleben möchten. So lieb Ihnen etwas auch sein mag – wie die rechte Hand oder das rechte Auge –, wenn es zwischen Ihre Seele und Gott tritt, wenn es Christus in Ihnen kreuzigt, wenn es den Glauben schwächt, die Gnade schwach macht, die Geistlichkeit der Seele zerstört, sie öde und unfruchtbar macht, dann tun Sie nicht weniger, als es völlig abzutöten.

Dieses große Werk müssen Sie auch nicht in eigener Kraft unternehmen. Es ist vor allem das Resultat Gottes des Heiligen Geistes, der durch die eigenen Anstrengungen des Gläubigen wirkt und sie segnet. *„Wenn ihr aber durch den Geist die Taten des Leibes tötet, so werdet ihr leben"* (Röm 8,13). Hier gibt es die Anerkennung der eigenen Bemühungen des Gläubigen in Verbindung mit der Kraft des Heiligen Geistes: *„Wenn **ihr** [Gläubigen, ihr Heiligen Gottes] aber **durch den Geist** die Taten des Leibes tötet"* usw. Es ist das Werk des Gläubigen selbst, doch die Kraft ist vom Geist Gottes. Bringen Sie also Ihre erkannte Sünde zum Geist – dem Geist, der mit tötender, kreuzigender Kraft das Kreuz Jesu in Ihre Seele bringt und Ihnen eine solche Sicht eines Heilands gibt, der für die Sünde litt, wie Sie sie vielleicht vorher nie hatten, und in einem Moment wird Ihr Feind erschlagen zu Ihren Füßen liegen. Oh, geben Sie sich nicht der Verzweiflung hin, bekümmerte Seele. Sehnen Sie sich nach einer gnädigen Erweckung des Werkes Gottes in Ihnen? Trauern Sie insgeheim über den geistlichen Niedergang Ihres Herzens? Haben Sie den geheimen Grund Ihres Verfalls erforscht und entdeckt? Und verlangen Sie wirklich nach seiner Abtötung? Dann blicken Sie auf und hören Sie die tröstlichen Worte Ihres Herrn: *„Ich bin der HERR, dein Arzt"* (2.Mose 15,26). Der Herr ist Ihr Arzt, seine Liebe kann Sie wiederherstellen; sein Blut kann Sie heilen; seine Gnade kann Ihre Sünde überwinden. *„Nehmt Worte mit euch und kehrt um zum HERRN! Sprecht: ,Vergib alle Schuld und nimm [uns] gut auf.'"* Und der Herr wird antworten: *„Ich will ihre Abtrünnigkeit heilen, gerne will ich sie lieben; denn mein Zorn hat sich von ihnen abgewandt"* (Hos 14,5).

Bemühen Sie sich, Ihren Sinn mit mehr geistlichem Verständnis von der persönlichen Herrlichkeit, Liebe und Fülle Christi anzureichern und zu weiten. Jeder geistliche Niedergang der Seele entsteht daraus, dass man in den Sinn Dinge einlässt, die im Widerspruch zu der Natur der innewohnenden Gnade stehen. Die Welt, d.h. ihre Vergnügungen, Eitelkeiten, Sorgen und mannigfaltigen Versuchungen – diese dringen oft als legitime Unterfangen und Pflichten maskiert in den Sinn ein und ziehen ihn von Gott und die Zuneigung von Christus weg. Sie schwächen und dämpfen auch den Glauben und jede Gnadengabe des innewohnenden Geistes. Sie sind *„die kleinen Füchse, welche die Weinberge verderben; denn unsere Weinberge stehen in Blüte"* (Hld 2,15). Die Welt ist eine äußerst schmerzliche Schlinge für ein Kind Gottes. Es ist unmöglich, dass es einen engen und heiligen Wandel mit Gott beibehalten, als Pilger und Gast leben, einen unaufhörlichen und erfolgreichen Krieg gegen seine geistlichen Feinde führen und zur gleichen Zeit sein Herz öffnen kann, um den größten Feind der Gnade einzulassen – die Liebe zur Welt. Wenn aber der Sinn von Christus in Beschlag genommen, mit der Betrachtung seiner Herrlichkeit, Gnade und Liebe erfüllt ist, dann bleibt kein Raum für das Eindringen äußerlicher Verlockungen. Die Welt ist ausgesperrt, die Schöpfung ist ausgesperrt, der Reiz der Sünde ist ausgesperrt, und die Seele bleibt in beständiger und ungestörter Verbundenheit mit Gott und ist in der Lage, einen energischeren Widerstand gegen jeden äußeren Angriff des Feindes zu leisten. Und oh, wie selig ist die Gemeinschaft der Seele, die so mit Jesus eingeschlossen ist! *„Siehe, ich stehe vor der Tür und klopfe an. Wenn jemand meine Stimme hört und die Tür öffnet, so werde ich zu ihm hineingehen und das Mahl mit ihm essen und er mit mir"* (Offb 3,20). „Ich werde eintreten", spricht das Lamm Gottes, „und in Euch wohnen und in Euch Wohnung nehmen, und ich werde mit Euch das Mahl essen und Ihr mit mir." Das ist wahre Verbundenheit! Und, oh, welch süße Antwort seines eigenen Geistes im Herzen, wenn die gläubige Seele ausruft: *„Mein Herz hält dir vor dein Wort: ‚Sucht mein Angesicht!' Dein Angesicht, o HERR, will ich suchen"* (Ps 27,8). „Trete ein, Du edler Jesus. Ich möchte nichts außer Dir, ich begehre keine Gemeinschaft und möchte auf keine Stimme hören außer der Deinen. Ich möchte mit niemandem Verbundenheit haben außer Dir. Lass mich mit Dir essen, ja, gib mir Dein Fleisch zu essen und Dein Blut zu trinken."

Ach! Lieber christlicher Leser, weil wir uns so wenig mit Jesus beschäftigen – wir lassen ihn so selten und so widerwillig in unser Herz ein; wir haben so wenig Umgang mit ihm; wenden uns so wenig seinem Blut zu und seiner Gerechtigkeit und leben so wenig aus seiner Fülle

–, sind wir so oft gezwungen, auszurufen: *„Ich vergehe, ich vergehe!"* – *„Wenn ihr nun mit Christus auferweckt worden seid, so sucht das, was droben ist, wo der Christus ist, sitzend zur Rechten Gottes"* (Kol 3,1). Lassen Sie uns danach trachten, Christus mehr zu kennen, ein geistlicheres und größeres Verständnis seiner Herrlichkeit zu bekommen, seine Liebe tiefer in uns aufzunehmen, mehr von seinem Geist aufzunehmen und uns mehr an seinem Beispiel auszurichten.

Doch das, was das große Geheimnis jeder persönlichen Erweckung ist, muss noch gezeigt werden. Wir verweisen *auf eine erneute Taufe mit dem Heiligen Geist*. Dies braucht eine dahinschwindende Seele mehr als alles andere. Wer dies in hohem Maße hat, hat jeden geistlichen Segen. Diese Taufe umfasst und ist das Unterpfand für alle anderen Segnungen. Unser teurer Herr wollte dies – seine letzte tröstliche Lehre – dem matten Sinn seiner Jünger einschärfen: Seine leibliche Gegenwart in ihrer Mitte, lehrte er sie, ließ sich nicht mit dem geistlichen und bleibenden Wohnen des Geistes unter ihnen vergleichen. Das Herabkommen des Heiligen Geistes sollte ihnen alle Dinge in Erinnerung rufen, die er sie gelehrt hatte. Es sollte ihre Erkenntnis der überaus großen Herrlichkeit seiner Person, der unendlichen Vollkommenheit seines Werkes, der Natur und Geistlichkeit seines Reiches und seines endgültigen und gewissen Sieges auf der Erde vollkommen machen. Das Herabkommen des Geistes sollte sie auch in ihrer persönlichen Heiligkeit reifen lassen und sie noch fähiger für ihre schwierige und erfolgreiche Arbeit für seine Sache machen, indem ihre Geistlichkeit vertieft, sie mit mehr Gnade erfüllt und mit mehr Liebe geweitet werden. Und die Taufe mit dem Heiligen Geist, am Tag von Pfingsten, hat dies alles vollkommen erfüllt. Die Apostel traten durch die Wirkung seines Geistes als Männer auf, die einen Zustand der erneuten Bekehrung durchlaufen hatten.

Und dies ist der Zustand, lieber Leser, den Sie durchlaufen müssen, wenn Sie eine Erweckung des Werkes Gottes in Ihrer Seele erleben möchten: Sie müssen *von Neuem bekehrt* werden, und das durch eine erneute Taufe mit dem Heiligen Geist. Nichts weniger wird Ihre sterbenden Gnadengaben beseelen, Ihre erkaltete Liebe schmelzen. Nichts außer diesem wird Ihren verborgenen geistlichen Niedergang aufhalten und Ihr rückfälliges Herz wiederherstellen. *Sie müssen von Neuem mit dem Geist getauft werden.* Der Geist, den Sie so oft und so tief verletzt, betrübt, gekränkt und gedämpft haben, muss neu auf Sie kommen und Sie versiegeln, heiligen und aufs Neue bekehren. Oh, erheben Sie sich, beten Sie und ringen Sie um die Ausgießung des Geistes auf Ihre Seele. Geben Sie Ihre leblose Religion auf, Ihre Form ohne die Kraft, Ihr Gebet ohne Gemeinschaft, Ihre Bekenntnisse ohne Zerbrochenheit, Ihren Eifer ohne Liebe. Und, oh, was für zahlreiche und kostbare Verheißungen drängen sich in Gottes Wort, die Sie alle einladen, diesen Segen zu suchen! *„Er wird herabkommen wie Regen auf die Aue, wie Regenschauer, die das Land bewässern"* (Ps 72,6). *„Ich will ihre Abtrünnigkeit heilen, gerne will ich sie lieben; denn mein Zorn hat sich von ihnen abgewandt. Ich will für Israel sein wie der Tau; es soll blühen wie eine Lilie und Wurzel schlagen wie der Libanon. Seine Schösslinge sollen sich ausbreiten; es soll so schön werden wie ein Ölbaum und so guten Geruch geben wie der Libanon. Die unter seinem Schatten wohnen, sollen wiederum Getreide hervorbringen und blühen wie der Weinstock und so berühmt werden wie der Wein vom Libanon"* (Hos 14,5-8). *„Kommt, wir wollen wieder umkehren zum HERRN! Er hat uns zerrissen, er wird uns auch heilen; er hat uns geschlagen, er wird uns auch verbinden! Nach zwei Tagen wird er uns lebendig machen, am dritten Tag wird er uns aufrichten, dass wir vor ihm leben. So lasst uns ihn erkennen, ja, eifrig trachten nach der Erkenntnis des HERRN! Sein Hervorgehen ist so sicher wie das Licht des Morgens, und er wird* *zu uns kommen wie ein Regenguss, wie ein Spätregen, der das Land benetzt!"* (Hos 6,1-3). Suchen Sie also mehr als und über alle anderen Segnungen hinaus eine erneuerte Taufe im Heiligen Geist. *„Werdet voll Geistes"*, trachten Sie *ernstlich* danach – trachten Sie danach mit der tiefen Überzeugung, dass Sie es *absolut nötig haben*. Trachten Sie *beharrlich* danach, trachten Sie auf *gläubige* Weise danach. Gott hat verheißen: *„Dann will ich auf euch meinen Geist ausgießen"* (Spr 1,23; EÜ⁴), und *„bittet [in Jesu Namen], so **werdet** ihr empfangen"*.

Noch ein Wort: Seien Sie nicht überrascht, wenn der Herr Sie in *tiefe Prüfungen* führt, um Sie von dem geistlichen Niedergang Ihrer Seele zu befreien. Der Herr passt die Eigenart der Erziehung oft dem Fall an. Ist es ein *verborgener* geistlicher Niedergang? Er kann einen *geheimen Tadel* senden, ein heimliches Kreuz, eine verborgene Züchtigung. Niemand hat Ihren verborgenen geistlichen Niedergang entdeckt und niemand entdeckt Ihre verborgene Korrektur. Der geistliche Niedergang hatte mit Gott und Ihrer Seele zu tun, also kann auch der Tadel so sein. Die Abtrünnigkeit geschah im Herzen, also auch die Züchtigung. Doch wenn die geheiligte Prüfung die Rettung Ihrer Seele bewirkt, die Wiederausrichtung Ihres schwankenden Herzens auf Christus, die Erweckung seines gesamten Werkes in Ihnen, werden Sie ihn für die Erziehung lieben und mit David ausrufen, der das Handeln eines Bundesgottes und Vaters rühmt: *„Ehe ich gedemütigt wurde, irrte ich; nun aber befolge ich dein Wort … Es ist gut für mich, dass ich gedemütigt wurde, damit ich deine Anweisungen lerne"* (Ps 119,67.71).

Zuletzt: Machen Sie sich neu nach Gott und dem Himmel auf, als hätten Sie sich vorher nie auf den Weg gemacht. Beginnen Sie am Anfang. Gehen Sie als Sünder zu Jesus, suchen Sie den belebenden,

---

4   *Einheitsübersetzung der Heiligen Schrift* (Abk.: EÜ), Katholische Bibelanstalt GmbH, Stuttgart 1980.

heilenden, heiligenden Einfluss des Geistes. Und machen Sie dies zu Ihrem Gebet, das Sie vor dem Gnadenstuhl darbringen und mit Nachdruck äußern, bis es beantwortet wird: „Erwecke Dein Werk, oh Herr! Belebe mich, oh Herr! Erneuere in mir die Freude an Deinem Heil!" Als Antwort auf Ihre Bitte: *„Er wird herabkommen wie Regen auf die Aue, wie Regenschauer, die das Land bewässern"* (Ps 72,6), und Ihr Lied wird das der Kirche sein: *„Mein Geliebter beginnt und spricht zu mir: Mach dich auf, meine Freundin, komm her, meine Schöne! Denn siehe, der Winter ist vorüber, der Regen hat sich auf und davon gemacht; die Blumen zeigen sich auf dem Land, die Zeit des Singvogels ist da, und die Stimme der Turteltauben lässt sich hören in unserem Land; am Feigenbaum röten sich die Frühfeigen, und die Reben verbreiten Blütenduft; komm, mach dich auf, meine Freundin; meine Schöne, komm doch!"* (Hld 2,10-13).

KAPITEL 2

GEISTLICHER NIEDERGANG – IN DER LIEBE

„... WIRD DIE LIEBE IN VIELEN ERKALTEN" *(MT 24,12).*

Nachdem wir den verborgenen und anfänglichen geistlichen Niedergang des Gläubigen beschrieben haben, wollen wir in diesem und den folgenden Kapiteln diesen traurigen Zustand in einigen seiner mehr fortgeschrittenen Stufen verfolgen, wie dies an der Schläfrigkeit und dem Schwinden der Gnadengaben des Geistes in der Seele zu sehen ist. Es ist nicht länger der verborgene, sondern der *ausgeprägte* Charakter des geistlichen und persönlichen Niedergangs, den wir jetzt betrachten wollen. Seine Art ist erkennbarer und seine Symptome sind greifbarer und sichtbarer für das Auge. Er hat solch einen Zustand erreicht, dass eine Verheimlichung unmöglich ist. Wie man beim körperlichen Befinden einen leichten Rückgang im Herzschlag an den äußeren Symptomen spüren kann, die sich einstellen – selbst wenn der Sitz des Leidens nicht sichtbar ist –, so zeigen sich beim geistlichen Menschen, wenn es etwas Ungesundes in der Seele gibt, das verborgen ist, die Auswirkungen so sehr anhand der entsprechenden Charakteristiken, dass kein Zweifel am Vorhandensein der ungesunden Sache bleibt. Der Mensch kann sich selbst seines abtrünnigen Standes nicht bewusst sein. Er kann sich in der furchtbaren Täuschung wiegen, dass alles in Ordnung ist, seine Augen vorsätzlich vor seinem wirklichen Zustand verschlie-ßen, vor sich selbst die rasch voranschreitende Krankheit verbergen, „Friede! Friede!" rufen und den bösen Tag weit von sich fortschie-ben. Doch für einen geistlichen und wachsenden Gläubigen, einen, dessen Auge darin geschärft ist, ein ungutes Symptom zu entdecken, und dessen Tastsinn einen ungesunden Pulsschlag erkennen kann, ist der Fall kein Geheimnis.

Im Nachspüren des Niedergangs einiger wesentlicher und her-vorstechender Gnadengaben des Geistes beginnen wir mit der Gnadengabe der *Liebe*, welche der Ursprung aller gleichar-tigen Gnadengaben ist. Der geistliche Zustand der Seele und der Nachdruck und die Schnelligkeit ihres Gehorsams wird dem Zustand und der Art der Zuneigung eines Gläubigen zu Gott entsprechen. Wenn es hier Verfall, Kälte und Niedergang gibt, lässt sich das an dem ganzen Gehorsam des neuen Menschen spüren und nachver-folgen. Es ist bei jeder Gnadengabe des Geistes zu spüren, bei jedem Aufruf zur Pflicht, und jeder Schlag des geistlichen Pulses wird nur den verborgenen und gewissen Niedergang der göttlichen Liebe in der Seele verraten. Der christliche Leser möge sich also überlegen, wie der geistliche, ungesunde Zustand des Gläubigen sein muss, wie sein äußerliches und sichtbares Abweichen von Gott sein muss, wenn die Liebe, der Ursprung aller geistlichen Pflichten, keinen kraftvollen Einfluss mehr ausübt und sie als das Herz erfahrbarer Gottesfurcht nur noch kränkliche und träge Lebensströme durch den geistlichen Organismus leitet. Wir wollen nun, ehe wir mit der di-rekten Behandlung des vor uns liegenden Hauptthemas fortfahren, eine kurze und schriftgemäße Sicht der Notwendigkeit, Natur und Wirksamkeit der göttlichen Liebe in der Seele darlegen.

1. DIE NOTWENDIGKEIT, NATUR UND WIRKSAMKEIT DER GÖTTLICHEN LIEBE

Die Liebe zu Gott wird in seinem Wort die wichtigste und erhabenste Forderung des göttlichen Gesetzes genannt. Folglich lautet die verkündete Wahrheit: *„‚Du sollst den Herrn, deinen Gott, lieben mit deinem ganzen Herzen und mit deiner ganzen Seele und mit deinem ganzen Denken'. Das ist das erste und größte Gebot"* (Mt 22,37-38). Es war nun sowohl unendlich weise als auch gut von Gott, sich als den angemessenen Gegenstand der Liebe zu zeigen. Wir sagen, es war *weise*, weil er, hätte er den Gegenstand der größten Empfindung niedriger als sich selbst angesetzt, etwas Geringeres über sich selbst erhoben hätte. Denn wenn man irgendetwas anderes als Gott mit einzigartiger und höchster Empfindung liebt, erhebt man diese Sache zum Gott, sodass sie, als Gott, im Tempel Gottes sitzt und sich selbst als Gott zur Schau stellt. Es war *gut*, weil ein geringeres Objekt der Zuneigung nie das Verlangen und Sehnen einer unsterblichen Seele gestillt hätte. Gott hat den Menschen so gebildet, ihm ein solches Fassungsvermögen für Seligkeit und solch ein grenzenloses und unsterbliches Verlangen danach eingepflanzt, diese zu besitzen, dass man es nur in der Unendlichkeit selbst vollkommen genießen kann. Es war nie seine Absicht gewesen, dass das intelligente und unsterbliche Geschöpf seine Freude aus einer geringeren Quelle als ihn selbst trinken soll. Es war also unendlich weise und gut von Gott, dass er sich selbst seinen intelligenten Geschöpfen als einzigen Gegenstand höchster Liebe und Anbetung gezeigt hat. Seine *Weisheit* erkannte die Notwendigkeit eines Zentrums höchster und anbetender Zuneigung und eines Gegenstandes höchster und geistlicher Anbetung für Engel und Menschen. Seine *Güte* legte es nahe, dass dieses Zentrum und dass dieser Gegenstand *er selbst* sein sollte, die Vollkommenheit unendlicher Vorzüglichkeit, die Quelle von unendlich Gutem. Somit war es, da aus ihm alle Lebensströme für alle Geschöpfe hervorgingen, nur vernünftig und recht, dass alle Ströme der Liebe und des Gehorsams aller intelligenten und unsterblichen Geschöpfe zu ihm zurückkehren und sich in ihm konzentrieren sollten – dass, da er der intelligenteste, weiseste, herrlichste und gütigste Gegenstand des Universums ist, es völlig angemessen war, dass die erste, stärkste und reinste Liebe der Schöpfung sich zu ihm erheben und ihren Ruheplatz in ihm finden sollte.

Die Liebe zu Gott ist nun die große Forderung und das grundlegende Gebot des göttlichen Gesetzes. Sie ist für jedes intelligente Wesen verpflichtend. Es gibt keine Erwägung, die das Geschöpf davon befreien kann. Es kann keine untergeordneten Dinge geltend machen, und auch kein Gegensatz rivalisierender Interessen kann die Verpflichtung jedes Geschöpfs, das Atem hat, mindern, den Herrn, seinen Gott, zu lieben mit seinem ganzem Herzen, mit seiner ganzer Seele und seinem ganzen Denken. Dies erwächst aus der Beziehung der Schöpfung zu Gott als ihrem Schöpfer, moralischen Herrscher und Erhalter und dass er in sich der einzige Gegenstand von unendlicher Vorzüglichkeit, Weisheit, Heiligkeit, Majestät und Gnade ist. Diese Verpflichtung, Gott mit größter Zuneigung zu lieben, ist für das Geschöpf auch ungeachtet irgendeines Vorteils bindend, der ihm daraus erwachsen mag, Gott auf diese Weise zu lieben. Es ist absolut wahr, dass Gott in seiner Güte die äußerste Seligkeit mit dieser höchsten Liebe verbunden und mit größter Qual gedroht hat, wo die höchste Zuneigung zurückgehalten wird. Doch unabhängig von irgendeinem Segen, der dem Geschöpf durch seine Liebe zu Gott zukommen mag, macht es die unendliche Vorzüglichkeit der göttlichen Natur und die ewige Beziehung, in der er zu dem intelligenten Universum steht, unwiderruflich verpflichtend für jedes Geschöpf, ihn mit größter, überragender, heiliger und uneingeschränkter Zuneigung zu lieben.

Liebe ist auch das große *einflussreiche Prinzip des Evangeliums*. Die christliche Religion ist in überragender Weise eine Religion des Motivs: Sie schließt jedes Prinzip des Zwangs aus, sie legt dem Sinn bestimmte große und mächtige Beweggründe dar, mit denen sie den Verstand, den Willen und die Empfindungen für den aktiven Dienst an Christus gewinnt. Das Gesetz des Christentums ist also nicht ein Gesetz der Nötigung, sondern der Liebe. Das ist der große Hebel, das große maßgebliche Motiv – *„die Liebe des Christus drängt uns"* (2.Kor 5,14). Dies war die Aussage des Apostels und dies sein Leitmotiv. Und die drängende Liebe des Christus muss das Leitmotiv, das maßgebliche Prinzip jedes Gläubigen sein. Ohne den drängenden Einfluss der Liebe Christi im Herzen kann es unmöglich einen bereitwilligen, unverzüglichen und heiligen Gehorsam seinen Geboten gegenüber geben. Pflichtbewusstsein und der Einfluss der Furcht können die Seele manchmal vorwärtsdrängen, doch allein die Liebe kann zu einem liebenden und heiligen Gehorsam bewegen. Und jeder Gehorsam, der geringeren Beweggründen entspringt, ist nicht der Gehorsam, den das Evangelium Jesu prägt. Die Beziehung, in welcher der Gläubige unter der Haushaltung des Neuen Bundes zu Gott steht, ist nicht die eines Sklaven zu seinem Herrn, sondern die eines Kindes zu seinem Vater: *„Weil ihr nun Söhne seid, hat Gott den Geist seines Sohnes in eure Herzen gesandt, der ruft: Abba, Vater!"* (Gal 4,6). *„Der Geist selbst gibt Zeugnis zusammen mit unserem Geist, dass wir Gottes Kinder sind"* (Röm 8,16). *„So bist du also nicht mehr Knecht, sondern Sohn"* (Gal 4,7). Aufgrund dieser neuen und geistlichen Beziehung erwarten wir ein neues und geistliches Motiv, und wir finden es in diesem einen, aber inhaltsreichen Wort – *Liebe*. Und so hat es unser Herr ausgedrückt: *„Liebt ihr mich, so haltet meine*

Gebote! ... *Wenn jemand mich liebt, so wird er mein Wort befolgen, und mein Vater wird ihn lieben, und wir werden zu ihm kommen und Wohnung bei ihm machen. Wer mich nicht liebt, der befolgt meine Worte nicht; und das Wort, das ihr hört, ist nicht mein, sondern des Vaters, der mich gesandt hat"* (Joh 14,15). Wir können also nur dort, wo diese Liebe durch den Heiligen Geist in das Herz ausgegossen wurde, die Frucht des Gehorsams finden. Von diesem Prinzip beherrscht müht sich der Gläubige nicht *um Leben*, sondern er müht sich *aus dem Leben heraus*; nicht *um* der Annahme willen, sondern *aus* der Annahme heraus. Ein heiliges, sich selbst verleugnendes, das Kreuz tragende Leben ist nicht die Plackerei eines Sklaven, sondern der kindliche, liebende Gehorsam eines Kindes: Es entspringt der Liebe zu der Person und der Dankbarkeit für das Werk Jesu und ist die selige Wirkung des Geistes der Sohnschaft im Herzen.

Man muss auch einräumen, dass dieses Motiv das heiligste und einflussreichste aller Motive für Gehorsam ist. Liebe, die aus dem Herzen Jesu in das Herz eines armen, gläubigen Sünders fließt, Selbstsucht vertreibt, Kälte schmilzt, Sündhaftigkeit besiegt und das Herz zu einer einfachen und uneingeschränkten Übergabe hinzieht, ist – von allen Prinzipien des Handelns – das mächtigste und am meisten heiligende. Wie leicht wird unter dem drängenden Einfluss dieses Prinzips jedes Kreuz für Jesus! Wie leicht jede Last, wie angenehm jedes Joch! Pflichten werden zu Vorrechten, Schwierigkeiten verschwinden, Ängste werden bezwungen, die Schmach wird erniedrigt, Verzug getadelt, und das Kind, dem vergeben wurde, das gerechtfertigt und als Kind angenommen wurde, ruft mit Leidenschaft für Jesus aus: „Hier bin ich, Herr, ein lebendiges Opfer. Dein bin ich auf Zeit und Ewigkeit!"

Die Liebe ist der Grundsatz, der jede gesetzliche Furcht aus dem Herzen vertreibt. *„Furcht ist nicht in der Liebe, sondern die vollkom-*

mene Liebe treibt die Furcht aus, denn die Furcht hat mit Strafe zu tun; wer sich nun fürchtet, ist nicht vollkommen geworden in der Liebe" (1.Joh 4,18). Wer, der dies verspürt hat, wird leugnen, dass „die Furcht ... mit Strafe zu tun [hat]"? Die gesetzliche Furcht vor dem Tod, dem Gericht und vor der Verdammnis; die Furcht, die von einer sklavischen Sicht der Gebote des Herrn hervorgerufen wird, die von einer unvollkommenen Sicht von der Beziehung des Gläubigen zu Gott herrührt, die von unvollkommenen Auffassungen vom vollendeten Werk Christi stammt; ein vages Verständnis von der großen Tatsache der Annahme an Kindes statt; ein Nachgeben aufgrund der Macht des Unglaubens; das Zurückhalten von Schuld, die auf dem Gewissen lastet, oder der Einfluss irgendeiner verheimlichten Sünde werden das Herz mit der Strafe der Furcht erfüllen. Einige der bedeutendsten Menschen aus dem Volk Gottes wurden so heimgesucht. Es war die Erfahrung Hiobs: „So muss ich meine vielen Schmerzen *fürchten* ... Ja, wenn ich daran denke, so erschrecke ich, und Zittern erfasst meinen Leib ... Darum schrecke ich zurück vor seinem Angesicht, und wenn ich daran denke, so *fürchte* ich mich vor ihm."* Genauso David: „Wenn mir *angst* ist, vertraue ich auf dich! ... Mein Fleisch schaudert aus *Furcht* vor dir, und ich habe Ehrfurcht vor deinen Bestimmungen!"* Doch „die vollkommene Liebe treibt die Furcht aus". Wer sich fürchtet, ist nicht vollkommen in der Liebe Christi. Der Plan und die Absicht der Liebe Jesu, die in das Herz ausgegossen ist, ist, die Seele aus aller Knechtschaft „durch Todesfurcht" und ihren grundlegenden Folgen zu erheben und sie zu beschwichtigen, damit sie sich auf jenes herrliche Manifest verlässt, mit welchem triumphierend viele in die Herrlichkeit gegangen sind: „So gibt es jetzt keine Verdammnis mehr für die, welche in Christus Jesus sind" (Röm 8,1). Betrachten Sie die selige Quelle, aus welcher der ganze Sieg eines Gläubigen über die Knechtschaft der Furcht fließt – aus Jesus; nicht aus seinem Erleben der Wahrheit, nicht aus

Anzeichen seiner Annahme und Adoption, nicht aus dem Werk des Geistes in seinem Herzen – selig, wie es ist –, sondern außerhalb und fern von ihm selbst, eben aus Jesus. Das Blut und die Gerechtigkeit Christi, welche auf die unendliche Größe und Herrlichkeit seiner Person gründen und durch den Heiligen Geist zur Wahrnehmung des Gläubigen gebracht werden, vertreibt jede Furcht vor dem Tod und dem Gericht aus dem Herzen und erfüllt es mit vollkommenem Frieden. Oh, Sie mit einem Herzen voller Furcht! Warum diese besorgten Zweifel, warum diese quälenden Ängste, warum dieses Zurückschrecken vor dem Gedanken an den Tod, warum diese kühlen, harten und herzlosen Gedanken über Gott? Warum dieses Gefängnis, warum diese Fessel? Sie sind nicht vollkommen in der Liebe Jesu, denn *„die vollkommene Liebe treibt die Furcht aus"*. Sie haben jene große Wahrheit noch nicht völlig erfasst, dass Jesus mächtig ist, zu retten, dass er für einen armen Sünder starb, dass sein Tod die vollkommene Genugtuung der göttlichen Gerechtigkeit ist, und dass Ihnen ohne ein einziges verdienstvolles Werk Ihrerseits – so, wie Sie sind: arm, leer, wertlos, unwürdig – der reiche Vorrat an souveräner Gnade und sterbender Liebe dargeboten wird. Der einfache Glaube daran wird Ihr Herz in der Liebe vollkommen machen; und vollkommen gemacht in der Liebe wird jede Knechtschaft aus Furcht verschwinden. Oh, trachten Sie danach, in Christi Liebe vollkommen gemacht zu werden! Sie ist ein unergründlicher Ozean. Warum also sollten Sie nicht in ihn hineinsteigen? Kommen Sie herzu, denn er steht jedem frei, der zu ihm kommt. Trinken Sie, denn er ist tief. Werfen Sie sich in ihn hinein, denn er ist breit. *„Der Herr aber lenke eure Herzen zu der Liebe Gottes"* (2.Thess 3,5).

Liebe ist die Gnadengabe des Geistes, welche den Glauben zur praktischen Wirkung bringt, *„der Glaube, der durch die Liebe wirksam ist"* (Gal 5,6), und Glaube, der so wirksam gemacht wird, bringt der

Seele jeden geistlichen Segen. Ein Gläubiger steht durch den Glauben (s. Röm 11,20), er wandelt im Glauben (s. 2.Kor 5,7), er überwindet im Glauben (s. 1.Joh 5,4), er lebt im Glauben (s. Gal 2,20). Die Liebe ist darum eine tätige Gnadengabe. *„Denn Gott ist nicht ungerecht, dass er euer Werk und die Bemühung in der Liebe vergäße, die ihr für seinen Namen bewiesen habt"* (Hebr 6,10). Es gibt im Wesen wahrer Liebe keine Trägheit, sie ist kein inaktives, schwerfälliges Prinzip. Wo sie in einem gesunden und vitalen Zustand im Herzen wohnt, drängt es den Gläubigen, nicht für sich selbst, sondern für ihn zu leben, der ihn geliebt und sich selbst für ihn hingegeben hat. Die Liebe erweckt die Seele zur Wachsamkeit, drängt sie zu dem Werk häufiger Selbstprüfung, bewegt sie zum Gebet, zu einem täglichen Wandel in den Geboten, zu Werken der Freundlichkeit, der Güte und Nächstenliebe, was alles aus der Liebe zu Gott entspringt und in einen Kanal der Liebe zu den Menschen fließt.

Der Heilige Geist kennzeichnet die Liebe als Teil der christlichen Waffenrüstung: *„Wir aber, die wir dem Tag angehören, wollen nüchtern sein, angetan mit dem Brustpanzer des Glaubens und der* **Liebe***"* (1.Thess 5,8). Ohne inbrünstige und wachsende Liebe zu Gott ist der Gläubige nur armselig gegen die zahlreichen geistlichen und immer angriffslustigen Feinde gerüstet. Doch was ist das für ein Brustpanzer und Helm am Tag der Schlacht! Wer kann ein Kind Gottes überwinden, dessen Herz von göttlicher Liebe überfließt? Welcher Feind kann gegen den bestehen, der so gerüstet ist? In ihrer Wirkung liegt etwas so Beschirmendes; da ist etwas, das so abstoßend für den Geist der Feindschaft und Finsternis, so abscheulich für die Sünde ist, dass nur der sich für den Kampf eignet, der gut in den Brustpanzer der Liebe gekleidet ist. Es kann sein, und ist so, dass er in sich selbst nichts als Schwachheit ist und seine Feinde viele und mächtig sind; dass er von jeder Seite durch seine geistlichen Philister eingeschlossen ist. Und doch erhebt sich sein Herz in Liebe zu Gott, sehnt sich nach seiner Gegenwart, lechzt nach seinen Anordnungen, verlangt vor allem und über alles andere hinaus nach Gleichförmigkeit mit Gott! Oh, in was für eine Rüstung ist er gehüllt! *„Keiner Waffe, die gegen [ihn] geschmiedet wird, soll es gelingen"* (Jes 54,17); diese Rüstung kann *„alle feurigen Pfeile des Bösen auslöschen"* (Eph 6,16) und er wird *„in dem allem überwinden … durch den, der [ihn] geliebt hat"* (Röm 8,37).

Mit einem Wort, Liebe ist unsterblich. Sie ist die Gnadengabe des Geistes, die nie vergehen wird. Dies trifft nicht auf alle gleichartigen Gnadengaben zu. Es wird die Zeit kommen, wenn sie nicht mehr gebraucht werden. Der Tag ist nicht weit entfernt, an dem der *Glaube* zum Schauen und die *Hoffnung* in ihrer völligen Erfüllung aufgehen wird, aber die *Liebe* wird niemals vergehen. Sie wird weiterbestehen, das Herz weit machen, die Lippen einstimmen und durch die unaufhörlichen Zeitalter der Ewigkeit hindurch das Lied eingeben. *„Aber seien es Weissagungen, sie werden weggetan werden; seien es Sprachen, sie werden aufhören; sei es Erkenntnis, sie wird weggetan werden"* (1.Kor 13,8). Aber die *Liebe* hört niemals auf. Sie ist eine ewige Quelle, die in dem Herzen der Gottheit entspringt. Der Himmel wird ihr Wohnort sein, Gott ihre Quelle, der verherrlichte Geist ihr Gegenstand und die Ewigkeit ihre Dauer.

Der christliche Leser möge sich einen Moment die Zeit und die Umstände *seiner Verlobung am Anfang mit Christus* in Erinnerung rufen. Wenn es je eine glückselige Zeit in Ihrem Leben gab – einen Flecken Grün in der Erinnerung an die Vergangenheit, auf dem immer der Schein der Sonne ruht –, war es nicht die Zeit und ist es nicht der Ort, wo Ihr Herz zuerst durch die Liebe Jesu weit gemacht wurde? Sie haben vielleicht seitdem viele dornige Pfade betreten, Sie sind viele müde Schritte gegangen in Ihrer Pilgerschaft, haben gegen viele Stürme gekämpft, viele tiefe Heimsuchungen durchwatet und viele harte Schlachten geschlagen – doch alle sind fast ganz aus Ihrer Erinnerung verschwunden. Aber die Stunden und Ereignisse Ihrer „ersten Liebe", die haben Sie nie vergessen, können Sie nie vergessen. Oh, möge die Zeit, als die Ketten Ihrer Knechtschaft zerbrochen wurden, immer geliebt, ihrer immer mit innigen Liedern der Freude gedacht werden, mit verehrender Dankbarkeit gegenüber der freien und souveränen Gnade. Ich spreche von jener Zeit, als Ihre gefesselte Seele aus ihrer Sklaverei ausbrach und in die Freiheit der Kinder Gottes entlassen wurde; als Licht Ihre Finsternis erhellte und diese Finsternis vor dem wachsenden Glanz vertrieben wurde; als Sie der Geist verwundete und dann diese Wunde mit dem edlen Balsam aus Gilead[5] heilte; als er Sie bekümmerte, und dann Ihren Kummer durch den Anblick des gekreuzigten Lammes Gottes linderte; als der Glaube Jesus ergriff und diese selige Gewissheit in die Seele brachte: *„Mein Geliebter ist mein, und ich bin sein"*; als Jesus flüsterte – oh, wie sanft war seine Stimme –: „Deine vielen Sünden sind Dir alle vergeben, gehe hin in Frieden!" Glückseliger Moment. Wie frisch ist das alles in Ihrem Sinn? Erinnern Sie sich noch an die heilige Stätte, in der Sie angebetet haben; der Pastor, den Sie gehört haben; die Menschen, denen Sie sich angeschlossen hatten; der Ort, wo Sie Ihre Last verloren und wo Licht, Liebe und Freude in Ihre Seele einbrachen? Und wie ist es mit den Heiligen, die über Sie frohlockten, und die seligen Bekehrten, die sich um Sie sammelten und ihre Freuden und ihre Lieder mit den Ihrigen verbanden? Und der Mann, der Sie in den Schoß der Kirche Christi führte und Sie mit deren Ordnungen und Vorrechten vertraut machte? Alles, alles steht nun vor Ihrem inneren Auge mit einer Lebendigkeit und Frische, als wäre es gerade passiert. Oh, dass der Herr überhaupt je Grund haben sollte, die

---

5   Vgl. Jer 8,22.

Klage zu erheben: *„Aber ich habe gegen dich, dass du deine erste Liebe verlassen hast"* (Offb 2,4). Und doch müssen wir uns jetzt der Betrachtung dieses traurigen Zustands einer bekennenden Seele zuwenden. Möge der Geist der Wahrheit und der Liebe unser Führer und Lehrer sein!

2. DAS SCHWINDEN DER GNADENGABE DER LIEBE

Das uns nun zur Betrachtung vorliegende Thema ist die demütigende und bewegende Wahrheit, dass *die Gnadengabe der Liebe in einem Kind Gottes stark und traurigerweise schwinden kann.* Zur Erinnerung, wir sprechen nicht von der Zerstörung des Prinzips, sondern dass dessen Kraft abnehmen kann. Diese geistliche und maßgebliche Wahrheit kann man gar nicht zu häufig und zu stark betonen: Dass zwar Glaube, Liebe, Hoffnung, Eifer und ihre gleichartigen Gnadengaben sehr in ihrer Kraft, ihrer Inbrunst und echten Größe abnehmen können, das Wort Gottes uns dennoch versichert, dass sie selbst in ihrem größten Verfall oder der härtesten Prüfung nicht völlig fehlschlagen können. Das Gegenteil davon zu glauben heißt, ihren göttlichen Ursprung und ihren geistlichen und unsterblichen Charakter zu leugnen und die Weisheit, Macht und Treue Gottes anzuzweifeln. Nicht ein Korn des echten Weizens kann je beim Sichten, nicht ein Teilchen des reinen Goldes beim Läutern verlorengehen. Wir wollen also in diesem Kapitel den Niedergang der Liebe in seiner wesentlichen Wirksamkeit in der Seele und seinem maßgeblichen Charakter auf den äußeren, heiligen Wandel eines Gotteskindes darlegen.

Wenn wir in das Wort Gottes schauen, sehen wir, dass dies die ernste Klage war, die er gegen sein altes bekennendes Volk vorbrachte: *„Ich denke noch an die Zuneigung deiner Jugendzeit, an* *deine bräutliche Liebe, als du mir nachgezogen bist in der Wüste, in einem Land ohne Aussaat"* (Jer 2,2). Dann folgt die Anschuldigung bezüglich des Niedergangs ihrer Liebe. *„So spricht der HERR: Was haben eure Väter denn Unrechtes an mir gefunden, dass sie sich von mir entfernt haben und dem Nichtigen nachgegangen und zunichtegeworden sind? ... O du verkehrtes Geschlecht, achte doch auf das Wort des HERRN! Bin ich denn für Israel eine Wüste gewesen oder ein Land tiefer Finsternis? Warum spricht denn mein Volk: ‚Wir schweifen frei umher! Wir kommen nicht mehr zu dir!' Vergisst auch eine Jungfrau ihren Schmuck, oder eine Braut ihren Gürtel? Aber mein Volk hat mich vergessen seit unzähligen Tagen"* (V. 5.31-32). Und unser lieber Herr bezieht sich auf den gleichen Zustand als Zeichen für herannahendes Elend, wenn er sagt: *„Und weil die Gesetzlosigkeit überhandnimmt, wird die Liebe in vielen erkalten"* (Mt 24,12). Und gegen die Gemeinde in Ephesus wird so die gleiche Klage erhoben: *„Aber ich habe gegen dich, dass du deine erste Liebe verlassen hast"* (Offb 2,4). Das Folgende kann man als einige deutliche Kennzeichen für den Verfall und das Schwinden dieses Prinzips ansehen.

Wenn Gott zu einem geringeren Objekt des inbrünstigen Verlangens, heiliger Freude und häufigen Nachsinnens wird, können wir einen Niedergang der göttlichen Liebe in der Seele befürchten. Unsere geistliche Sicht von Gott und unsere geistliche und unaufhörliche Freude an ihm werden durch den Zustand unserer geistlichen Liebe wesentlich beeinflusst. Wenn es Kälte in der Zuneigung gibt, wenn der Sinn irdisch, fleischlich und selbstsüchtig wird, ziehen sich dunkle und düstere Schatten um den Charakter und die Herrlichkeit Gottes zusammen. Er wird ein geringeres Objekt der absoluten Bindung, ungetrübter Freude, verehrender Betrachtung und des kindlichen Vertrauens. In dem Moment, als die größte Liebe Adams zu Gott abnahm – jener Moment, in dem sie von ihrem angemessenen und rechtmäßigen Zentrum abwich –, wich er dem Gespräch mit Gott aus und versuchte, sich vor der Gegenwart der göttlichen Herrlichkeit zu verbergen. Im Wissen einer Veränderung in seiner Zuneigung – sich eines geteilten Herzens und der Unterordnung unter eine konkurrierende Macht bewusst – und wissend, dass Gott nicht länger das Objekt seiner höchsten Liebe und auch nicht mehr die Quelle seiner reinen Freude noch der gesegnete und einzige Ursprung seiner Wonne war, eilte er aus seiner Gegenwart als einem Gegenstand des Schreckens und suchte ein Versteck in den Schattenplätzen von Eden. Der Gott, dessen Gegenwart einst so herrlich, dessen Unterhaltung so heilig, dessen Stimme so süß war, wurde für das rebellische und von Gewissensbissen gepeinigte Geschöpf zu einem fremden Gott, und auf seiner schuldbeladenen Stirn stand mit dunklen Buchstaben geschrieben: „In der Abwesenheit von dir ist es am besten."

Und woher kam dieser Unterschied? War Gott weniger herrlich in sich selbst? War er weniger heilig, weniger liebevoll, weniger treu oder weniger die Quelle höchster Wonne? Weit gefehlt. Gott hatte keinen Wandel erlebt. Es gehört zur Vollkommenheit eines vollkommenen Wesens, dass es unveränderlich ist; dass es nie gegen seine eigene Natur handeln kann, sondern immer, in allem, was es tut, im Einklang mit sich selbst sein muss. Die Veränderung fand in dem Geschöpf statt. Adam hatte seine erste Liebe verlassen und seine Zuneigung auf einen anderen und geringeren Gegenstand gelenkt. Und sich dessen bewusst, hatte er aufgehört, Gott zu lieben. Er hätte sich gerne vor seiner Gegenwart verborgen und aus der Gemeinschaft mit ihm ausgeschlossen. Genauso ist die Erfahrung eines Gläubigen, der sich eines Niedergangs seiner Liebe zu Gott bewusst ist. Da gibt es ein Sichverbergen vor seiner Gegenwart, da gibt es verschwommene Sichtweisen von seinem Charakter, falsche Deutungen seines Handelns und ein Nachlassen des heiligen Verlangens nach ihm. Wo aber das Herz in seinen Empfindungen richtig, in seiner Liebe herzlich und in seinem Verlangen fest ist, da ist Gott in seiner Vollkommenheit herrlich und die Gemeinschaft mit ihm ist die höchste Wonne auf Erden. Das war die Erfahrung Davids: *„O Gott, du bist mein Gott; früh suche ich dich! Meine Seele dürstet nach dir; mein Fleisch schmachtet nach dir in einem dürren, lechzenden Land ohne Wasser, dass ich deine Macht und Herrlichkeit sehen darf, gleichwie ich dich schaute im Heiligtum. Denn deine Gnade ist besser als Leben; meine Lippen sollen dich rühmen"* (Ps 63,2-4).

Gott wird durch den Niedergang der göttlichen Liebe in der Seele nicht nur ein geringerer Gegenstand verehrender Betrachtung und Verlangens, sondern *es gibt weniger kindliches Nahen zu ihm*. Das süße Vertrauen und einfache Zutrauen des Kindes ist verloren. Die Seele eilt nicht mehr mit all dem demütigen aber zärtlichen Verlangen eines angenommenen Kindes auf seinen Schoß, sondern bleibt auf Distanz. Oder, wenn sie versucht, sich zu nähern, tut sie dies mit dem Zittern und den Hemmungen eines Sklaven. Der zärtliche, liebende, kindliche Geist, der den Wandel des Gläubigen in der Zeit seiner Verlobung kennzeichnete, als keine Sache so herrlich für ihn war wie Gott, kein Wesen so geliebt wie sein himmlischer Vater, kein Ort so geheiligt wie der Thron der Gemeinschaft und kein Thema so süß wie seine freie gnädige Annahme an Kindes statt, ist zu einem großen Maß gewichen, und Misstrauen, gesetzliche Furcht und Gebundenheit des Geistes sind darauf gefolgt. All diese traurigen Folgen lassen sich auf den Niedergang der kindlichen Liebe in der Seele des Gläubigen gegenüber Gott zurückführen.

Harte Gedanken über Gott in seinen Fügungen kann man als ein weiteres unleugbares Symptom ansehen. Das Kennzeichen einer kräftigen Liebe zu Gott ist, wenn die Seele Gott in all seinem weisen und gnädigen Handeln an ihr rechtfertigt – nicht rebelliert, nicht murrt, nicht unzufrieden ist, sondern ruhig und demütig in die Fügung einwilligt, sei sie auch schwierig wie nie. Göttliche Liebe im Herzen, die sich vertieft und nach Gott hin ausstreckt, aus dem sie entspringt, wird in der Stunde der Prüfung ausrufen: „Mein Gott hat mich geschlagen, doch er ist immer noch mein Gott, treu und liebend. Mein Vater hat mich arg gezüchtigt, doch er ist immer noch mein Vater, zärtlich und freundlich. Diese mich prüfende Fügung rührt her aus Liebe, sie spricht mit der Stimme der Liebe, sie trägt die Botschaft der Liebe in sich und ist dazu gesandt, mein Herz näher und noch näher zu dem Gott der Liebe zu ziehen, von dem sie kommt." Lieber Leser, sind Sie einer von denen, die vom Herrn heimgesucht werden? Selig sind Sie, wenn dies das heilige und gesegnete Ergebnis seines Handelns mit Ihnen ist. Selig, wenn Sie die Stimme der Liebe in der Rute hören, die Ihr einsames und bekümmertes Herz für den Gott gewinnt, von dem sie kam. Wenn aber die Liebe zu Gott geschwunden ist, dann ist die Kehrseite davon der Zustand eines versuchten und heimgesuchten Gläubigen.

Wenn es wenig Neigung zur Gemeinschaft mit Gott gibt und der Thron der Gnade mehr aus Pflichtgefühl denn als Vorrecht aufgesucht wird, und, folglich, wenig Verbundenheit erfahren wird, dann brauchen wir keinen stärkeren Beweis für einen Niedergang der Liebe in der Seele. Je mehr eine Sache für uns die Quelle süßer Freude und Betrachtung ist, desto stärker verlangen wir nach ihrer Gegenwart und desto unruhiger sind wir bei ihrer Abwesenheit. Den Freund, den wir lieben, möchten wir ständig an unserer Seite haben; der Geist zieht aus in Sehnsucht nach Gemeinschaft mit ihm – seine Gegenwart versüßt jede andere Freude, seine Abwesenheit macht jede bitter. Dies trifft gerade auf Gott zu. Wer Gott kennt, wer, mit dem Auge des Glaubens, etwas von seiner Herrlichkeit entdeckt und durch die Kraft des Geistes etwas von seiner Liebe gespürt hat, wird keine Schwierigkeiten haben, zwischen der spürbaren Gegenwart und Abwesenheit Gottes in der Seele zu unterscheiden. Manche den Glauben bekennenden Menschen wandeln so sehr ohne Gemeinschaft, ohne Verbundenheit, ohne täglichen kindlichen und engen Umgang mit Gott; sie sind so sehr in ihre Sorgen vertieft und so sehr im Nebel und Dunst der Welt verloren; die feine Schneide ihrer geistlichen Zuneigung ist so stumpf und ihre Liebe durch den Kontakt mit weltlichen Einflüssen und Beschäftigungen so gefroren – und das ist bei kalten Namenschristen nicht weniger so –, dass die Sonne der Gerechtigkeit aufhören kann, auf sie zu scheinen, und sie merken es nicht! Gott kann aufhören, sie heimzusuchen, und seine Abwesenheit wird nicht gespürt! Er kann aufhören, zu sprechen, und die Stille seiner Stimme weckt kein Gefühl der Unruhe! Ja, ihnen kann noch etwas Sonderbareres passieren, wenn der Herr plötzlich mit einem Liebesbesuch in ihre Seele einbricht und sie dann für Wochen und Monate ohne ein Zeichen seiner Gegenwart verlässt. Leser, sind Sie ein bekennendes Gotteskind? Geben Sie sich nicht mit einem solchen Leben zufrieden! Es ist eine armselige, leblose Existenz, Ihres Bekenntnisses unwürdig, ihm unwürdig, dessen Namen Sie tragen, und unwürdig der herrlichen Bestimmung, der Sie entgegensehen. Daran kann ein Gläubiger den Charakter seiner Liebe prüfen: Er, in dessen Herzen göttliche Zuneigung stärker wird, zunimmt und sich ausdehnt, sieht in Gott ein Objekt der zunehmenden Freude und des zunehmenden Verlangens und sieht die Gemeinschaft mit ihm als das kostbarste Vorrecht auf der Erde an. Er kann es nicht ertragen, die ständige, private und enge Verbundenheit mit seinem Gott zu vernachlässigen, seinem besten und treuesten Freund.

Wenn es einen weniger innigen Wandel mit Gott gibt, ist es für uns nicht schwierig, den Zustand unserer Liebe festzustellen. Was meinen wir mit einem innigen Wandel? Wenn ein Gläubiger in heiliger Umsicht, in Rechtschaffenheit, Integrität, enger Wachsamkeit und voller Gebet vor Gott wandelt, dann wandelt er vorsichtig: *„Ich will nun mein Leben lang vorsichtig wandeln"* (Jes 38,15). Wenn er mit kindlicher Zärtlichkeit wandelt, zittert er davor, seinen Vater, seinen Gott, seinen besten Freund zu kränken; wenn er zunehmend Freude an den Lehren und Geboten des Herrn hat; wenn er sich lieber das rechte Auge ausreißen und die rechte Hand abtrennen würde, als Gott vorsätzlich und wissentlich zu kränken und den Geist zu betrüben, *dann* ist sein Wandel innig, vorsichtig und eng mit seinem Gott. Und was drängt einen Gläubigen zu diesem herrlichen Leben, diesem heiligen, verborgenen Wandel, wenn nicht die in sein Herz ausgegossene Liebe Gottes? Stellen Sie sich nun vor, was für Gefahren auf dem Pfad lauern, was für Versuchungen die Seele heimsuchen müssen, in der die kostbare und einflussreiche Gnadengabe der Liebe in einem Zustand des Niedergangs und Schwindens ist!

Müssen wir hinzufügen, dass, *wenn Christus weniger herrlich für das Auge und weniger kostbar für das Herz ist*, die göttliche Liebe in der Seele eines Gläubigen nachlassen muss? Es kann gar nicht anders sein. Unsere Sicht von Jesus muss wesentlich durch den Zustand unserer Zuneigung ihm gegenüber beeinflusst werden. Wenn es nur wenig Umgang mit dem sühnenden Blut, nur wenig Sichstützen auf die Gerechtigkeit, die aus der Fülle fließt, und wenig tägliches Tragen des Kreuzes Christi gibt, dann wird die Liebe eines Gläubigen zunehmend erkalten. Wir würden die Tiefe des christlichen Glaubens eines Menschen an seiner Antwort auf die Frage messen: „Was denken Sie über Christus? Leben Sie für ihn? Leben Sie von ihm? Ist sein Name Ihre Freude, sein Kreuz Ihr Ruhm, sein Werk Ihr Ruheort?" Wenn der Puls der göttlichen Liebe stark durch Ihre Brust für Christus schlägt, wird das Ihre selige Erfahrung sein.

Ein Schwinden der Liebe zu den Heiligen Gottes ist ein starker Beleg für ein Schwinden der Liebe zu Gott selbst. Wenn wir Gott mit aufrichtiger und tiefer Empfindung lieben, müssen wir sein Bild lieben, wo immer wir es finden. Es stimmt, das Bild ist vielleicht nur eine unvollkommene Kopie, die Umrisse sind vielleicht nur schwach gezeichnet. Vielleicht gibt es Schatten, die wir nicht akzeptieren können. Doch wenn wir in dem Werk die Hand seines Geistes erkennen und in den Umrissen eine gewisse Ähnlichkeit mit ihm, den unsere Seele verehrt und liebt, müssen wir ein Ziehen in unserer heiligsten Zuneigung zu dieser Sache hin spüren. Wir werden nicht Ruhe geben, bis ein Mensch uns preisgibt, zu welchem Teil der Kirche Christi er gehört, welchen Namen er hat oder was die Farbe seiner Uniform ist. Doch wenn wir den Menschen Gottes als sanftmütigen und bescheidenen Nachfolger Christi erkennen, öffnen wir gerne unser Herz und unsere Hand. Oh, was ist das Bild Jesu in einem Gotteskind für ein Schlüssel zu unserem Herzen! Spüren wir Christus in den Prinzipien auf, die ihn leiten, den Motiven, die ihn beherrschen, in dem Geist, den Blicken des Menschen? Wir spüren, dass wir ihn um Jesu willen in die Arme schließen müssen. Oh, es kennzeichnet das Schwinden der Liebe zu Gott in der Seele, wenn das Herz schwach schlägt, und das Auge einen Lieben von Gottes Heiligen kalt anblickt, weil er nicht zu unserer Denomination gehört und nicht deren Merkmale vorweist; wenn Fanatismus und engherzige Selbstsucht den Sinn verzerrt, die übliche Liebe erstarren lässt und einen Gläubigen fast unchristlich macht. Das Wort Gottes ist an diesem Punkt ernst und entschieden: *„Wenn jemand sagt: ‚Ich liebe Gott‘, und hasst doch seinen Bruder, so ist er ein Lügner; denn wer seinen Bruder nicht liebt, den er sieht, wie kann der Gott lieben, den er nicht sieht? Und dieses Gebot haben wir von ihm, dass, wer Gott liebt, auch seinen Bruder lieben soll"* (1.Joh 4,20-21). „Daran", sagt Jesus, *„wird jedermann erkennen, dass ihr meine Jünger seid, wenn* *ihr Liebe untereinander habt."* Wenn wir die sichtbare Ähnlichkeit nicht lieben, wie können wir dann das unsichtbare Urbild lieben?

Wenn die Liebe zu Gott abnimmt, *wird mit ihr das Interesse an dem Fortschritt und Gedeihen seiner Sache abnehmen*; das eine folgt stets dem anderen. Wir sagen nicht, dass äußerlicher Eifer nicht noch lange nach einem Prozess verborgenen geistlichen Niedergangs, der in der Seele vorangeschritten ist, und privaten Pflichten, die vernachlässigt wurden, andauern kann – dies ist bei vielen der beklagenswerte Fall. Doch ein echtes, geistliches und lebhaftes Interesse an dem Wachstum des Reiches Christi durch die Verbreitung der Wahrheit, die Vertiefung der Heiligkeit in der Kirche und die Bekehrung von Sündern wird stets zusammen mit einem Niedergang der Liebe zu Gott abnehmen. Und wenn wir bemerken, wie ein Mitglied der Gemeinde die äußerliche Verbindung behält und doch wie ein toter und fruchtloser Zweig am Weinstock hängt, nichts tut, um die Sache Gottes und die Wahrheit voranzubringen, sein Geld, seine Gebete und sich selbst bei der Teilnahme an den Gnadenmitteln zurückhält und dem aktiven Teil des Leibes eher widersteht als ihm zujubelt, dann können wir fragen: „Wie wohnt die Liebe Gottes in ihm?"

Den Niedergang der Liebe kann man auf viele Ursachen zurückführen; wir können nur wenige aufzählen. Über die folgenden wollen wir ernsthaft nachdenken. Ein wirksamer Grund ist *weltliche Beanspruchung*. Keine zwei Empfindungen können gegensätzlicher und widerstreitender sein als Liebe zu Gott und Liebe zur Welt. Es ist unmöglich, dass sie beide mit gleicher Kraft in der gleichen Brust bestehen können – sie können nicht den gleichen Thron innehaben. Wenn die göttliche Zuneigung herrscht, dann ist die Welt ausgeschlossen. Wenn aber eine irdische Zuneigung, eine unterwürfige und wachsende Liebe zur Welt regiert, dann ist Gott ausgeschlossen; das eine muss dem anderen Platz machen. Die Liebe zu Gott wird die

Liebe zur Welt vertreiben; Liebe zur Welt wird die Liebe der Seele zu Gott abtöten. *„Niemand kann zwei Herren dienen."* Es ist unmöglich, Gott *und* die Welt zu lieben, ihm *und* dem Mammon zu dienen. Hier gibt es einen sehr triftigen Grund für einen Niedergang der göttlichen Liebe. Schützen Sie sich davor, wie Sie sich vor Ihrem größten Feind wappnen würden. Dies ist ein Strudel, der Millionen von Seelen verschlungen hat; eine große Zahl von bekennenden Christen wurde in diesen Wirbel gezogen und ist in diesem Schlund verschwunden. Dieser Feind Ihrer Seele wird durch ruhiges und heimtückisches Vordringen über Sie kommen. Er hat viele Verkleidungen. Er wird sich als angemessene Rücksicht auf das Geschäft tarnen, als Sorgfalt gegenüber legitimen Aufgaben, als ein umsichtiges Nachgeben gegenüber häuslichen Pflichten, und wird sogar Gebote und Beispiele aus der Schrift zitieren und die Gestalt eines Engels des Lichts annehmen! Doch misstrauen Sie ihm! Schützen Sie sich davor! Denken Sie daran, was von dem Apostel über einen anfänglichen Bekenner berichtet wird: *„Denn Demas hat mich verlassen, weil er **die jetzige Weltzeit liebgewonnen** hat"* (2.Tim 4,10). Seien Sie kein moderner Demas! *„Habt nicht lieb die Welt, noch was in der Welt ist! Wenn jemand die Welt lieb hat, so ist die Liebe des Vaters nicht in ihm"* (1.Joh 2,15). Kein Christ kann geistlich unbeeinträchtigt, seine Liebe unbeschädigt, sein Gewand unbefleckt und sein Wandel untadelig bleiben, der heimlich die Welt in sein Herz einlässt. Wie kann er das Leben eines Pilgers und Gastes zeigen, wie kann sein Herz eine Flamme der beständigen Liebe zu Gott aufsteigen lassen? Was für eine Anziehungskraft kann der Thron der Gnade haben, was für einen Reiz kann es an geistlichen Pflichten, was für Freude an der Gemeinschaft der Heiligen geben, solange sich sein Herz der Habsucht zuwendet und weltlicher Ehrgeiz, Liebe zur sozialen Stellung und Beifall von Menschen die konkurrierenden Leidenschaften seiner Seele sind? Es muss also ernstlich im Gedächtnis behalten werden, das man eine übermäßige, nicht gekreuzigte Bindung an die Welt aufgeben muss, wenn sich die kostbare Gnadengabe der Liebe zu Gott in der Zuneigung des Gläubigen auf den Thron setzen soll.

Eine abgöttische und ungeheiligte Bindung an die Schöpfung hat immer wieder die Liebe zu Christus im Herzen gekreuzigt. Nach dem gleichen Prinzip, dass niemand die Welt und Gott mit gleicher höchster und gleichartiger Zuneigung lieben kann, kann kein Mensch Christus und der Schöpfung die gleiche Stärke an Beachtung geben. Und doch, wie oft hat die Schöpfung das Herz von seinem rechtmäßigen Souverän gestohlen! Das Herz, das einst ausschließlich und absolut des Herrn war; die Zuneigung, die ihm in solcher Reinheit und kräftiger Umklammerung anhing, wurden nun auf einen anderen und geringeren Gegenstand gerichtet: Der Tonklumpen, den Gott gegeben hat, um die Verbindlichkeit zu vertiefen und die Liebe der Seele zu sich zu vergrößern, wurde zu einem Götzen geformt, vor dem das Herz seinen täglichen Weihrauch darbringt. Die Blume, die er zum Emporsprießen gebracht hat, nur um seine eigene Schönheit lieb und seinen Namen angenehmer zu machen, hat die „Narzisse von Saron"[6] im Schoß verdrängt. Oh! Missbrauchen wir *so* unsere Segnungen? Dass wir unsere Segnungen in Giftstoffe verkehren? Dass wir Dingen, die gesandt waren, um dem Herzen unseren Gott lieb und das Kreuz, durch das sie kamen, kostbarer zu machen, erlauben, unsere Zuneigung von ihrem heiligen und seligen Zentrum abzubringen? Was sind wir für Narren, dass wir die Schöpfung mehr lieben als den Schöpfer! Lieber Leser, warum hat Gott Sie so bestraft, wie er es vielleicht getan hat? Warum hat er Ihre Götzen entfernt, Ihr Stück Ton zu Staub zerschmettert und vernichtend auf Ihre schöne Blume geblasen? Warum? Weil er Götzendienst hasst; und Götzendienst ist im Wesentlichen gleich, sei es, man huldigt einem leblosen, form-

---

6   S. Hld 2,1.

losen Klotz oder einem Geist mit Intellekt und Schönheit. Und was sagt seine Stimme durch jeden Strom, den er trocknet, durch jede Pflanze, auf die er bläst, und durch jede Enttäuschung, die er auf die Schöpfung legt? „Gib mir, mein Sohn, dein Herz. Ich möchte deine Liebe, deine reine und höchste Zuneigung. Ich möchte der eine und einzige Gegenstand deiner Freude sein. Ich gab meinen Sohn für dich – sein Leben für deines. Ich sandte meinen Geist, um dich zu beleben, zu erneuern, zu versiegeln und dich für mich zu besitzen. Dies alles tat ich, dass ich dein Herz haben möge. Um es zu besitzen, habe ich deinen Rizinus geschlagen,[7] deine Götzen entfernt, deine irdischen Abhängigkeiten zerbrochen und habe danach getrachtet, deine Zuneigung zur Schöpfung zu lösen, damit sie sich ungeteilt und frei erheben möge und sich um den einen rankt, der dich mit unsterblicher Liebe liebt.“

Wiederum, *wenn man das Bundeshandeln Gottes mehr im Licht seines Richtens denn als Frucht der Liebe deutet*, wird dies sehr dazu führen, die Zuneigung der Seele zu Gott zu dämpfen. Harte und schroffe Gedanken über Gott werden die Folge falscher Deutungen seines Handelns sein. Wenn wir unser Auge in der Stunde und Mitte unserer Prüfung für einen Moment vom Herzen Gottes abwenden, sind wir bereit, jeder dunklen Einflüsterung des Widersachers Beachtung zu schenken. In dem Moment, in dem wir die Fügung mit einem anderen Sinn und Gott mit veränderter Zuneigung sehen, betrachten wir die Züchtigung als Folge von Missfallen und den Bundesgott, der sie gesandt hat, als herzlos, lieblos und schroff. Doch möge das Adlerauge des Glaubens die Wolken und die Dunkelheit durchstoßen, die den Thron umgeben, und erblicken, dass das *Herz* Gottes immer noch *Liebe* ist, ganz Liebe und nichts als Liebe gegenüber seinem heimgesuchten, beraubten und von Kummer ge-

---

7   S. Jona 4,7.

troffenen Kind, und in einem Moment wird jedes Murren still, jedes aufrührerische Gefühl beruhigt und jeder unfreundliche Gedanke im Staub liegen und: „Er hat alles wohl gemacht – in Liebe und Treue hat er mich heimgesucht" wird der einzige Laut sein, den unsere Lippen äußern. Wenn Sie nur, Geliebter, Ihr Herz immer auf Gott fixieren, dessen Zuneigung in einem ungebrochenen Strom zu ihm hinfließen lassen und jede Fügung, die er sendet, im Licht seiner *Liebe* deuten! Lassen Sie es nie zu, dass Sie zu dem Glauben verleitet werden, dass die Zucht durch irgendein anderes Gefühl bewegt wird; geben Sie dieser Einflüsterung nicht einen Moment Raum – scheuchen Sie sie in dem Moment, wo sie versucht, einzutreten, von der Schwelle Ihres Sinnes. Und lassen Sie dies die Überlegung sein, die Sie besänftigt und beschwichtigt, dass Sie ruhig werden, genauso wie ein Säugling an der Brust seiner Mutter: „Mein Gott ist Liebe! Mein Vater ist unveränderlich Zärtlichkeit und Wahrheit! *Er* hat es getan, und es ist wohl getan."

3. *Die Erweckung der Gnadengabe der Liebe*

Wir wollen uns nun zu der Betrachtung der *Erweckung* dieser abnehmenden Gnadengabe im Kind Gottes wenden. Doch ehe wir irgendwelche besonderen Mittel für die Erweckung vorschlagen oder einführen, *möge der Gläubige den genauen Zustand seiner Liebe zu Gott zu erfahren suchen*. Selbsterkenntnis ist der erste Schritt bei der Rückkehr jeder Seele zu Gott. Bei der Bekehrung war es die Selbsterkenntnis – die Erkenntnis unseres Zustands völliger Verlorenheit –, die uns zu Jesus führte. So lehrte uns der ewige Geist und so führte er uns zu dem großen und vollbrachten Werk des Sohnes Gottes. Ehe Sie sich also an irgendwelche Mittel der Erweckung begeben, ermitteln Sie den genauen Zustand Ihrer Liebe und was den Niedergang von ihr verursachte; schrecken Sie nicht vor der Prüfung zurück – wenden Sie sich nicht von der Entdeckung ab, die Sie machen. Und wenn sich Ihnen die demütigende Wahrheit aufdrängt – „Ich bin nicht so, wie ich einmal war, meine Seele hat an Boden verloren, die Geistlichkeit meines Sinnes ist geschwunden, ich habe die Inbrunst meiner ersten Liebe verloren, ich bin im himmlischen Rennen erlahmt; Jesus ist nicht mehr, wie er einst die Freude meines Tages und das Lied meiner Nacht war, und mein Wandel mit Gott ist nicht mehr so zärtlich, liebevoll und kindlich, wie er war" –, dann bekennen Sie dies ehrlich und demütig vor Gott. Um so demütig zu werden, wie wir es sollten, müssen wir uns selbst kennen. Es darf kein Verbergen unseres wahren Zustands vor uns selbst oder vor Gott geben; wir dürfen keine Entschuldigungen für unseren geistlichen Niedergang ersinnen. Die Wunde muss untersucht, die Krankheit muss erkannt und ihre ärgsten Symptome ans Licht gebracht werden. Ermitteln Sie dann den wahren Zustand Ihrer Zuneigung zu Gott. Bringen Sie ihm Ihre Liebe, zu dem Prüfstein der Wahrheit. Sehen Sie, wie weit sie abgenommen hat, und so werden Sie für den nun folgenden zweiten Schritt im Werk der Erweckung vorbereitet sein.

Spüren Sie den Grund für Ihren Niedergang in der Liebe auf und kreuzigen Sie ihn. Wo die Liebe abnimmt, muss es einen Grund dafür geben. Und wenn er ermittelt ist, muss er sofort entfernt werden. Die Liebe zu Gott ist eine zarte Pflanze, sie ist eine empfindliche Pflanze, die schnell und leicht zerdrückt wird. Es braucht unaufhörliche Wachsamkeit, um sie in einem gesunden, wachsenden Zustand zu erhalten. Die Hitze der Welt wird sie austrocknen, die Kälte eines formalen Bekenntnisses beschädigt sie oft. Tausend Einflüsse, alle ihrem Wesen fremd und ihrem Wachstum feind, haben sich gegen sie verbündet. Der Boden, auf dem sie steht, ist für sie nicht gut. Im Fleisch wohnt nichts Gutes. Was für Heiligkeit es im Gläubigen gibt, was für Sehnsucht nach göttlicher Gleichförmigkeit, was für ein Ansteigen der Zuneigung zu Gott, ist von Gott selbst und ist dort als Folge der souveränen Gnade. *„Was aus dem Fleisch geboren ist, das ist Fleisch, und was aus dem Geist geboren ist, das ist Geist."* Was für eine rastlose Wachsamkeit und unaufhörliche Kultivierung ist also nötig, um die Blüte und den Duft dieser himmlischen Pflanze zu erhalten und ihr Wachstum zu hegen! Machen Sie den Grund für den Niedergang und den Verfall dieser kostbaren Gnadengabe des Geistes ausfindig und entfernen Sie ihn. Ruhen Sie nicht, bis er entdeckt und ans Licht gebracht ist. Sollte es sich erweisen, dass es die *Welt* ist, dann gehen Sie heraus aus ihr und sondern Sie sich ab und rühren Sie das Unreine nicht an. Oder ist es die Macht einer *innewohnenden Sünde*? Dann trachten Sie danach, sie umgehend durch das Kreuz Jesu zu kreuzigen. Stiehlt die *Schöpfung* Ihr Herz von Christus und dämpft Ihre Liebe für Gott ab? Geben Sie sie auf Gottes Geheiß hin auf. Er fordert die Übergabe Ihres Herzens und hat versprochen, besser zu sein als alle Liebe der Schöpfung. Alle Zärtlichkeit, liebevolle Zuneigung, starke Sympathie und wahre Treue, die Sie je in der Schöpfung gefunden oder genossen haben, wohnt in einem unendlichen Maß in Gott, Ihrem Bundesgott und Vater. Er macht die Schöpfung zu all dem, was sie für Sie ist. Dieses liebevolle Lächeln, welches Ihnen eines Ihrer Glaubensgeschwister schenkte, war nur ein Strahl aus seinem Gesichtsausdruck. Dieser Ausdruck der Liebe war nur ein Tropfen aus seinem Herzen; diese Zärtlichkeit und Sympathie war ein Teil seines Wesens. Wenn Sie dann Gott in Christus besitzen, können Sie nicht nach mehr verlangen, Sie können nicht mehr bekommen. Wenn er von Ihnen die Übergabe der Schöpfung fordert, dann geben Sie sie freudig auf und lassen Sie Gott für Sie Ihr Ein und Alles sein. Das öffnet uns den Blick für einen weiteren Aspekt, der nun folgt.

Schöpfen Sie reichlich aus der Quelle der Liebe in Gott. Alle Liebe zu Gott in der Seele ist die Folge seiner Liebe zu uns; sie wird durch seinen Geist im Herzen gezeugt. *„Wir lieben ihn, weil er uns zuerst geliebt hat."* Er hat den ersten Schritt gemacht und ist uns zuerst entgegengekommen – er liebte uns zuerst. Oh, welche das Herz ergreifende Wahrheit! Wer kann die Liebe Gottes zu uns ergründen, als wir noch Sünder waren? Welche sterbliche Zunge kann sie beschreiben? Ehe wir irgendwelches Sein hatten und als wir noch Feinde waren, sandte er seinen Sohn, um für uns zu sterben. Und als wir durch böse Werke weit entfernt waren, sandte er seinen Geist, um uns an dem trüben und finsteren Tag zu sich zu bringen. All sein Handeln mit uns seitdem – seine Geduld, seine wiederherstellenden Segnungen, seine zärtliche, liebevolle und treue Fürsorge, ja, sogar die Schläge seiner Rute – hat nur die Tiefe seiner Liebe zu seinem Volk enthüllt. Das ist die Liebe, von der wir wünschen, dass Sie damit erfüllt werden. *„Der Herr aber lenke eure Herzen zu der Liebe Gottes"* (2.Thess 3,5). Schöpfen Sie reichlich aus diesem Fluss, warum sollten Sie es sich selbst versagen? In Gott gibt es genug Liebe, um die Herzen all seiner Heiligen die ganze Ewigkeit hindurch zu überfluten, warum also sollten Sie nicht erfüllt werden? *„Der Herr aber lenke eure Herzen zu der Liebe Gottes"* (2.Thess 3,5). Stehen Sie nicht am Rand der Quelle, verweilen Sie nicht am Ufer des Flusses. Gehen Sie in ihn *hinein*, tauchen Sie *hinein*. Er ist für Sie – arm, wertlos, unwürdig, schändlich –, wie Sie sich selbst fühlen. Dieser Fluss der Liebe ist dennoch für *Sie!* Trachten Sie danach, von ihm erfüllt zu werden; dass Sie die Liebe Christi kennenlernen, welche die Erkenntnis übersteigt, damit Ihr Herz im Gegenzug in einer Flamme der Liebe zu Gott aufsteigen möge.

Beschäftigen Sie sich viel und innig mit einem gekreuzigten Heiland. Hierin liegt das große Geheimnis beständig steigender Zuneigung zu

Gott. Wenn es Ihnen schwerfällt, die Liebe Gottes zu Ihnen zu verstehen, dann lesen Sie sie ab im Kreuz seines lieben Sohnes. *„Darin ist die Liebe Gottes zu uns geoffenbart worden, dass Gott seinen eingeborenen Sohn in die Welt gesandt hat, damit wir durch ihn leben sollen. Darin besteht die Liebe – nicht dass wir Gott geliebt haben, sondern dass er uns geliebt hat und seinen Sohn gesandt hat als Sühnopfer für unsere Sünden"* (1.Joh 4,9-10). Stützen Sie sich auf diese erstaunliche Tatsache, tauchen Sie in diese kostbare Wahrheit ein. Sinnen Sie über sie nach, betrachten Sie sie, erforschen Sie sie, beten Sie darüber, bis Ihr Herz dahingeschmolzen, zerbrochen und von Gottes wundersamer Liebe zu Ihnen in dem Geschenk von Jesus überwältigt ist. Oh, wie wird das die Flamme neu entzünden, die in Ihrer Brust kurz vor dem Ersterben ist! Wie wird es Sie zu heiliger rückhaltloser Hingabe des Leibes, der Seele und des Geistes anhalten! Vergessen Sie also nicht, sich viel mit Jesus zu beschäftigen. Wann immer Sie ein Nachlassen der Liebe entdecken, ein Widerstreben, das Kreuz täglich auf sich zu nehmen, ein Zurückweichen vor dem Gebot, gehen Sie sofort nach Golgatha. Gehen Sie einfach und direkt zu Jesus. Lassen Sie Ihr Herz mit inbrünstiger Liebe erwärmen, indem Sie ihn am Kreuz betrachten, und bald werden die Eisblumen, die sich darum kräuseln, wegschmelzen, der erstarrte Strom wird fließen und die Wagen Ammi-Nadibs[8] werden Ihre Seele zur Gemeinschaft und Verbundenheit mit Gott davontragen.

Versäumen Sie nicht, den Heiligen Geist in diesem großen Werk der Erweckung zu ehren. Es ist vollständig sein Werk. Hüten Sie sich, es ihm aus den Händen zu nehmen. Die Mittel, die wir für die Erweckung dieser abnehmenden Gnadengabe der Liebe empfohlen haben, können nur dann als wirksam betrachtet werden, wenn der Geist in Ihnen und mit Ihnen wirkt. Beten Sie viel um seine Salbung,

---

8   S. Hld 6,12 (wörtlich wiedergegeben).

gehen Sie zu ihm als den, der Christus verherrlicht, als den Tröster, den Versiegler, den Zeugen, das Unterpfand der Menschen seines Volkes. Er ist es, der das sühnende Blut anwenden wird. Er ist es, der die matten Gnadengaben erwecken wird. Er ist es, der Ihre abnehmende Liebe zu einer Flamme anfachen wird, indem er das Kreuz enthüllt und Ihr Herz in die Liebe Gottes hineinführt. Lassen Sie die Liebe des Geistes nicht aus den Augen. Seine Liebe ist der Liebe des Vaters und des Sohnes gleichermaßen. Ehren Sie ihn in seiner Liebe. Lassen Sie sich durch sie ermutigen, sich in hohem Maße seinem Einfluss zu öffnen und „voll Geistes" zu werden.

Und schließlich: *Denken Sie daran, dass die Liebe Ihres Gottes und Vaters zu Ihnen sich nicht verringert hat, obwohl Ihre Liebe zunehmend kalt wurde.* Sie hat nicht den Schatten einer Veränderung erfahren. Wenn er auch Ihren geistlichen Niedergang hasste und Ihr Umherschweifen zurechtgewiesen hat, so hat er Ihnen doch seine *Liebe* nicht entzogen. Was für eine Ermutigung ist das, wieder zu ihm zurückzukehren! Gott hat Ihnen nicht einen Moment lang den Rücken zugekehrt, obwohl Sie ihm unzählbar oft den Rücken zugewandt haben. Sein Angesicht war Ihnen stets zugewandt und hätte Sie mit seiner schmelzenden Kraft beschienen, wären nicht die Wolken gewesen, die Sie durch Ihre eigene Widerspenstigkeit und Sündhaftigkeit vor seinem gesegneten Licht verbargen und es verdunkelten. Verfolgen Sie Ihre Schritte zurück und kehren Sie wieder zu Gott um. Sind Sie auch armselig umhergeschweift und haben Ihre erste Liebe verlassen – ist Ihre Zuneigung auch vom Herrn abgeirrt und Ihr Herz anderen Liebhabern nachgelaufen, so ist Gott doch immer noch gnädig und bereit, zu vergeben. Er wird Sie um Jesu willen wieder willkommen heißen, seinem geliebten Sohn, an dem er Wohlgefallen hat, denn dies ist seine eigene gesegnete Aussage: *„Wenn seine Söhne mein Gesetz verlassen und nicht in meinen*

Verordnungen wandeln, wenn sie meine Satzungen entheiligen und meine Gebote nicht beachten, so will ich ihre Abtrünnigkeit mit der Rute heimsuchen und ihre Missetat mit Schlägen; aber meine Gnade will ich ihm nicht entziehen und meine Treue nicht verleugnen" (Ps 89,31-34).

KAPITEL 3

GEISTLICHER NIEDERGANG – IM GLAUBEN

„MEHRE UNS DEN GLAUBEN" (LK 17,5)!

Jede Gnadengabe des Geistes muss von dem Gläubigen als ein wesentlicher Bestandteil seines christlichen Charakters und als solcher als unvorstellbar wertvoll und kostbar erachtet werden. Er mag sie nicht bewusst alle im gleichen Maß besitzen – denn so, wie wir das Ausmaß unserer geistigen oder körperlichen Kräfte nur erkennen, wie die Umstände sie zeigen, so erkennt ein Gläubiger nicht, welche Gnadengaben des Geistes er vielleicht besitzt, bis sie das Handeln des Bundesgottes zur heiligen und aktiven Ausübung ruft. Unendliche Weisheit und Güte zeigen sich also in allem Handeln Gottes an den Menschen seines Volkes. Der himmlische Vater geht mit seinem Kind nicht willkürlich, noch leichtfertig oder auf unnötige Weise um. Jeder Schlag mit der Rute ist nur die umhüllte Stimme der Liebe. Jede Woge trägt in ihrem Schoß und jeder Sturm auf seinen Flügeln einen neuen und reichen Segen aus dem besseren Land. Oh, dass wir je einen Seufzer äußern oder einen Moment lang ihren heiligen und weisen Zweck und ihre Absicht missverstehen!

Wenn also jede Gnadengabe des Geistes so unentbehrlich und wertvoll ist, muss ein Niedergang dieser Gnadengabe und ihr Schwinden die besondere Aufmerksamkeit Gottes auf sich ziehen und ernste und schwere Folgen mit sich bringen. Jeder Teil von Gottes großem und gnädigem Werk der Gnade in der Seele, der einen Schwund erleidet, leuchtet wie ein Spiegelbild auf Gott selbst. Darin liegt eine Beschimpfung von ihm in einem Maß, wie es dem Gläubigen nur wenig bewusst ist. Was ist nach seinem Sohn aus Gottes Sicht am meisten herrlich, wertvoll und kostbar? Ist es die Welt? Nein, darin sieht er keine Herrlichkeit. Sind es die Himmel? Nein, sie sind in seinen Augen nicht rein und er wirft den Engeln Irrtum vor.[9] Was ist es dann? Es ist sein Reich in seinen Heiligen, seine erneuernde, adoptierende, heiligende Gnade in seinen Leuten. Nach seinem Sohn ist nichts so herrlich und wertvoll. Im Vergleich damit sieht er keine echte Schönheit in irgendetwas anderem. Hier verweilen seine unergründlichsten Gedanken, hier ruht seine zärtlichste Liebe, um sein Reich voranzubringen und es zu vervollkommnen. All seine Ordnungen in den weiten Bereichen der Natur, der Vorsehung und Gnade sind dem untergeordnet. Und jetzt stellen wir uns vor, wie der Sinn Gottes beim Anblick eines verfallenden, schwindenden Zustands der Gnade in der Seele sein muss und welche besondere Methode er wählt, um sie wiederzubeleben und wiederherzustellen. Nachdem wir nun den persönlichen geistlichen Niedergang in zwei seiner Stufen betrachtet haben, sind wir jetzt bei einer angelangt, die genauso ernst und wichtig ist – der Niedergang der Gnadengabe des Glaubens. Wir werden nach dem gleichen Schema vorgehen, wenn wir es erörtern. Und zu Beginn werden wir uns daran machen, die schriftgemäßen Wesen und die Eigenschaften dieser christlichen Gnadengabe darzulegen.

---

9   S. Hiob 4,18; 15,15.

1. WESEN UND EIGENSCHAFTEN DER GNADENGABE DES GLAUBENS

Wenige Themen in der riesigen Bandbreite der christlichen Theologie wurden häufiger diskutiert, und doch, vielleicht, so wenig verstanden wie das des Glaubens. Man muss auch nicht darüber verwundert sein, dass Menschen, die sich ohne strikte Beachtung der einfachen Lehre des Wortes Gottes und der völligen Abhängigkeit von der Erleuchtung des Geistes an seine Erforschung machen, es schwierig und sogar unverständlich finden, sich auf ein Thema einzulassen, das so rein geistlich ist. Auch ist Satan nicht träge in seinen Versuchen, den Sinn der Menschen bei ihrer Erforschung dieses großen Themas zu verfinstern. Der Glaube ist die Gnadengabe, gegen welche die Angriffe Satans direkter und dauerhafter gerichtet sind als gegen fast jede andere. Der raffinierte und ruhelose Feind des Gläubigen, der das geistliche Wesen des Glaubens und seine grundlegende Wichtigkeit kennt und von der großen Herrlichkeit weiß, die seine Ausübung Gott bringt, wendet alles Geschick an, um seine Einfalt in Dunkel zu hüllen und seine Wirkungen zu neutralisieren. Es ist also nicht überraschend, dass die Meinungen über ein solch wichtiges Thema oft gegensätzlich sind und die Ansichten über seine Natur oft dunkel.

Und doch bilden schriftgemäße und geistliche Sichtweisen des Glaubens die absolute Grundlage erlebter Frömmigkeit. Da der Glaube der Ausgangspunkt erlebter Religion ist, muss sich hier ein Irrtum als fatal für jeden weiteren Schritt erweisen. Es ist nicht wirklich von Bedeutung, wie schön dieses religiöse Gefüge oder wie vollkommen seine Symmetrie ist, wie herrlich seine Gewölbe und wie erhaben seine Türme, wenn es auf einen *unsoliden Glauben* gegründet ist. Kein religiöses System, kein lehrmäßiger Glaube, kein Bekenntnis zum Christentum ist, wenn es den Test durch Gottes

Wort nicht besteht und sich nicht für diesen Test eignet, von irgend-
welchem wirklichen Wert. Alle Religionen, die bloß auf dem Intellekt
und auf der Fantasie und der Neigung basieren – und diese allein
sind in der Welt weitverbreitet –, die sich auf einen nicht schriftgemäßen und fehlerhaften Glauben stützen, sind nur glänzende
Trugbilder. Sie enttäuschen in Zeiten des Kummers, sie täuschen in
der Stunde des Todes und sie bringen der Seele grenzenloses Leid
in der kommenden Welt. Es ist deshalb von höchster Bedeutung,
dass ein Mensch beim Bekenntnis der Religion darauf achtet, dass er
mit *echtem Glauben* beginnt. Überrascht es, wenn ein Kaufmann bei
der Bilanzierung seiner Bücher mit einem Fehler in der Berechnung
beginnt, dass dieser Fehler sich durch seine ganze Buchführung zieht
und ihn zu einem falschen Ergebnis führt? Oder wäre es irgendwie
verwunderlich, wenn ein Reisender, der sich auf den Weg nach
Hause macht und von den vielen Wegen, die vor ihm abzweigen,
einen falschen wählt, nie dort ankommt? Wenden Sie diese einfachen Beispiele auf das vor uns liegende Thema an. Der Mensch
hat eine lange und ernste Rechnung mit Gott zu begleichen, er ist mit
einem großen Betrag verschuldet. Er schuldet Gott vollkommenen
Gehorsam gegenüber seinem Gesetz, kann aber nicht bezahlen.
Doch ein weiteres Bild: Er ist ein Reisender in die Ewigkeit und jeder
Schritt führt ihn zu dem Ziel einer kurzen, aber verantwortungsvollen
Prüfung. Wenn er nun in seiner Religion mit unsoliden, unhaltbaren
und nicht schriftgemäßen Ansichten bei irgendeiner *wesentlichen
Lehre über das Heil* beginnt, muss der Irrtum, mit dem er begon-
nen hat, seine ganze Religion beeinträchtigen. Und wenn man die
Schritte nicht zurückverfolgt und den Irrtum entdeckt und korrigiert,
muss sich die Folge als unheilvoll für seine ewige Seligkeit erweisen.
Der Verfasser dieser Seiten spürt, dass es von größter Wichtigkeit
ist, dass dieses Kapitel eine schriftgemäße Sicht von der Natur, den
Eigenarten und des Zwecks dieses wesentlichen Teils des großen

Heilsplans darlegt. Möge nun der Geist unser Lehrer sein und das Wort Gottes unser Leitfaden!

Es ist vielleicht angemessen, festzustellen, dass die Urheber von theologischen Systemen für gewöhnlich das Thema des Glaubens klassifiziert haben. Sie sprechen von „theoretischem Glauben", von „historischem Glauben", von „praktischem Glauben", von „rettendem Glauben" und von „erkennendem Glauben". Da diese Unterscheidungen aber nur dazu dienen, das Thema zu verdunkeln und den Sinn zu verwirren, und häufig zu schweren Irrtümern führen, stellen wir sie beiseite und ziehen die einfache Terminologie des inspirierten Wortes vor und nehmen sie an, die den demütigen Jünger Jesu nie verwirren oder irreführen kann.

Der Heilige Geist spricht von *einem* Glauben (s. Eph 4,5), und von diesem als *„dem Glauben der Auserwählten Gottes"* (Tit 1,1). Und trotzdem stellt sich noch die Frage: Was ist Glaube? Kurz und einfach beschrieben ist er der Akt des Verstandes und des Herzens, durch den ein bußfertiger Sünder – ein Sünder unter der mächtigen Wirkung des ewigen Geistes, der ihn von Sünde überführt und in ihm wahre Zerknirschung bewirkt – Gottes freie Verkündigung der Vergebung durch einen gekreuzigten Heiland annimmt: Er glaubt die Verheißung des ewigen Lebens durch den Herrn Jesus Christus, nimmt sie an, heißt sie willkommen und *„bestätigt, dass Gott wahrhaftig ist"*. Wir sprechen davon, dass der *Verstand* bei diesem Akt mit eingeschlossen ist, weil den Befürwortern der evangelischen Wahrheit vorgeworfen wurde, sie würden Lehren vorbringen, welche jede geistige Tätigkeit wertlos machen und die Religion rein aus *Gefühl* bestehen lassen. Dieses Zeugnis ist nicht wahr. Wir bestehen darauf, dass in dem großen Werk der Religion des Herzens jede Fähigkeit des menschlichen Sinnes eingesetzt wird; dass der Heilige Geist, wenn er in einem Menschen Buße und Glauben bewirkt, mehr für die Entwicklung der intellektuellen Fähigkeiten tut als alles menschliche Lehren im Vergleich hierzu. Haben wir nicht Personen gesehen, die vor ihrer Bekehrung keinerlei Anzeichen von mehr als nur der gewöhnlichsten Kraft des Sinnes zeigten, welche durch die Erleuchtung des Geistes durch das offenbarte Wort intellektuell stark und eindrucksvoll wurden! Kräfte des Verstandes, die bisher verborgen waren, wurden entwickelt; und Quellen des Denkens, die bisher verschlossen waren, wurden geöffnet. Alte Dinge vergingen und alle Dinge wurden neu. Wir wiederholen also, dass es die Absicht der wahren Religion ist, den menschlichen Intellekt zu entwickeln und zu stärken und allen seinen Fähigkeiten Kraft und Schärfe zu geben. Kein Sinn ist so kraftvoll wie ein *erneuerter* und *geheiligter* Sinn.

Der Glaube hat also mit dem *Verstand* und mit dem *Herzen* zu tun. Ein Mensch muss seinen verlorenen und verdorbenen Zustand *erkennen*, ehe er Christus annehmen wird. Und wie kann er ihn ohne einen geistlich erleuchteten Sinn erkennen? Was für ein erstaunlicher Wandel geschieht nun mit dem Menschen! Er wird durch die mächtige Kraft des Heiligen Geistes zu einer Erkenntnis über sich selbst gebracht. Ein Lichtstrahl, ein Anrühren des Geistes hat all seine Ansichten über sich selbst verändert, hat ihn in eine neue Lage versetzt. Alle seine Gedanken, all seine Zuneigung, seine Wünsche, sind in einen anderen und gegenläufigen Kanal gelenkt. Seine kühnen Ansichten von seiner eigenen Gerechtigkeit haben sich verflüchtigt wie ein Traum. Seine hohen Gedanken sind gedemütigt, seine stolzen Blicke werden erniedrigt, und als Sünder mit zerbrochenem Herzen nimmt er seinen Platz im Staub vor Gott ein. Oh wundersamer, oh seliger Wandel! Einen Pharisäer diesen Platz einnehmen zu sehen und ihn den Schrei des Zöllners äußern zu hören: *„O Gott, sei mir Sünder gnädig!"* Ihn ausrufen zu hören: „Ich bin verloren, habe mich selbst zugrundegerichtet, verdiene ewigen Zorn. Und von den

Sündern bin ich der schändlichste und der größte!" Und nun beginnt das Werk und die Ausübung des Glaubens. Der gleiche gesegnete Geist, der von Sünde überführte, zeigt der Seele einen für Verlorene gekreuzigten Heiland; enthüllt ein vollkommenes und freies Heil für den am meisten Unwürdigen; offenbart eine Quelle, die von aller Sünde reinigt, und verleiht eine Sicht von Gerechtigkeit, die von allem rechtfertigt. Und alles, was er dem armen, überführten Sünder zu tun aufträgt, um dies alles zu nutzen, ist, einfach zu *glauben*. Auf die bedeutsame Frage: *„Was muss ich tun, dass ich gerettet werde?"* wird nur dies geantwortet: *„Glaube an den Herrn Jesus Christus, so wirst Du gerettet werden"* (Apg 16,30-31). Die ängstliche Seele ruft heftig aus: „Muss ich denn nichts tun, als zu *glauben*? Muss ich kein großes Werk vollbringen, keinen Preis zahlen, mich würdig machen? Darf ich gerade so kommen, wie ich bin, ohne Verdienst, ohne Vorbereitung, ohne Geld, mit all meiner Schändlichkeit und Nichtigkeit?" Und die Antwort lautet noch immer: Glaube nur! *„Ich glaube, Herr"*, ruft die Seele in einem Taumel der Freude aus, *„hilf mir, loszukommen von meinem Unglauben!"* (Mk 9,24).

Das, Leser, ist *Glaube*; Glaube, die wundersame Gnadengabe, dieser kraftvolle Akt, von dem Sie so viel gehört haben, über den so viele Bücher geschrieben und so viele Predigten gehalten wurden. Er ist das einfache Sich-hin-Wenden eines verwundeten, blutenden Herzens zu einem verwundeten, blutenden Heiland. Er ist die einfache Annahme der verblüffenden Wahrheit, dass Jesus für die *Gottlosen* starb – für *Sünder* starb, für die *Armseligen*, die *Schändlichen*, die *verdorbenen* Sünder starb; dass er alle armen, überführten, schwerbeladenen *Sünder* einlädt und an seiner Brust willkommen heißt. Das Herz, das diese wundersame Verkündigung glaubt, geht aus allen anderen Abhängigkeiten heraus und ruht nur hierauf, nimmt es an, heißt es willkommen, freut sich darin, und in einem Moment ist alles, alles Friede. Vergessen Sie nicht, Leser, die schlichte Erklärung des Glaubens. Es ist nur der Glaube von ganzem Herzen, *dass Jesus für Sünder starb*, und der volle Glaube an diese eine Tatsache, welcher der ängstlichsten und am meisten von Sünden geplagten Seele Frieden bringen wird.

Wenn er im Geist angefangen hat, soll es der Gläubige nicht im Fleisch vollenden. Wenn er sein göttliches Leben im Glauben begonnen hat, muss er jeden Schritt seiner Reise nach Hause im Glauben tun. Das ganze geistliche Leben eines Gotteskindes ist ein Leben des Glaubens – so hat es Gott bestimmt. Und es ist das Ziel alles väterlichen Handelns an ihm, ihn zu seiner vollkommenen und seligen Erfahrung zu bringen. In dem Moment, in dem ein armer Sünder den Saum des Gewandes Christi angerührt hat – so schwach dieser Akt des Glaubens auch sein mag –, ist es doch der Beginn dieses erhabenen und heiligen Lebens. Genau von diesem Moment an bekennt die gläubige Seele, mit einem sinnlichen Leben – nebensächlichen Dingen – abgeschlossen zu haben und in ein herrliches Leben nach dem Glauben an Christus eingetreten zu sein. Die Aussage des Apostels ist für ihn keine erzwungene Anwendung: *„Ich bin mit Christus gekreuzigt; und nun lebe ich, aber nicht mehr ich selbst, sondern Christus lebt in mir. Was ich aber **jetzt** im Fleisch lebe, das lebe ich im Glauben an den Sohn Gottes"* (Gal 2,20). Wir wollen kurz einige besondere Punkte des Segens für dieses Leben darlegen.

Da ist seine *Sicherheit*: Der Gläubige *steht* durch den Glauben – *„du aber stehst durch den Glauben"* (Röm 11,20). Wie kam es, dass Sie bis zum gegenwärtigen Moment erhalten wurden? Sie haben viele hohe Zedern zum Boden herabgebeugt gesehen – viele, die gut zu laufen schienen, die aber in der Stunde der Versuchung, als weltliche Macht, Wohlstand und Vornehmheit zunahmen, Schiffbruch in ihrem eingebildeten Glauben erlitten und in etliche Lüste und Schlingen fielen, die ihre Seele ertränkten. Warum wurden *Sie* bewahrt? Warum hat Ihr Schiff den Sturm überstanden und warum stehen Ihre Füße bis jetzt auf dem Felsen? Weil Sie durch den Glauben standen. Der „Glaube der Auserwählten Gottes" hat Sie gehalten. Und obwohl Sie sich vieler und großer Abweichungen tief bewusst sind – Sünden vielleicht, die Ihnen, wenn sie einer gottlosen, unwissenden Welt bekannt wären, höhnisches Gelächter einbrächten –, blieb es Ihnen doch nicht überlassen, Ihre Seele von Jesus zu lösen. Sie haben Ihre Sünden erkannt, darüber getrauert und sie bekannt und ihre Vergebung durch eine erneute Anwendung des sühnenden Blutes gesucht, ja, Sie standen noch immer „durch den Glauben". Ach! Wo wären Sie *jetzt*, wenn Sie der Glaube nicht gehalten hätte? Wohin hätte Sie diese Versuchung getrieben? Welche Folgen hätte Ihnen jene Sünde eingebracht? Doch oh, diese Zerbrochenheit, diese Zerknirschung, diese Trauer, dieses neue Gehen zu der geöffneten Quelle hat bewiesen, dass es in Ihnen das gibt, was Sie nicht *völlig weggehen* lässt! Die Zeder mag bis zum Boden herabgebeugt gewesen sein, doch sie hat sich wieder erhoben. Das Schiff mag im Sturm hin- und hergeworfen worden sein und wurde vielleicht sogar vom Unwetter überwunden, doch es hat seinen Hafen erreicht: Der „Glaube der Auserwählten Gottes" hat Sie gehalten. *„Sei nicht hochmütig, sondern fürchte dich!"* Deine eigene Wachsamkeit, Kraft und Weisheit wären nur ein armseliger Schutz gewesen ohne den innewohnenden Glauben, der niemals sterben kann.

Da ist auch der *besondere Segen* des Lebens im Glauben. *„Wir wandeln im Glauben und nicht im Schauen"* (2.Kor 5,7). Dieser Wandel im Glauben umfasst all die unbedeutenden Umstände in der Geschichte jeden Tages; es ist ein Wandel, wo *jeder Schritt* im Glauben geschieht – ein Blick über Prüfungen, Notlagen, Verwirrung, Unwahrscheinlichkeiten und Unmöglichkeiten, über alle Zweitursachen[10] hinaus, und ein Vorwärtsgehen angesichts von Schwierigkeiten und Entmutigungen im Sichverlassen auf Gott. Würde der Herr das Rote Meer vor uns ausdehnen und die Ägypter hinter uns stellen und uns auf diese Weise – so von allen Seiten bedrängt – jetzt gebieten, *vorwärtszugehen*, dann ist es die Pflicht und das Vorrecht des Glaubens, unverzüglich zu gehorchen; und zwar in dem Glauben, dass Gott in unserer äußersten Not, noch ehe unsere Füße das Wasser berühren, das Wasser teilen und uns trockenen Fußes hindurchbringen wird. Dies ist für den Gläubigen die einzige Möglichkeit, heilig und selig zu leben. Wenn er diesen Pfad einen Moment lang verlässt und versucht, *im Schauen* zu wandeln, werden ihn Schwierigkeiten bedrängen, die Probleme werden sich vervielfachen, die kleinsten Prüfungen werden zu dem schwersten Kreuz werden, Versuchungen, von dem einfachen und aufrechten Wandel abzuweichen, werden an Zahl und Kraft zunehmen, das Herz wird überdrüssig werden aufgrund von Enttäuschung, der Geist wird betrübt und Gott Unehre bereitet werden. Möge diese kostbare Wahrheit bei Ihnen immer im Sinn sein – *„wir wandeln im Glauben und nicht im Schauen"*.

Glaube ist ein wesentlicher Bestandteil der geistlichen Waffenrüstung: *„Vor allem aber ergreift* **den Schild des Glaubens**, *mit dem ihr alle feurigen Pfeile des Bösen auslöschen könnt"* (Eph 6,16). Der Glaube wird auch „der Brustpanzer" des Gläubigen genannt: *„Wir aber, die wir dem Tag angehören, wollen nüchtern sein, angetan mit*

---

10 Ereignisse im Leben lassen sich auf zwei Ursachen zurückführen. Alle Dinge geschehen zunächst einmal aufgrund des Ratschlusses Gottes, was als *Erstursache* bezeichnet wird. In seiner Vorsehung ordnet er diese Dinge jedoch so, dass sie sich entweder *notwendig* (vgl. 2.Mose 21,13 mit 5.Mose 19,5 als Beispiel für Naturgesetze) oder *frei* (s. Jes 10,6-7) oder *zufällig* (s. 1.Kön 22,28.34) ereignen, was *Zweitursachen* sind (s. hierzu Artikel 5.2 des Westminster Bekenntnisses von 1647 über die Erstursache und Zweitursache).

dem Brustpanzer des Glaubens" (1.Thess 5,8). Es gibt nicht einen Moment, nicht einmal den heiligsten, in dem wir nicht den feurigen Pfeilen des Bösen ausgesetzt sind. Der Angriff geschieht auch oft in einem Moment, wenn wir sein Herannahen am wenigsten für möglich halten. Zeiten besonderer Nähe zu Gott und geheiligter Freude – *„denn unser Kampf richtet sich nicht gegen Fleisch und Blut, sondern gegen die Herrschaften, gegen die Gewalten, gegen die Weltbeherrscher der Finsternis dieser Weltzeit, gegen die geistlichen Mächte der Bosheit in den himmlischen Regionen"* (Eph 6,12) – werden oft als Gelegenheit für die Attacke ausgewählt. Doch wenn wir in diese Rüstung gekleidet sind – den Schild und den Brustpanzer des Glaubens –, soll es keiner Waffe gelingen, die gegen uns geschmiedet wird; der feurige Pfeil wird gelöscht und der Feind in die Flucht geschlagen werden. Der Glaube an einen gekreuzigten, auferstandenen, siegreichen, verherrlichten Heiland; der Glaube an ein gegenwärtiges und für immer lebendes Haupt; der Glaube, der die zukünftige Herrlichkeit, die glitzernde Krone und die wehenden Palmzweige im Blickt hat, ist der Glaube, der überwindet und triumphiert. Glaube, der sich beständig und schlicht an Jesus hält, zu seinem sühnenden Blut flieht, aus seiner Fülle nimmt und zu allen Zeiten und unter allen Umständen auf ihn blickt, lässt einer sich im Kampf befindenden Seele weit überwinden: *„Unser Glaube ist der Sieg, der die Welt überwunden hat. Wer ist es, der die Welt überwindet, wenn nicht der, welcher glaubt, dass Jesus der Sohn Gottes ist?"* (1.Joh 5,4-5).

Der Glaube ist eine reinigende Gnadengabe: „... nachdem er ihre Herzen durch den Glauben gereinigt hatte" (Apg 15,9). *„... die durch den Glauben an mich geheiligt sind!"* (Apg 26,18). Es ist ein in ihrer Natur und ihrer Neigung heiliges Prinzip: Derjenige ist am heiligsten, der den größten Glauben besitzt; wer den kleinsten

Glauben hat, ist am meisten der Bedrohung durch seine angeborene Verderbtheit ausgesetzt. Wenn es bei einem Kind Gottes Verlangen nach Gleichförmigkeit mit Gott, nach mehr von dem Geist Christi, mehr Entwöhnung von der Welt, Kreuzigung und tägliches Sterben gibt, sollte dies sein unaufhörliches Gebet sein: „Herr, mehre meinen Glauben." Der Glaube an Jesus hemmt die Macht der Sünde, tötet die verborgene Verderbtheit und befähigt den Gläubigen, durchzuhalten, weil er *„sich an den Unsichtbaren [hält], als sähe er ihn"* (Hebr 11,27).

Dies ist auch die Gnadengabe, die den felsigen Weg ebnet, die tägliche Last erleichtert und Gott inmitten des Feuers verherrlicht. Sie ist *„eine feste Zuversicht auf das, was man hofft, eine Überzeugung von Tatsachen, die man nicht sieht"*. Sie stützt sich auf Gottes Wort, weil er es gesagt hat, und bewahrt die Seele in allen Kämpfen und Prüfungen hindurch sicher für die ewige Herrlichkeit: „... *die wir in der Kraft Gottes bewahrt werden **durch den Glauben** zu dem Heil"* (1.Petr 1,5). Doch wir haben es vor allem mit dem Niedergang dieser kostbaren Gnadengabe zu tun.

Wir haben bereits gesagt, dass es an einer einzelnen Gnadengabe des Geistes nichts gibt, was von ihrem Wesen her allmächtig ist. Wenn wir dies annehmen, würden wir diese Gnadengabe zum Gott erheben. Deshalb können – obwohl die Neugeburt ein geistliches Werk ist und alle in die Seele eingepflanzten Gnadengaben das Werk des Geistes sind und notwendigerweise von ihrem Wesen her geistlich und unzerstörbar sein müssen – die Gnadengaben doch in ihrer Kraft *schwinden*, in ihrer Energie und Tendenz so geschwächt und vermindert werden, dass man sie unter „das Übrige" zählt, „das im Begriff steht zu sterben". So ist es vor allem mit dem Glauben. Es gibt vielleicht keinen Teil des Werkes des Geistes, der unaufhörlicher und schwerer angegriffen und folglich mehr der Gefahr des Niedergangs ausgesetzt ist, als diesen. Sollen wir die *Beispiele* aus dem Wort Gottes betrachten? Wir führen den Fall von *Abraham* an, den Vater der Gläubigen. Wenn wir ihn erblicken, wie er auf Gottes Gebot hin seinen Sohn auf den Altar bindet und das Messer zum Opfern erhebt, rufen wir ohne zu zögern aus: „Sicherlich gab es nie Glauben wie diesen! Hier ist Glaube vom Charakter eines Riesen. Glaube, dessen Muskeln keine Prüfung je schwächen kann, dessen Glanz keine Versuchung jemals trüben kann." Und doch, wenn wir die Geschichte des Patriarchen weiter verfolgen, sehen wir, wie genau dieser Riese zittert und einer viel weniger heftigen und schweren Prüfung nachgibt. Er, der das Leben seines verheißenen Sohnes – des Sohnes, aus dessen direkten Nachkommen Jesus kommen sollte – in die Hände Gottes übergeben konnte, konnte dem gleichen Gott sein eigenes nicht anvertrauen. Wir schauen auf *Hiob*: Zu Beginn seiner schweren Prüfung sehen wir, wie er Gott rechtfertigt. Ein Bote folgt auf den anderen mit Kunde von noch schlimmerem Leid, doch kein einziges Murren wird geflüstert. Und wie süß klingt, als der Kelch, nun gefüllt bis an den Rand, an seine Lippen gesetzt wird, die Stimme heiliger Ergebung: „*Der HERR hat gegeben, der HERR hat genommen; der Name des HERRN sei gelobt! Bei alledem sündigte Hiob nicht*" (Hiob 1,21-22). Und doch hat genau der Glaube, der sich mit solcher Sanftmut der Rute beugte, so *nachgelassen*, dass es ihn dazu brachte, den Tag seiner Geburt zu verfluchen! Wir sehen *David*, dessen Glaube ihn zu einer Zeit dazu bringen konnte, mit Goliat zu kämpfen, wie er jetzt vor einem Schatten flieht und ausruft: „*Ich werde doch eines Tages durch die Hand Sauls weggerafft werden!*" (1.Sam 27,1). Und gebt acht, wie die Kraft des Glaubens von *Petrus* nachließ, der zu einer Zeit unerschrocken auf dem stürmischen See laufen konnte und doch zu einer anderen Zeit, von Panik ergriffen, durch die Stimme einer kleinen Magd seinen Herrn verleugnete.

Wer will sagen, dass der Glaube des heiligsten Mannes Gottes nicht zu mancher Zeit sehr und traurigerweise nachlassen kann?

Doch wir müssen nicht *außerhalb von uns* selbst nach den Beweisen und Beispielen für die bewegende Wahrheit suchen, die wir vor uns haben: Jeder Gläubige möge sich selbst anschauen. Was, Leser, ist der wirkliche Zustand Ihres Glaubens? Ist er genauso lebendig, kraftvoll und aktiv, wie er war, als Sie zuerst glaubten? Hat er keinen Niedergang erfahren? Ist der Gegenstand des Glaubens in Ihren Augen noch genauso heilig, wie er einst war? Ist es nicht so, dass Sie gerade auf die Zweitursachen von Gottes Handeln mit Ihnen schauen, statt dass Ihr Auge zu ihm allein aufblickt und auf ihn gerichtet ist? Wie ist Ihr Glaube im Gebet? Kommen Sie zuversichtlich vor den Thron der Gnade und bitten ohne jeden Zweifel? Bringen Sie all Ihre Prüfungen, Ihre Wünsche, Ihre Schwächen zu Gott? Wie ist Ihre Erkenntnis von ewigen Dingen – wird der Glaube hier beständig, heilig ausgeübt? Leben Sie als Pilger und als Gast und ziehen es lieber vor, *„mit dem Volk Gottes Bedrängnis zu erleiden"*, als auf dem sommerlichen See der Freuden dieser Welt zu treiben? Was ist mit der kreuzigenden Kraft Ihres Glaubens? Tötet er Sie für die Sünde, entwöhnt Sie von der Welt und drängt Sie, demütig mit Gott und eng mit Jesus zu wandeln? Und wenn der Herr das Kreuz bringt und sagt: „Trage dies für mich." Willigt Ihr Glaube unverzüglich und heiter ein: „Jedes Kreuz, jedes Leiden, jedes Opfer für Dich, lieber Herr"? Daran mögen Sie die Natur und den Grad Ihres Glaubens prüfen. Bringen Sie ihn zum Prüfstein von Gottes Wahrheit und ermitteln Sie, wie sein Wesen ist und inwieweit er einen Niedergang erlitten hat. Erlauben Sie uns, ein paar *Gründe* zu nennen, auf die ein schwacher und nachlassender Glaube häufig zurückgeführt werden kann.

2. GRÜNDE FÜR EINEN SCHWACHEN UND NACHLASSENDEN GLAUBEN

Wenn die Besuche eines Gläubigen in seinem Kämmerlein weniger häufig und geistlich werden, wird der Glaube ganz gewiss schwinden. Das *Gebet* ist der Kanal, der den Glauben mit seiner Nahrung und Kraft versorgt. Genauso könnten wir die Bäche und Flüsse, die eine Bergseite herunterfließen, unterbrechen und meinen, dass das darunterliegende Tal seine schöne und grüne Seite zeigt, wie den Kanal des Gebets verschließen und dann einen gesunden, kräftigen und wachsenden Glauben erwarten. Es gibt eine wunderbare Verbindung zwischen Glaube und Gebet – sie haben wechselseitigen Einfluss: Beständiges und inbrünstiges Gebet stärken den Glauben und der Glaube, der zur Ausübung kommt, regt zum Gebet an. Ein betender Mensch wird ein gläubiger Mensch sein und ein Mensch des Glaubens wird ein Mensch des Gebets sein. Von Maria, der Königin von Schottland, wird gesagt, sie habe größere Furcht vor den Gebeten des Reformators John Knox gehabt als vor allen gegen sie verbündeten Armeen. Doch was erfüllte die Gebete von Knox mit solcher Kraft und machte sie schrecklich wie eine Armee mit Bannern? Es war sein mächtiger Glaube. Und sein mächtiger Glaube machte ihn mächtig im Gebet. Hier haben wir nun einen und einen höchst wirksamen Grund für den schwachen und kraftlosen Glauben von vielen Bekennern: Sie leben auf *Distanz zu Gott* und die Folge ist, dass der Glaube keine Nahrung bekommt. Man naht sich nur wenig Jesus, wendet sich nur wenig seinem Blut zu, schöpft nur wenig aus seiner Fülle und bedenkt nicht, dass er, wie er der Urheber des Glaubens, so auch der Erhalter des Glaubens ist und dass die Seele nur lebt, wenn sie „*im Glauben an den Sohn Gottes*" lebt. Leser, ist Ihr Glaube in einem schwachen, kränklichen, schwindenden Zustand?

Schauen Sie genau auf Ihr Kämmerlein! Sehen Sie, ob Sie den Grund nicht *dort* aufspüren können. Wie pflegen Sie gewöhnlich zu beten? Wie viel Zeit von zwölf Stunden verbringen Sie im Gebet? Verschlingt etwa Ihre Arbeit, Ihre Familie, Ihre weltlichen Verpflichtungen all Ihre Zeit? Was!? Haben Sie nur wenig Zeit für das Gebet, nur ein paar knappe Augenblicke für Gott? Haben Sie keine von weltlichen Beschäftigungen losgelösten und der heiligen Gemeinschaft und kindlichen Verbundenheit mit Ihrem Vater im Verborgenen gewidmeten Stunden? Wird beinahe *alle Zeit* für Sie selbst verwendet – für weltliche Sorge, Reize und Trubel? Wundern Sie sich nicht, dass Ihr Glaube schwach, matt und im Begriff steht, zu sterben. Das größte Wunder ist, dass Sie noch nicht völlig tot sind; dass der schwache, flackernde Funke nicht gänzlich erloschen ist. Erheben Sie sich aus Ihrem schrecklichen Schlummer! Ihre Lage, schläfriger Bekenner, ist höchst gefährlich. Sie schlafen „auf verzaubertem Boden";[11] Ihr Schild und Ihr Brustpanzer liegen losgeschnallt an Ihrer Seite und all Ihre Feinde versammeln sich in schrecklicher Zahl um Sie herum! Eine Rückkehr zum Gebet ist Ihre einzige Sicherheit.

Sehr viel Umgang mit einem sinnlichen Leben ist ein höchst maßgeblicher Grund für einen Niedergang im Glauben. Wenn wir unseren Weg jeden Schritt auf dem Weg heimwärts *sehen* wollen, müssen wir den schwierigeren, aber mehr gesegneten Aufstieg des Glaubens verlassen. Es ist unmöglich, zur gleichen Zeit im Schauen und im Glauben zu wandeln; die zwei Wege führen in entgegengesetzte Richtungen. Wenn der Herr das *Warum* und das *Wozu* all seines Handelns offenbaren müsste; wenn wir nur vorangehen sollten, wie wir den Flecken sehen, auf den wir unseren Fuß setzen sollen, oder nur ausziehen, wie wir den Ort kennen, an den wir gehen, dann würden wir nicht länger ein Leben im Glauben führen, sondern

---

11 Eine Anspielung auf *Die Pilgerreise zur seligen Ewigkeit* von John Bunyan.

eines im Schauen. Wir hätten dann das Leben, das Gott *verherrlicht*, gegen eines ausgetauscht, das ihm *Unehre* bereitet. Als Gott, als er die Israeliten von der Macht des Pharao befreite, ihnen gebot, *aufzubrechen*, geschah dies, ehe er den Weg offenbarte, durch den er sie retten würde. Das Rote Meer ließ seine tiefen und bedrohlichen Wellen an ihre Füße spülen. Sie sahen keinen Flecken trockenen Boden, auf den sie treten konnten. Und doch war dies das Gebot an Mose: *„Sage den Kindern Israels, dass sie **aufbrechen** sollen!"* (2.Mose 14,15). Sie sollten „im Glauben und nicht im Schauen" wandeln. Es wäre keine Ausübung des Glaubens an Gott, kein Vertrauen auf seine Verheißung, kein Sichstützen auf seine Treue, und man könnte nicht sagen, dass er *„[sein] Wort groß gemacht [hat] über all [seinen] Ruhm hinaus"* (Ps 138,2), wenn sie innegehalten hätten, bis sich das Wasser geteilt und sich ihrem Blick ein trockener Durchgang eröffnet hätte. Doch wie die Patriarchen *„zweifelte [das Volk] nicht an der Verheißung Gottes durch Unglauben, sondern wurde stark durch den Glauben, indem [es] Gott die Ehre gab"* (Röm 4,20). Kümmern Sie sich wenig um die *Sinne*, wenn Sie sich viel um den *Glauben* kümmern möchten. Erwarten Sie nicht, immer den Weg zu *sehen*. Gott kann Sie berufen, an einen Ort auszuziehen, ohne Sie erkennen zu lassen, wohin Sie gehen; doch es ist Ihre Pflicht, wie Abraham zu gehorchen. Alles, was Sie je zu tun haben, ist, vorwärtszugehen und alle Folgen und Ergebnisse Gott zu überlassen. Für Sie ist es genug, dass der Herr in dieser Fügung der Vorsehung sagt: „Gehe vorwärts!" Vielleicht ist dies alles, was Sie hören. Es ist Ihre Pflicht, unverzüglich zu antworten: „Herr, ich gehe auf dein Gebot hin. Gebiete mir, zu dir zu kommen – sei es auch über das stürmische Wasser."

Wenn der Glaube in dunklen und heimsuchenden Fügungen der Vorsehung nicht ausgeübt wird, führt dies sehr zu dessen Niedergang.

Die Ausübung des Glaubens stärkt ihn, wie es ihn schwächt, seine Ausübung zu vernachlässigen. Die ständige Bewegung des Arms bringt unsere Muskelkraft zu ihrer Vollendung. Wie schnell würden seine Muskeln schrumpfen und seine Energie schwinden, würde man diesem Arm gestatten, still und bewegungslos an unserer Seite zu hängen! Genauso ist es mit dem Glauben, dem rechten Arm der Kraft eines Gläubigen. Je mehr er ausgeübt wird, desto mächtiger wird er; vernachlässigen Sie es, ihn zu benutzen; gestatten Sie ihm, träge und wirkungslos zu bleiben, wird die Folge ein Verdorren seiner Macht sein. Wenn also düstere Fügungen der Vorsehung und schwere Prüfungen und Versuchungen sich um eine arme gläubige Seele drängen, *dann* ist die Zeit für den Glauben gekommen, seine Stärke zu erweisen und zur Schlacht hervorzutreten. Gott bringt sein Kind nie in irgendwelche Schwierigkeiten oder vertraut ihm irgendein Kreuz an, es sei denn als Ruf, den Glauben auszuüben. Und wenn die Gelegenheit vorübergeht, ihn auszuüben und darin Fortschritte zu machen, dann wird die Folge eine Schwächung dieses Grundsatzes und ein lahmes Aufbieten seiner Macht in der folgenden Prüfung sein. Vergessen Sie nicht, dass der Glaube desto mehr zunimmt, je mehr er ins Spiel gebracht wird. Je mehr er ausgeübt wird, desto stärker wird er. Das man das Gegenteil davon tut, ist oft der Grund für seinen traurigen Niedergang.

Gewohnheitsmäßige oder selbst gelegentliche zweifelnde Ansichten, denen man in Bezug auf das eigene Anteilhaben an Christus nachgibt, werden in wesentlicher Weise zur Schwächung und zum Schwinden des Glaubens eines Gläubigen beitragen – bei keinem Grund sind seine Folgen gewisser als bei diesem. Wenn es stimmt, wie wir gezeigt haben, dass die Ausübung des Glaubens seine Kraft entwickelt, dann ist es ebenso wahr, dass ein unaufhörliches Nachgeben gegenüber zweifelnden Ansichten über die Vergebung und Annahme bei Gott notwendigerweise wie eine Raupe an der Wurzel des Glaubens fressen muss. Jedes furchtsame Gefühl, jeder festgehaltene Zweifel, jede Angst, der man sich überlässt, jede dunkle Fügung der Vorsehung, über die man grübelt, trägt dazu bei, die Seele von Gott zu entfernen und trübt ihren engen und liebenden Blick auf Jesus. Die Liebe, Weisheit und Treue Gottes anzuzweifeln, die Vollkommenheit des Werkes Christi anzuzweifeln, die Wirksamkeit des Geistes im Herzen anzuzweifeln – was kann mehr dazu führen, diese kostbare und wertvolle Gnadengabe zu schwächen und schwinden zu lassen? Jedes Mal, wenn die Seele unter dem Druck eines Zweifels ihres Anteils an Christus niedersinkt, muss die Folge eine Schwächung des Blicks der Seele für die Herrlichkeit, Vollkommenheit und Allgenugsamkeit des Werkes Christi sein. Dem zweifelnden Christen ist aber vielleicht mangelhaft bewusst, welche Unehre Jesus getan wird, welcher Widerschein durch jede ungläubige Furcht, die er hegt, auf dieses große Werk geworfen wird. Es ist ein heimliches Verwunden von Jesus, wenn die Seele auch vor solch einer Schlussfolgerung zurückschrecken mag. Es ist ein Erniedrigen, ein Unterbewerten des Gehorsams und Todes Christi – des herrlichen Heilswerkes, bei dem der Vater erklärte, dass es ihm wohlgefällt; jenes Werk, von dem die göttliche Gerechtigkeit erklärt hat, das ihr Genüge getan worden ist; das Werk, auf dessen Grundlage jeder arme, überführte Sünder gerettet ist und aufgrund dessen Millionen von erlösten und verherrlichten Seelen sich jetzt um den Thron herum beugen. Dieses Werk, sagen wir, wird durch jedwede Zweifel und jede Furcht verunehrt, unterbewertet und geschmäht, die von einem Kind Gottes heimlich gehegt oder offen geäußert werden. In dem Moment, in dem ein Gläubiger mehr auf seine Unwürdigkeit als auf die Gerechtigkeit Christi schaut – und meint, dass der Verdienst in Jesus nicht ausreichend ist, um das Fehlen jedwedes Verdienstes in ihm selbst vor Gott zu ersetzen –, was ist dies dann anderes als ein Erheben seiner

Sündhaftigkeit und Unwürdigkeit *über* den unendlichen Wert, die Fülle und Genugsamkeit der Sühne und Gerechtigkeit Christi? Es gibt viel falsche Demut unter vielen lieben Heiligen Gottes. Manche denken, dass ständiger Zweifel an der Vergebung und Annahme bei Gott der Erweis eines bescheidenen Geistes ist. Das ist, gestatten Sie mir dies zu sagen, das Kennzeichen des genauen Gegenteils eines bescheidenen und demütigen Sinnes. Das ist wahre Demut, die dem Zeugnis Gottes traut – die glaubt, weil er es gesagt hat; die sich auf das Blut, die Gerechtigkeit und die Allgenugsamkeit Jesu stützt, weil er verkündet hat: *„Jeder, der an ihn glaubt, wird nicht zuschanden werden!"* Das ist wirkliche Bescheidenheit – das selige Ergebnis des ewigen Geistes. So zu Jesus zu gehen, wie ich bin, als armer, verlorener, hilfloser Sünder – ohne vorhergehende Vorbereitung zu gehen; mich meiner Schwachheit, Gebrechlichkeit und Armut zu rühmen, damit die freie Gnade und das souveräne Wollen und der unendliche Verdienst Christi durch meine völlige Vergebung, Gerechtigkeit und ewige Herrlichkeit gesehen werden. Wenn man es zurückweist, dass die Seele Jesus in vollem Umfang annehmen muss, liegt darin mehr von nicht abgetötetem Stolz und von Selbstgerechtigkeit – von jenem Prinzip, das Gott zum Schuldner seiner Schöpfung machen möchte –, als man für möglich hält. In dem einfachen, gläubigen Sichverlassen auf Christus – als zugrunde gerichteter Sünder, der ihn als seine ganze Gerechtigkeit annimmt, all seine Vergebung und all seine Herrlichkeit von ihm annimmt – ist mehr echte, tiefe Demut, als irgendein sterblicher Sinn ermessen kann. Zweifel ist immer die Frucht des Stolzes, Demut ist immer die Gehilfin des Glaubens.

Wir dürfen es auch nicht unterlassen, *die Macht nicht überwundener Sünde im Herzen* als einen der am meisten wirksamen Gründe für den Niedergang im Glauben anzuführen. Vielleicht streitet nichts heimlicher und wirksamer gegen die Kraft eines Lebens im Glauben als dies. Der Glaube ist, wie wir gesehen haben, ein heiliges, innewohnendes Prinzip. Er hat seine Wurzel in dem erneuerten, geheiligten Herzen. Und sein Wachstum und seine Fruchtbarkeit hängen viel von dem zunehmenden Reichtum des Bodens ab, in den er eingegraben wird: Wenn man den schädlichen Unkräutern des natürlichen Bodens gestattet, zu wachsen und das Herz zu besetzen und die Herrschaft zu erlangen, wird die himmlische Pflanze notwendigerweise ermatten und verkümmern. Um eine Vorstellung von der völligen Unvereinbarkeit eines Lebens im Glauben mit dem Bestehen und der Macht nicht abgetöteter Sünde im Herzen zu geben, müssen wir uns nur den Fall eines Gläubigen vorstellen, der mit praktizierter nicht überwundener Sünde lebt. Wie sieht die wirkliche Macht des Glaubens in ihm aus? Wo ist seine Stärke? Wo sind seine herrlichen Errungenschaften? Wo die Trophäen, die er auf dem Schlachtfeld gewann? Wir suchen nach der Frucht des Glaubens – dem bescheidenen, demütigen, zerknirschten Geist; dem zarten Gewissen; dem täglichen Sichzuwenden zu dem sühnenden Blut Christi; dem Leben nach der Gnade, die in Jesus Christus ist; der Erfüllung des christlichen Prinzips; der Kreuzigung der Welt; der geduldigen Unterwerfung unter ein Leben im Leid; der sanftmütigen Ergebenheit in die Erziehung eines Vaters; einem Leben, als sähe man ihn, der unsichtbar ist; einer unaufhörlichen und intensiven Vergegenwärtigung von ewigen Wirklichkeiten. Wir suchen nach diesen Früchten des Glaubens, doch wir finden sie nicht. Und warum? Weil an der Wurzel der Wurm nicht überwundener Sünde nagt. Und bis der nicht getötet ist, wird der Glaube immer kränklich und unfruchtbar sein und im Begriff stehen, zu sterben. *„So sind wir also, ihr Brüder, dem Fleisch nicht verpflichtet, gemäß dem Fleisch zu leben! Denn wenn ihr gemäß dem Fleisch lebt, so müsst ihr sterben; wenn ihr aber durch den Geist die Taten des Leibes tötet, so werdet ihr leben"* (Röm 8,12-13).

Ein Wegblicken von Christus wird sehr zur Schwächung und Unfruchtbarkeit des Glaubens beitragen. Es heißt, das Auge des Adlers wird durch die frühe Erziehung des alten Vogels stark. Er wird, wenn er jung ist, in eine solche Stellung gebracht, dass er seinen Blick absichtlich auf die Sonne richtet, und so wird seine Sehkraft nach und nach so stark, dass sie fähig ist, mit der Zeit in ihrer mittäglichen Pracht ohne Unbehagen auf die Sonne zu schauen und das fernste Objekt ohne Schwierigkeiten wahrzunehmen. Die gleiche geistliche Erziehung stärkt das Auge des Glaubens. Das Auge wird zunehmend kräftig, indem es viel auf die Sonne der Gerechtigkeit blickt. Je beständiger es auf Jesus blickt, desto stärker wächst es, desto mehr Herrlichkeit in ihm, desto mehr Schönheit in seiner Person und desto mehr Vollkommenheit in seinem Werk entdeckt es. So gestärkt, kann es Dinge sehen, die weit entfernt sind – die Verheißungen eines den Bund haltenden Gottes, die Hoffnung auf ewiges Leben, die Krone der Herrlichkeit. Auf diese blickt der Glaube und kann sie beinahe berühren. *„Es ist aber der Glaube eine feste Zuversicht auf das, was man hofft, eine Überzeugung von Tatsachen, die man nicht sieht"* (Hebr 11,1). Und von den Helden des Alten Testaments wird von dem gleichen Geist gesagt: *„Diese alle sind im Glauben gestorben, ohne das Verheißene empfangen zu haben, **sondern sie haben es nur von ferne gesehen** und waren davon überzeugt, und haben es willkommen geheißen und bekannt, dass sie Gäste ohne Bürgerrecht und Fremdlinge sind auf Erden"* (Hebr 11,13). Oh kostbare, wertvolle Gnadengabe des ewigen Geistes! Wer möchte dich nicht besitzen?! Wer möchte nicht alles abtöten, was dich in der Seele verwundet, schwächt und zum Verkümmern bringt?!

3. WIE DER HEILIGE GEIST DIE SCHWINDENDE GNADENGABE DES GLAUBENS ERWECKT

Uns bleibt nur noch zu zeigen, auf welchem Weg der Heilige Geist die schwindende Gnadengabe des Glaubens *erweckt, stärkt* und *vermehrt*. Und dies tut er in erster Linie, *indem er dem Gläubigen den Grund für seinen geistlichen Niedergang enthüllt, ihn zu dem Werk zu dessen Beseitigung bringt und ihn darin stärkt*. Der Geist führt den schwächer werdenden Gläubigen zur geistlichen Pflicht der *Selbstprüfung*. Wenn eine Gnadengabe des Geistes in einem kränklichen und abnehmenden Zustand ist, muss eine solch schmerzliche Folge von einem Grund herrühren, den man ausfindig machen muss. Die große Schwierigkeit bei einer abtrünnigen Seele ist, sie zu der geistlichen und notwendigen Pflicht der Selbsterforschung zu bringen. Darin liegt etwas so Demütigendes, so Fremdes für die natürliche Neigung des Herzens – dem eben der geistliche Niedergang der Seele so sehr entgegensteht –, dass es keine geringe Aufbietung der Gnade des Geistes erfordert, um den Gläubigen ehrlich und vollständig dazu zu bringen. So, wie der Kaufmann, der sich bezüglich seiner finanziellen Verhältnisse in Verlegenheit befindet, vor einer Untersuchung seiner Bücher zurückschreckt, so weicht ein sich der Abtrünnigkeit bewusster Gläubige einer ehrlichen Prüfung seines umherschweifenden Herzens aus. Doch wie die Heilung von jeder Krankheit und die Beseitigung jedes Übels von der Erkenntnis der Ursache abhängt, so ist die Erweckung eines schwächer werdenden Gläubigen selbst eng mit der Entdeckung und Entfernung dessen verbunden, was zu seinem geistlichen Niedergang führte. Schwächer werdender Gläubiger, was ist der *Grund* für Ihren schwachen Glauben? Warum ermattet diese liebliche, kostbare und fruchtbare Blume und steht im Begriff, zu sterben? Was hat Ihr Auge getrübt, Ihre Hand gelähmt und Ihren Wandel im Glauben geschwächt? Vielleicht ist es die *Vernachlässigung des Gebets*: Sie haben vielleicht Tage, Wochen und Monate ohne Gemeinschaft mit Gott gelebt. Es gab kein beständiges und kostbares Aufsuchen Ihres Kämmerleins, kein Ringen mit Gott, keine Verbundenheit mit Ihrem Vater. Verwundern Sie sich nicht, Geliebter, dass Ihr Glaube verschmachtet, erschlafft und verwelkt. Das größere Wunder ist, dass Sie überhaupt Glauben haben, dass er nicht völlig tot ist, ausgerissen mitsamt der Wurzel! Und gäbe es nicht die mächtige Kraft Gottes und die unaufhörliche Fürsprache von Jesus zu seiner rechten Hand, hätte er seit langem aufgehört, zu existieren. Doch was wird ihn erwecken? *Eine unverzügliche Rückkehr zum Gebet!* Suchen Sie neu Ihr Kämmerlein auf, richten Sie den zerstörten Altar wieder her. Zünden Sie das erloschene Feuer wieder an. Suchen Sie Ihren Gott, den Sie verlassen haben. Oh, wie kann bei der Vernachlässigung des täglichen, alleinigen und ringenden Gebets vor Gott Glaube erweckt werden und wachsen? Der ewige Geist, der Ihnen dies aufs Herz gelegt, Ihnen Ihr furchtbares Versäumnis gezeigt und Ihnen neu den Geist der Gnade und des Gebets eingehaucht hat, wird einen neuen und gesegneten Anstoß zum Glauben gewähren.

Vielleicht haben Sie das Handeln Gottes mit Ihnen in seiner Vorsehung falsch verstanden. Sie haben den ungläubigen, unfreundlichen, nicht kindlichen Sichtweisen über Ihre Prüfungen, Verluste und Enttäuschungen nachgegeben. Sie haben gesagt: „Kann ich ein Kind sein und doch so heimgesucht werden? Kann er mich lieben und doch so an mir handeln?" Oh, dieser Gedanke! Oh, diese Vermutung! Hätten Sie in das *Herz* Ihres Gottes blicken können, als er diese Prüfung sandte, diesen Verlust verursachte, auf diese Blume blies und diesen schönen Plan zunichtemachte, hätten Sie nie wieder gemurrt – so viel Liebe, so viel Zärtlichkeit, so viel Treue, so viel Weisheit hätten Sie gesehen, dass Sie Ihren Mund still vor ihm in den

Staub gelegt hätten. Wundern Sie sich nicht, dass Ihrem Glauben eine Wunde geschlagen wurde, wenn Sie solchen Befürchtungen nachgeben, die das Bundeshandeln eines Gottes der Liebe in einem solchen Licht deuten. Nichts trägt vielleicht mehr dazu bei, die Seele von Gott zu entfernen, Misstrauen, harte Gedanken und aufrührerische Gefühle hervorzurufen, als so seine liebende Freundlichkeit und Treue bei der Erziehung anzuzweifeln, die es ihm gefällt, zu senden. Der Glaube aber, der durch die dunkle Wolke hindurchschaut, sich auf die riesige Welle stellt und in der göttlichen Wahrhaftigkeit und der unveränderlichen Liebe Gottes verankert, wird sicherlich durch jeden Sturm gestärkt und zunehmen, der ihn trifft.

Ist es der Zauber der Welt, der Ihren Glauben erobert hat? Hat er Sie übermannt, Sie verleitet, Sie mit seinem Glanz gefangen, Sie mit seinem Sirenengesang fasziniert, Sie mit drückenden Sorgen überwältigt? Gehen Sie heraus aus ihr und halten Sie sich abgesondert. Verzichten Sie auf ihre leere Freundschaft, ihre lavierende Taktik, ihre fleischlichen Freuden, ihre fleischliche Weisheit, ihre sündige Gleichförmigkeit. Diese alle verdunkeln die Sicht und schwächen die Macht des Glaubens. Die Welt und die Liebe und die Gleichförmigkeit zu ihr mögen einem *sinnlichen* Leben gefallen und helfen, doch sie werden das Leben nach dem *Glauben* bremsen und stehen ihm entgegen. Fleisch und Geist, Finsternis und Licht, Sünde und Heiligkeit könnten ihrer Natur nach nicht mehr einander entgegenstehen wie ein kraftvolles Leben im Glauben und eine sündige Liebe zur Welt. Bekenner des Evangeliums! Hüten Sie sich vor der Welt; sie ist Ihr größtes Verderben. Hüten Sie sich vor Gleichförmigkeit zu ihr in Ihrer Kleidung, Ihrer Art, zu leben, in der Erziehung Ihrer Kinder, in den Prinzipien, Beweggründen und der Verfahrensweise, die Sie bestimmt. Wir möchten jedem bekennenden Christen sagen: Seien Sie hier ein *Nonkonformist*! Sondern Sie sich von der Welt ab – der

Welt, die Ihren Herrn und Meister gekreuzigt hat und seinen Glauben kreuzigen wollte, der in Ihnen ist. Rühren Sie das Unreine nicht an, denn „*Ihr … seid ein auserwähltes Geschlecht, ein königliches Priestertum, ein heiliges Volk, ein Volk des Eigentums, damit ihr die Tugenden dessen verkündet, der euch aus der Finsternis berufen hat zu seinem wunderbaren Licht*" (1.Petr 2,9). Wollen Sie „stark durch den Glauben" sein und „Gott die Ehre" geben? Dann leisten Sie der Stimme Gehorsam, die mit überirdischer Zunge jedem bekennenden Kind Gottes erklärt: „*Und **passt euch nicht** diesem Weltlauf an, sondern lasst euch in eurem Wesen verwandeln durch die Erneuerung eures Sinnes, damit ihr prüfen könnt, was der gute und wohlgefällige und vollkommene Wille Gottes ist*" (Röm 12,2).

Ist es nicht-abgetötete Sünde, die an der Wurzel des Glaubens nagt? Bringen Sie sie zum Kreuz Christi – verdammen Sie sie dort, nageln Sie sie dort an und gehen Sie nicht, bis Sie ausrufen können: „*Gott aber sei Dank, der [mich] allezeit in Christus triumphieren lässt!*" (2.Kor 2,14).

Ist es das Nachgeben gegenüber ungläubigen und entehrenden Gedanken, das Ihren Anteil an Christus in Mitleidenschaft zieht? Geben Sie sie auf und lassen Sie sie vom Wind verwehen; es gibt keinen Grund für die Zweifel und den Unglauben eines Kindes Gottes. In ihm selbst mag es viel geben, um ihn zu entmutigen, doch nichts davon ist in der Wahrheit, die er zu glauben bekennt. Es gibt nichts im Gegenstand des Glaubens, nichts im Werk Christi, nichts im Wort Gottes, was einen Zweifel oder eine Furcht im Herzen eines armen Sünders hervorbringen sollte. Im Gegenteil! Es soll alles Vertrauen einflößen, den Glauben stärken und die Hoffnung ermutigen. Spricht die Sünde eines Gotteskindes laut für seine Verdammnis? Die Stimme des Blutes des Immanuel ruft lauter nach seiner Vergebung. Verdammt ihn seine eigene Gerechtigkeit? Die Gerechtigkeit Christi spricht ihn frei. Es gibt also nichts in Christus, um in einem armen, überführten Sünder einen ungläubigen Zweifel zu erzeugen. An sich selbst mag er zweifeln – er mag seine Fähigkeit anzweifeln, sich selbst zu retten; er mag seine Kraft anzweifeln, seinen Zustand zu verbessern, sich selbst würdiger und annehmbarer zu machen. Doch er möge niemals daran zweifeln, dass Christus alles ist, was einem armen, verlorenen, überführten Sünder fehlt. Er möge nicht anzweifeln, dass Jesus der Freund der Sünder, der Heiland der Sünder ist und dass man nie gesehen hat, dass er jemanden hinausstieß, der in Niedrigkeit und mit zerbrochenem Herzen seine mitleidsvolle Gnade suchte. Oh, trachten Sie, Leser, nach einem schlichteren Blick auf Jesus, einem klareren Blick auf sein großes und vollendetes Werk. Bringen Sie jeden Zweifel, sobald er eingeflüstert wird, und jede Furcht, sobald sie sich erhebt, zu ihm. Und denken Sie daran, dass, egal, welche Schändlichkeit Sie in sich entdecken, die die Absicht hat, Sie niederzudrücken, in Jesus alles dazu geordnet ist, um Sie aus dem Schmutz zu erheben und unter die Fürsten zu setzen. Indem er dem abtrünnigen Gläubigen diese Punkte darlegt – ihm zeigt, was es ist, das seinen Niedergang im Glauben verursacht –, unternimmt der ewige Geist Gottes den ersten Schritt im großen und edlen Werk der Erweckung.

Ein weiterer Schritt, durch den der Heilige Geist den schwindenden Glauben des Gläubigen erweckt, ist, dass er ihn dahin führt, *sich schlichter auf die Treue Gottes zu stützen*. Was für eine Stärkung für ermattenden Glauben sind diese Aussagen des göttlichen Wortes, die Gott als völlig unveränderlich und treu schildern: *„Ich, der HERR, verändere mich nicht"* (Mal 3,6). *„Jede gute Gabe und jedes vollkommene Geschenk kommt von oben herab, von dem Vater der Lichter, bei dem keine Veränderung ist, noch ein Schatten infolge von Wechsel"* (Jak 1,17). *„Ich will dich mir verloben in Treue"* (Hos 2,22). *„Gerechtigkeit wird der Schurz seiner Hüften sein und die*

Treue der Schurz seiner Lenden" (Jes 11,5; Elb 06[12]). *„Aber meine Gnade will ich ihm nicht entziehen und meine Treue nicht verleugnen"* (Ps 89,34). *„Deine Treue ist groß"* (Klgl 3,23). *„Denn er ist treu, der die Verheißung gegeben hat"* (Hebr 10,23). Und dann, daran zu denken, dass der Unglaube des Gläubigen niemals die Treue Gottes beeinträchtigt! *„Wenn wir untreu sind, so bleibt er doch treu; er kann sich selbst nicht verleugnen"* (2.Tim 2,13). Dies ist der einzig wahre und sichere Ankerplatz für eine arme Seele, die in den Wellen des Zweifels und der Bestürzung hin- und hergeworfen wird – zu wissen, dass Gott sein Wort nicht ändern kann; dass es unmöglich ist, dass er lügen sollte (das hieße, dass er von seiner unendlichen Vollkommenheit abweicht; er würde aufhören, ein vollkommenes Wesen zu sein, und würde folglich aufhören, Gott zu sein). Genauso zu wissen, dass er treu inmitten der Untreue und des ständigen Fortlaufens seines Kindes ist – treu in der Tiefe der schlimmsten Heimsuchung; treu, wenn irdische Hoffnungen vergehen, wenn menschliche Zisternen zerbrochen sind und die Seele dazu gebracht wird, auszurufen: „Seine Treue hat enttäuscht!" Oh, was für eine Quelle für einen geprüften und ermatteten Glauben ist diese Sicht, die Gott selbst von seinem eigenen herrlichen und vollkommenen Charakter gegeben hat! Es ist kein kleiner Sieg des Glaubens, mit Gott zu wandeln, wenn alles in der Seele dunkel ist und es kein Licht gibt; mitten in dem Tosen der Wellen zu spüren, dass er immer noch treu ist; dass die Seele ihm doch trauen kann, obwohl er tötet; dass er, wenn er auch alles andere wegnehmen würde, er doch niemals *sich selbst* von seinem Volk wegnehmen würde. Oh herrlicher Triumph des Glaubens! *„Wer unter euch fürchtet den HERRN? Wer gehorcht der Stimme seines Knechtes? Wenn er im Finstern wandelt und ihm*

---

12 *Elberfelder Bibel 2006* (Abk.: Elb 06), R. Brockhaus Verlag, Wuppertal 1985/1991/2006.

kein Licht scheint, so vertraue er auf den Namen des HERRN und halte sich an seinen Gott!" (Jes 50,10).

Es wird viel zu der Erweckung eines geprüften und ermattenden Glauben beitragen, daran zu denken, dass es immer, wenn der Herr dabei ist, eine besondere Barmherzigkeit zu gewähren, *ein Mühen des Glaubens für diese Barmherzigkeit gibt.* Einige der vorzüglichsten Barmherzigkeiten des Bundes werden durch ein Mühen des Glaubens für den Gläubigen erfahrbar gemacht. Das kann ein ermüdender und schmerzlicher Prozess sein; der Glaube kann lange und schwer geprüft werden, doch der Segen, den dies hervorbringt, wird all das Weinen, Leiden und Schreien mehr als zurückerstatten, die es verursacht hat. Seien Sie also bei einer schweren Glaubensprüfung nicht überrascht. Seien Sie gewiss, dass Gott, wenn die Seele so geprüft wird, dabei ist, ihr eine große und vielleicht bisher nicht erlebte Barmherzigkeit zum Besitz zu geben. Es kann ein Mühen des Glaubens für einen *geistlichen* Segen sein. Und das Ergebnis ist vielleicht eine Vertiefung des Werkes in Ihrem Herzen, ein Zunehmen der Geistlichkeit, mehr Entwöhnung vom Vertrauen auf die Schöpfung und ein noch größeres kindliches Sichstützen auf den Herrn, eine schlichtere, engere und mehr heilig machende Erkenntnis von dem Herrn Jesus. Oder es kann ein Mühen des Glaubens für eine zeitliche Barmherzigkeit sein, für die Stillung eines Mangels, die Rettung aus einer Verlegenheit, die Befreiung aus einer besonderen und unangenehmen Schwierigkeit. Doch was immer der Charakter der Glaubensprüfung ist, das Ergebnis ist immer gewiss und herrlich. Der Herr mag sein Kind auf schwierige und harte Wege führen; er kann es mit Dornen einzäunen, sodass es nicht heraus kann, doch das geschieht nur, um die Seele dazu zu bringen, schlichter in ihm zu ruhen, damit im Extremfall – wenn kein Geschöpf helfen will oder kann; wenn die Zuflucht enttäuscht und sich niemand um seine

Seele sorgt –, sich *dann* der Glaube aufmacht und in ihm ruht, der niemals sein eigenes Werk verstößt, sondern immer die schwächste Bekundung ehrt und sein Ohr zu dem mattesten Schrei neigt. *„Aus der Tiefe rufe ich zu dir, o HERR: Herr, höre meine Stimme! Lass deine Ohren aufmerksam sein auf die Stimme meines Flehens!"* (Ps 130,1-2). *„In meiner Bedrängnis rief ich den HERRN an und schrie zu meinem Gott; er hörte meine Stimme in seinem Tempel, mein Schreien drang zu seinen Ohren"* (2.Sam 22,7). *„Erhebt mit mir den HERRN und lasst uns miteinander seinen Namen erhöhen. Als ich den HERRN suchte, antwortete er mir und rettete mich aus allen meinen Ängsten … Als dieser Elende rief, hörte der HERR und half ihm aus allen seinen Nöten"* (Ps 34,4-5). Hier gab es das schwere Mühen des Glaubens und hier sehen wir das selige Ergebnis. So wahr ist Gottes Wort, welches sagt: *„Am Abend kehrt das Weinen ein und am Morgen der Jubel"* (Ps 30,6). *„Wer weinend hingeht und den Samen zur Aussaat trägt, der kommt gewiss mit Freuden zurück und bringt seine Garben"* (Ps 126,6).

Doch mehr noch *ist die Prüfung des Glaubens ein Test für seinen Reifegrad*. Wir wissen nicht, was für Glauben wir haben, bis der Herr uns ruft, ihn auszuüben. Wir können uns sehr in Bezug auf seine Natur und seinen Grad irren. Es mag uns als leicht erscheinen, auf dem stürmischen Wasser zu wandeln und von Christus Zeugnis abzulegen, keine schwere Angelegenheit. Doch der Herr testet unseren Glauben. Er gebietet uns, auf dem Wasser zu ihm zu kommen, und dann beginnen wir zu sinken. Er lässt zu, dass wir von unseren Feinden angegriffen werden, und wir schrecken vor dem Kreuz zurück. Er prüft unseren Glauben und dann lernen wir, wie wenig wir haben.

Die Prüfung des Glaubens ist auch ein Test für seinen *Charakter*; sie ist der Ofen, der das Erz prüft, von welcher Art es ist. Vielleicht ist es Messing, oder Eisen, oder Ton, oder vielleicht kostbares Gold, der Schmelztiegel aber wird es prüfen. Es gibt viel, das als echter Glaube angesehen wird, was kein Glaube ist. Es gibt viel falsches, unechtes Metall; die *Prüfung* bringt seinen wahren Charakter hervor. Der wahre Charakter von Judas war nicht bekannt, bis seine Habsucht versucht wurde. Bei Simon, dem Magier, wurde nicht entdeckt, dass er einen falschen Glauben besitzt, bis er die Gabe Gottes mit Geld kaufen wollte. Demas verließ den Apostel nicht, bis ihn die Welt fortzog. So ernst hat unser Herr diese Wahrheit dargelegt: *„Und gleicherweise, wo auf steinigen Boden gesät wurde, das sind die, welche das Wort, wenn sie es hören, sogleich mit Freuden aufnehmen; aber sie haben keine Wurzel in sich, sondern sind wetterwendisch. Später, wenn Bedrängnis oder Verfolgung entsteht um des Wortes willen, nehmen sie sogleich Anstoß. Und die, bei denen unter die Dornen gesät wurde, das sind solche, die das Wort hören, aber die Sorgen dieser Weltzeit und der Betrug des Reichtums und die Begierden nach anderen Dingen dringen ein und ersticken das Wort, und es wird unfruchtbar"* (Mk 4,16-19). Echter Glaube aber besteht die Prüfung. Wo es ein echtes Werk der Gnade im Herzen gibt, wird keine Drangsal, Verfolgung oder Macht dieser Welt je in der Lage sein, den Glauben von dort zu vertreiben. Wenn aber alles nur Spreu ist, wird es der Wind zerstreuen; wenn alles nur Schlacke und Flitter ist, wird es das Feuer verzehren. Der demütige und geprüfte Gläubige möge also Gott für jede Prüfung danken, die den echten Charakter des Glaubens hervorbringt und ihn als den „Glauben der Auserwählten Gottes" erweist. Gott wird sein eigenes Werk in der Seele eines Kindes der Gnade prüfen. Jede Gnadengabe seines eigenen Geistes wird er zu der einen oder anderen Zeit in den Schmelztiegel hineintun, doch niemals wird er sein Auge von ihr abwenden. *„Er wird sitzen und schmelzen"* und aufpassen, dass nicht ein bisschen des kostbaren Metalls zerstört wird. Er wird in aller und jeder Heimsuchung bei seinem Kind sein; nicht einen Moment wird er es verlassen. Möge Dankbarkeit statt Murren, Freude statt Kummer jeden Test begleiten, den ein liebender und treuer Vater seinem eigenen begnadeten Werk auferlegt. *„Damit die Bewährung eures Glaubens (der viel kostbarer ist als das vergängliche Gold, das doch durchs Feuer erprobt wird) Lob, Ehre und Herrlichkeit zur Folge habe bei der Offenbarung Jesu Christi"* (1.Petr 1,7).

Passen Sie auf, dass Sie aus dem Glauben keinen Heiland machen. Es besteht die Gefahr – und man kann sich nicht zu aufmerksam davor hüten –, das Werk des Geistes an die Stelle des Werkes Christi zu stellen. Es ist dieser Irrtum, der so viele von Gottes Heiligen dazu bringt, *in sich* statt *außerhalb von sich selbst* nach den Beweisen ihrer Berufung und Annahme zu suchen. Und so werden auch viele ihren ganzen geistlichen Weg über in einem Wandel der Knechtschaft und Furcht gehalten. Die große Frage ist bei ihnen nie vollständig und völlig geklärt, oder, mit anderen Worten, sie sind sich ihrer Sohnschaft nie *ganz sicher*. Das Werk Christi ist ein großes und vollendetes Werk. Es ist so herrlich, dass es keinen Vergleich zulässt, so komplett, dass es keinen Zusatz zulässt, und so wesentlich, dass es keinen Platz für einen Ersatz gibt. So kostbar das Werk des Heiligen Geistes im Herzen ist und so wesentlich es für das Heil der Seele ist, so bringt doch der, der es dahinstellt, wo nur das Werk Jesu sein sollte, die Ordnung des Bundes durcheinander, verschließt die rechtmäßige Quelle für den Beweis und wird seiner Seele ganz gewiss Schmerz und Ungewissheit bringen. „Gerechtigkeit, Friede und Freude" sind die Frucht eines vollständigen Glaubens an den Herrn Jesus Christus, und wer diese abseits vom Kreuz sucht, wird enttäuscht werden – doch sie *sind* in Jesus zu finden. Wer von sich, seiner Schändlichkeit, Schuld, Leere und Armut wegschaut und ganz und glaubend auf Jesus, wird erkennen, was die Vergebung der

Sünden ist, und wird Gottes Liebe erfahren, die in sein Herz ausgegossen wird.

Seien Sie also nicht niedergedrückt, wenn Ihr Glaube schwach und geprüft ist; der Glaube rettet Sie nicht. Obwohl er ein Werkzeug des Heils und als solches von ungeheurer Wichtigkeit ist, ist er nur das Werkzeug; das vollendete Werk des Immanuel ist der Grund Ihres Heils, ja, es ist Ihr Heil selbst. Machen Sie also aus Ihrem Glauben keinen Heiland. Verachten Sie ihn nicht, wenn er schwach ist, frohlocken Sie nicht in ihm, wenn er stark ist, treten Sie ihn nicht nieder, wenn er klein ist, vergöttlichen Sie ihn nicht, wenn er groß ist. Das sind die Extreme, zu denen jeder Gläubige neigt. Wenn Ihr Glaube schwach und schwer geprüft ist, ist das kein Beweis dafür, dass Sie nicht gläubig sind. Der Beweis Ihrer Annahme in dem Geliebten *muss alleine aus Jesus hervorgehen*; Ihr ständiges Motto möge also sein: Auf Jesus blicken – so zu ihm blicken, wie Sie sind; zu ihm blicken, wenn der Glaube schwach ist; zu ihm blicken, wenn der Glaube geprüft wird; zu ihm blicken, wenn der Glaube schwindet; ja, zu ihm blicken, wenn Sie fürchten, keinen Glauben zu haben. Blicken Sie hinauf, geprüfte und versuchte Seele! Jesus ist der Anfänger, der Erhalter, und er wird der Vollender Ihres Glaubens sein. Alles, was Ihnen fehlt, ist in ihm zu finden. Ein Schimmer von seinem Kreuz, so getrübt er auch sein mag; ein Anrühren seines Gewandes, so zitternd es auch sein mag, wird Sie aus den tiefsten Tiefen erheben, Ihre schwerste Last leicht machen, Ihre dunkelste Erwartung vergolden, und wenn Sie das Ufer des Jordans erreichen, wird dies Sie sicher durch sein Dickicht tragen und Sie an der sonnigen und grünen Küste von Kanaan absetzen. Lassen Sie dies Ihr Gebet sein, dass Sie unaufhörlich vor dem Thron der Gnade äußern, bis es beantwortet wird: „Herr, stärke meinen Glauben." Und dann werden Sie mit Paulus in der Lage sein, mit demütiger Gewissheit zu sagen: *„Denn ich weiß,* *an wen ich glaube, und ich bin überzeugt, dass er mächtig ist, das mir anvertraute Gut zu bewahren bis zu jenem Tag"* (2.Tim 1,12).

KAPITEL 4

GEISTLICHER NIEDERGANG – IM GEBET

„DU ... SCHWÄCHST DIE ANDACHT VOR GOTT"
(HIOB 15,4)!

Müssten wir ein einzelnes Merkmal auswählen, das mehr als andere den persönlichen geistlichen Niedergang kennzeichnet, sollten wir nicht zögern, *das Schwinden des Geistes des Gebets* hier zu benennen. So wie das Gebet das erste Zeugnis geistlichen Lebens in der Seele ist und seine Zunahme an Geistlichkeit und Kraft den gesunden und voranschreitenden Zustand dieses Lebens zeigt, so ist der *Niedergang* im Gebetsgeist, seiner Ausübung und Freude ein starker Hinweis für das Schwinden echter Gnade in einem Kind Gottes. Wir wenden uns der Darlegung dieses Themas in der ernsten Überzeugung zu, dass es für den bekennenden Gläubigen von größerem allgemeinen Nutzen ist, als manche bei einer ersten Betrachtung vielleicht zugeben wollen; und dass es ernstere Folgen für den geistlichen Nutzen der Seele mit sich bringt, als jeder Bereich des persönlichen geistlichen Niedergangs, den wir schon betrachtet haben.

1. DAS WESEN WAHREN GEBETS

Um dem Leser *das Wesen wahren Gebets* zu eröffnen – was angemessen erscheint, ehe wir den Niedergang davon betrachten –, merken wir an, dass damit ernste und bewegende Dinge verbunden sind, die es als ein Thema von ungeheurer Wichtigkeit zeigen. *Was ist Gebet?* Es ist die Gemeinschaft des geistlichen Lebens in der Seele eines Menschen mit seinem göttlichen Urheber. Es ist ein Atmen des göttlichen Lebens hin zu Gott, von wo es kam; es ist ein heiliges, geistliches, demütiges Reden mit Gott. Das war eine wunderbare Äußerung eines bekehrten Heiden: „Ich öffne meine Bibel und Gott spricht mit mir. Ich schließe meine Bibel und dann spreche ich mit Gott." Eindrucksvolle Erklärung für echtes Gebet! Es ist ein Reden mit Gott, wie ein Kind mit seinem Vater, wie ein Freund mit seinem Freund spricht: *„Und [der HERR] redete mit Mose."* Man möge also daran denken, dass echtes Gebet das Streben einer erneuerten Seele nach Gott ist; es ist das Atmen des göttlichen Lebens, manchmal in dem Tonfall des Kummers, manchmal im Ausdrücken von Mangel und immer als Eingeständnis der Abhängigkeit. Es ist das Aufblicken eines erneuerten, heimgesuchten, notleidenden und abhängigen Kindes zu seinem eigenen liebenden Vater in allem Bewusstsein seiner völligen Schwäche und in aller Süße kindlichen Vertrauens.

Wer ist das *Objekt* des Gebets? Der HERR, der Herr des Himmels und der Erde; allein an ihn, als dem Dreieinigem, richtet sich echtes Gebet. Nur er hat ein Ohr, um unsere Geschichte des Kummers zu hören; einen Arm, der uns in der Zeit der Not beistehen kann; und ein Herz, das mit unserer tiefen Bedürftigkeit Mitgefühl haben kann – *„der Hohe und Erhabene, der ewig wohnt und dessen Name ‚Der Heilige' ist"* (Jes 57,15); welcher der Schöpfer und Herrscher aller Welten ist; der die Pfeiler des Universums trägt; dem alle Mächte im

Himmel, auf der Erde und in der Hölle unterworfen sind – er ist das herrliche Objekt, an das wir uns im Gebet richten.

Das *Mittel* des Gebets ist nicht weniger erstaunlich; was ist es? Kein Geschöpf, das abhängig ist wie wir selbst, sondern der Herr Jesus Christus, der Sohn Gottes, gleich an Macht, Majestät und Herrschaft mit dem Vater und doch der ältere Bruder, das geschlachtete Lamm, der Mittler und Bürge, der Hohepriester seines Volkes. Ein Gebet findet nur dann Annahme innerhalb des Vorhangs, wenn es im Namen Jesu dargebracht wird. Die Stimme, die dort zugunsten des bescheidenen Bittstellers spricht, ist die Stimme des Blutes des Immanuel. Dies ist der „neue und lebendige Weg", das ist die Bitte, die sich durchsetzt; dies ist das Argument, dass die Allmacht selbst in Bewegung setzt. Wer sich im Gebet auf das Blut Jesu beruft, kann zehntausend Zungen haben, die alle *gegen ihn selbst* sprechen, doch das Blut Jesu redet Besseres und ertränkt jede dieser Stimmen. Oh kostbares, wertvolles Mittel des Gebets!

Ebenso ist der *Urheber* des Gebets wunderbar; wer ist es? Der Apostel zeigt uns: *„Ebenso kommt aber auch der Geist unseren Schwachheiten zu Hilfe. Denn wir wissen nicht, was wir beten sollen, wie sich's gebührt; aber der Geist selbst tritt für uns ein mit unaussprechlichen Seufzern"* (Röm 8,26). Es ist also der Heilige Geist, der das Verlangen erzeugt, das Gesuch verfasst und es im Gebet durch Christus zu Gott aushaucht. Was ist dann das Gebet für eine großartige Übung! Das Ausgehen des göttlichen Lebens in der Seele ist seine Natur – der HERR ist das Objekt, der Herr Jesus ist das Mittel und der Heilige Geist ist sein Urheber. So ist die selige Trinität gemeinsam in dem großen Werk beteiligt, wenn sich ein Sünder Gott naht.

Müssen wir hinsichtlich der absoluten *Notwendigkeit* des Gebets weiter ausholen? Und doch muss man zugeben, dass es nötig ist, den Gläubigen unaufhörlich zur Ausübung dieser Pflicht zu ermahnen. Möchten wir einen stärkeren Beleg für die immerwährende Neigung zu geistlichem Niedergang haben als dies – dass das Kind Gottes wiederholt Anreize für das süße und kostbare Vorrecht der Gemeinschaft mit seinem himmlischen Vater braucht; dass es durch die stärksten Argumente und die überzeugendsten Motive dazu gedrängt werden muss, Gebrauch von dem wertvollsten und herrlichsten Vorrecht diesseits der Herrlichkeit zu machen? Klingt das nicht, wie einen Menschen dazu zu drängen, zu leben? Ihn daran zu erinnern, dass er atmen muss, wenn er am Leben bleiben will? Ohne die Ausübung des Gebets, so sagen wir einem Kind Gottes, kann es nicht leben; dass dies das Einatmen des göttlichen Lebens ist und dann wieder sein weiteres Ausatmen; dass die geistliche Natur die ständige Zufuhr von geistlicher Nahrung braucht und dass der einzige Beleg für ihre Gesundheit ihr beständiges Hinwenden zu Gott ist. Wir sagen ihm: „Hören Sie auf zu beten und all Ihre Gnadengaben verdorren, all Ihre Kraft schwindet und all Ihr Trost vergeht!"

Beobachten Sie aber, wie das Gebet im Wort Gottes als eine Pflicht auferlegt wird: *„Rufe mich an am Tag der Not, so will ich dich erretten, und du sollst mich ehren!"* (Ps 50,15). Als hätte der Herr gesagt: „Rufe mich an, wenn alles finster ist, wenn alles gegen dich ist. Ich rede jetzt nicht vom Tag des Wohlergehens, von der sonnigen Stunde, wenn deine Seele blüht, wenn dein Gewerbe gedeiht, wenn alle Dinge bei dir reibungslos laufen, der Himmel über dir wolkenlos und die See unter dir ruhig ist. Sondern rufe mich an *am Tag der Not*, dem Tag des Mangels, dem Tag des Unglücks, dem Tag der Enttäuschung und des Tadels; dem Tag, wenn Freunde dich verlassen und die Welt dich finster anschaut; dem Tag der zerbrochenen Zisternen und der verdorrten Pflanze. *Rufe mich an am Tag der Not, so will ich dich erretten."* Beachten Sie auch, wie unser teurer Herr diese kostbare Pflicht seinen Jüngern auferlegt: *„Du aber, wenn du betest, geh in dein Kämmerlein und schließe deine Türe zu und bete zu deinem Vater, der im Verborgenen ist"* (Mt 6,6). Und beobachten Sie, wie er auch dazu ermutigte: *„Wahrlich, wahrlich, ich sage euch: Was auch immer ihr den Vater bitten werdet in meinem Namen, er wird es euch geben!"* (Joh 16,23). Im Gleichklang dazu lautet die süße Ermahnung des Apostels: *„Sorgt euch um nichts; sondern in allem lasst durch Gebet und Flehen mit Danksagung eure Anliegen vor Gott kundwerden"* (Phil 4,6). Und was für eine treffende Entfaltung der wahren Natur des Gebets gibt uns der gleiche Schreiber in Epheser 6,18: *„… indem ihr zu jeder Zeit betet mit allem Gebet und Flehen im Geist, und wacht zu diesem Zweck in aller Ausdauer und Fürbitte für alle Heiligen."* Der Apostel Jakobus sagt dasselbe: *„Wenn es aber jemand unter euch an Weisheit mangelt, so erbitte er sie von Gott, der allen gern und ohne Vorwurf gibt, so wird sie ihm gegeben werden"* (Jak 1,5).

Doch wir sprechen von einer höheren Grundlage als dieser. Wir drängen zur Ausübung des Gebets nicht bloß als ernste Pflicht, die man beachten muss, sondern auch als ein kostbares *Vorrecht*, dessen man sich erfreuen kann. Glücklich ist der Gläubige, der *Pflichten* als *Vorrechte* sieht. Ist es etwa kein Vorrecht, einen Zugang zu Gott zu haben, der immer offen steht? Ist es kein Vorrecht, die Last, wenn sie drückt, auf den zu werfen, der versprochen hat, zu tragen? Wenn die Verderbtheit einer nicht geheiligten Natur stark ist und die Versuchungen sich verstärken, ist dann das Gebet kein Vorrecht? Und ist es, wenn man den Weg seiner Pflicht nicht kennt und sich danach sehnt, vollständig nach dem ganzen Willen Gottes zu wandeln und sich als ein Kind davor fürchtet, einen liebenden Vater zu kränken, dann kein Vorrecht, einen Thron der Gnade zu haben, eine offene Tür der Hoffnung? Ist es, wenn die Welt das Herz schleichend überkommt oder wenn dieses Herz durch die Unfreundlichkeit von Freunden verwundet ist oder durch einen schweren Verlust blutet, dann kein Vorrecht, zu Jesus zu gehen und es ihm zu erzählen? Sagen Sie, Sie arme, bedürftige, geprüfte, versuchte Seele! Sagen Sie, ob nicht das Gebet das kostbarste, am meisten heilende und wertvollste Vorrecht diesseits des Himmels ist.

Doch wie viel Unglaube bleibt immer noch im Herzen einer erneuerten Seele hinsichtlich dieser ernsten Pflicht und dieses enormen Vorrechts! Es ist Unglaube, der einen Gläubigen in der Stunde seiner Not *zuerst* zu dem Arm aus Fleisch statt ins Gebet zu Gott treibt. Zuerst zum Geschöpf zu gehen, heißt, *„nach Ägypten hinab[zu] ziehen, um Hilfe zu suchen"* – eine Sünde, bei der Gott betont hat, dass sie sein größtes Missfallen erregt.

Doch das echte Gebet kann stark *nachlassen*. Und wir machen jetzt damit weiter, dass wir die ernsthafte Aufmerksamkeit des Lesers auf die Erwägung dieses Punktes in Verbindung mit den Mitteln zu seiner Erweckung richten.

2. DAS NACHLASSEN IM GEBET

Das Gebet ist der Puls der erneuerten Seele; sein Schlag zeigt den gesunden oder ungesunden Zustand des Gläubigen. So, wie der Arzt die Gesundheit des Leibes anhand der Kraft des Pulses beurteilen würde, können wir auch die geistliche Gesundheit der Seele vor Gott anhand der Wertschätzung beurteilen, in der das Gebet von dem Gläubigen gehalten wird. Wenn die Seele in einem geistlich gesunden, wachsenden Zustand ist, wird das Gebet kraftvoll, lebendig, geistlich und unaufhörlich sein. Wenn im Gegenteil ein Prozess des beginnenden geistlichen Niedergangs in der Seele voranschreitet – wenn das Herz abschweift und die Liebe zunehmend erkaltet;

wenn der Glaube schwindet –, wird der Geist und die Verfassung des Gebets es sofort verraten.

Zuerst bemerken wir, dass *der Geist des Gebets* bei einem Gläubigen vielleicht nachlässt, und es kann sein, dass es ihm nicht sofort bewusst wird. Die Form und die Gewohnheit des Gebets können eine Weile anhalten, der häusliche Altar hält stand und sogar die Kammer wird gelegentlich aufgesucht, doch der Geist des Gebets hat sich verflüchtigt und alles ist Kälte und Trägheit, die Erstarrung und Frostigkeit des Todes! Doch von welchem wirklichen Wert ist die Gewohnheit des Betens ohne den Geist des Gebets? Genau das, was dieser Planet ohne die Sonne oder der Leib ohne die lebendige, beseelende, atmende Seele wäre – was anderes als eine kalte, leblose Form? Ja, und ein Gläubiger kann zu diesem beklagenswerten Zustand verleitet werden und es wird keinerlei Verdacht davon geweckt. Er kann seine übliche Gewohnheit beachten und seine leere Form nutzen und nicht für möglich halten, dass alles kalt und ohne Atem ist wie der Tod selbst. Oh, es ist nicht die steif beachtete Form, auf die Gott schaut; es sind auch nicht die große Redegewandtheit, der eloquente Redefluss, das großartige Gefühl, die prächtige Bildersprache und die Stunden des Gebets, die Gott ansieht, weit gefehlt. Ein Mensch ist vielleicht nicht in der Lage, seine tiefen Gefühle im Gebet auszudrücken, seine Gedanken finden vielleicht kein Mittel des Ausdrucks, ihm mag völlig die Sprache versagen; oder, es mag viel geben, was für einen feinen Verstand anstößig ist und einem musikalischen Ohr äußerst weh tut, wenn er versucht, seine Bedürfnisse hörbar auszudrücken. Und doch kann *der Geist des Gebets* in seiner Brust glühen und dies – die wahre Sprache des Gebets – findet seinen Weg zum Ohr und zum Herzen Gottes. Nun zeigt sich durch Beobachtung, wie auch im Wort Gottes, dass der *Geist* des Gebets aus einer Seele weichen, doch die *Gabe* des

Gebets und seine *Form* bleiben können. Die Form kann einem leichtfallen – Worte, und sogar Gedanken, können frei fließen –, und doch begleiten das Gebet keine Wärme, kein Leben, keine Geistlichkeit, keine Kraft, keine Salbung. Und dies kann lange den Zustand eines Bekenners ausmachen. Oh, hüten Sie sich davor, Leser. Achten Sie gut auf den Zustand Ihrer Seele. Überprüfen Sie Ihre Gebete. Schauen Sie, dass Sie nicht die kalte *Form* an die Stelle des glühenden *Geistes* gesetzt haben, den bloßen Leib für die Seele. Echtes Gebet ist das Atmen von Gottes eigenem Geist im Herzen; haben Sie *dies*? Es ist *Gemeinschaft und Verbundenheit* mit Gott; wissen Sie, was *das* ist? Es ist Zerbrochenheit, Zerknirschung, Bekenntnis, und das entspringt oft einem überwältigenden Bewusstsein seiner Güte und Liebe, die in das Herz ausgegossen ist. Ist *das* Ihre Erfahrung? Wir wiederholen es noch einmal, achten Sie gut auf Ihre Gebete; prüfen Sie sie, nicht anhand der natürlichen oder erlangten *Gabe*, die Sie vielleicht besitzen – dies ist nichts vor Gott. Als Antwort auf jede Form sagt Gott vielleicht: „*[Ich höre kein Gebet.] Was soll mir die Menge eurer Schlachtopfer?, spricht der HERR. Ich bin der Brandopfer von Widdern und des Fettes der Mastkälber überdrüssig, und am Blut der Jungstiere, Lämmer und Böcke habe ich kein Gefallen! Wenn ihr kommt, um vor meinem Angesicht zu erscheinen – wer verlangt dies von euch, dass ihr meine Vorhöfe zertretet? Bringt nicht mehr vergebliches Speisopfer! Räucherwerk ist mir ein Gräuel! Neumond und Sabbat, Versammlungen halten: Frevel verbunden mit Festgedränge ertrage ich nicht! Eure Neumonde und Festzeiten hasst meine Seele; sie sind mir zur Last geworden; ich bin es müde, sie zu ertragen. Und wenn ihr eure Hände ausbreitet, verhülle ich meine Augen vor euch, und wenn ihr auch noch so viel betet, höre ich doch nicht*“ (Jes 1,11-15). Sondern prüfen Sie Ihre Gebete an der echten Gemeinschaft, die Sie mit Gott haben – die Rückwirkung, die sie auf Ihre Seele haben.

Doch es gibt noch einen weiteren Zustand, in welchem *nicht einmal die Gewohnheit des Gebets den Niedergang im Geist des Gebets überlebt.* Es mag Beispiele geben, bei denen, wie wir gezeigt haben, die steife Form lange erhalten bleibt, nachdem das wahre Gebet aus der Seele gewichen ist. Es kann zu viel Licht im Gewissen und zu viel Stärke in der Macht der Gewohnheit und auch etwas in dem Anschein der Sache liegen, das nicht zulässt, dass es vollständig aufgegeben wird. Doch in den meisten Fällen tatsächlicher Abtrünnigkeit nimmt die Gewohnheit mit dem Geist ab. Letzterer ist fort und Erstere wird fade und langweilig und zum Schluss als etwas für den Sinn Lästiges und Ermüdendes abgelegt. Und selbst das Aufgeben der Form geschieht nicht immer *abrupt*: Der Satan ist zu raffiniert und das Herz zu hinterlistig, um dies zuzulassen; es muss Schritte bei dem Nachlassen geben. Ein abrupter Abbruch der üblichen Gewohnheit des Gebets könnte alarmieren, überraschen und nachdenklich machen: „Ist es hierzu gekommen?", wäre der Ausruf der erschreckten Seele. „Bin ich so weit weg, dass ich sogar meine übliche Gewohnheit des Gebets aufgebe?" Solch eine Unterbrechung und diese Frage könnte vielleicht zu einer Selbstprüfung, zu Zerknirschung und Rückkehr führen, aber der geistliche Niedergang geschieht *allmählich*. Die erste Gewohnheit, die mit dem Niedergang des Gebetsgeistes aufgegeben wird, ist die *des Gebets im Kämmerlein*: Dies ist die erste Übung, die ihre Süße verliert und langweilig und fade wird, denn es ist die geistlichste aller andächtigen Übungen und hat am meisten mit dem verborgenen Umgang der Seele mit Gott zu tun. Und wer kann den Verlust beschreiben? Keine geheiligten Besuche mehr im Kämmerlein, kein Sichabwenden von der Geschäftigkeit, von den Dingen, um die wir uns kümmern, und von der Welt, um mit Gott eingeschlossen zu sein. Keine kostbaren, das Herz erweichenden, den Geist demütigenden, den Himmel erweckenden Zeiten der Gemeinschaft und Verbundenheit mit dem Vater mehr, der im Verborgenen hört; keine süßen Liebesbesuche von Jesus, kein Hauchen des Kummers und der Bedürfnisse des Herzens in sein Ohr im Verborgenen – das Kämmerlein ist verlassen und mit ihm all der angenehme, heilige und selige Wandel mit Gott!

Dann folgt die Aufgabe des *Stoßgebets*. Diese heilige Gewohnheit eines wachsenden Christen, die, solange er in der Welt ist und sich gewissenhaft in seiner rechtmäßigen Berufung engagiert, ihn doch sich über sie erheben lässt; welche die Räder der Seele in müheloser und beständiger Bewegung hält, sie in einer heiligen, himmlischen Stimmung erhält; sie gegen die Überraschungen des Widersachers stärkt und in jedem inneren oder äußeren Streit kräftigt. Das Stoßgebet, das Beten „ohne Unterlass" wird aufgegeben und zwischen der Seele und Gott scheint alles leer zu sein!

Das *Gebet in der Familie* ist vielleicht die nächste andächtige Gewohnheit, die aufgegeben wird. Dieser Saum, welcher das Gewebe des täglichen Lebens vor dem Ausfasern bewahrt; diese Übung, die einen so heiligenden Einfluss auf den häuslichen Kreis legt – die Herzen festigt, die Anteilnahme weckt und verstärkt, den Sinn kräftigt und die Sorgen und Prüfungen jedes geliebten Gliedes mildert –, wird jetzt aufgegeben. Die Familienbibel, die so häufig hervorgeholt, geöffnet, gelesen und ausgelegt wurde, wird jetzt beiseitegelegt. Der Altar, um den sich die demütige Gruppe in andächtiger und ehrfürchtiger Stille gesammelt hat und von dem morgendliches und abendliches Opfer aufstiegen, ist niedergerissen. Denn er, der an seinem Schrein diente, hat im Geist des Gebets nachgelassen, und dann werden die Folgen seines geistlichen Niedergangs von jedem Glied und in jedem Bereich des häuslichen Kreises gespürt und nachvollzogen. Der Patriarch kehrt nicht mehr zurück, um sein Haus zu segnen!

Nun wird das *gemeinsame Gebet* mit einem Seufzer aufgegeben. Der Dienst, der einmal am Ende der Sorge des Tages als so erfrischend und belebend empfunden wurde, und der, inmitten von Erschöpfung, Ängsten und Enttäuschungen so zärtlich erhofft und so inbrünstig ersehnt wurde, kommt und geht jetzt unbeachtet und unbeklagt. Die Gebetsstunde kommt, wir schauen auf den unbesetzten Platz und wir fragen: „Wo ist er?" Fort, in dem Getümmel der Welt und inbrünstig darin, nach ihr zu trachten. „Wo ist er?" Weggegangen, vielleicht an einen Ort der fleischlichen Unterhaltung, Torheit und Sünde. Und er, der, wenn die Zeit der Gemeinschaft mit anderen wiederkehrte, dabei war, um die Seelen der andächtigen Versammlung mit seinen Gebeten und Ermahnungen anzuspornen und zu ermutigen, ist nun fort, *„[sät] auf sein Fleisch"* und gibt den zeitlichen Dingen die Zeit und Energie, die den ewigen Dingen gehört. Das ist der Mensch, in dem der Geist des Gebets abgenommen hat! Von einem Schritt des geistlichen Niedergangs ist er zu einem anderen vorangeschritten, bis seine Seele, was die ganze Gnade, Geistlichkeit und Liebe anbelangt, wie die unfruchtbare Landschaft der Wüste wurde, ohne einen Flecken Grün, um sie aufzumuntern und zu beleben. Doch es gibt noch andere Folgen des Abfalls der Seele vom Geist und der Gewohnheit des Gebets, die zu ernst und schwerwiegend sind, um sie zu übersehen. Davon wollen wir im Folgenden reden.

Ein von Gott distanzierter Wandel wird *distanzierte Gedanken* von Gott hervorbringen, und das ist keine leichte Angelegenheit. Wenn der einfache Grundsatz wahr ist, dass, je vertrauter wir mit einer Sache werden, wir wie diese Sache werden; wir je besser in der Lage sind, ihre Natur und ihre Eigenarten zu beurteilen, dann können wir das besonders auf unsere Bekanntschaft mit Gott anwenden. Die ermutigende Einladung seines Wortes lautet: *„Versöhne dich doch mit Ihm und mache Frieden!"* (Hiob 22,21). Es ist nun diese *Bekanntschaft* mit Gott, die uns die Erkenntnis von seinem Charakter als einem heiligen, liebenden und treuen Gott bringt. Und diese Kenntnis seines Charakters erzeugt in der Seele Liebe und Vertrauen zu ihm. Je mehr wir von Gott *wissen*, desto mehr *lieben* wir ihn, je mehr wir ihn *erproben*, desto mehr *vertrauen* wir ihm. Der geistliche Leser möge sich nun vorstellen, was für schreckliche Folgen aus einem von Gott *entfernten* Wandel entstehen müssen. Je mehr sich die Seele von ihm entfernt, desto unvollkommener muss die Kenntnis von ihm sein. Wie wird sein Handeln bei dem von Gott entfernten Wandel einer Seele gedeutet werden, wenn er mit seiner Korrektur auftritt? Als von einem Gott des Bundes? Als von einem liebenden Vater? Nein, weit gefehlt. Es wird als hart und unfreundlich gedeutet werden und das wird ihre Wirkung neutralisieren. Denn damit in der Seele die rechte Frucht des Handelns Gottes geerntet werden kann, ist es notwendig, dass es im Licht seiner Treue und Liebe gesehen wird. In dem Moment, in dem es anders gedeutet wird, entfernt sich die Seele von Gott und hüllt sich in düstere und schreckliche Sichtweisen von seinem Charakter, seiner Herrschaft und seinem Handeln. Doch das wird ganz gewiss auf einen Wandel fern von Gott folgen. Oh, hüten Sie sich vor dem Niedergang des Gebets: Lassen Sie keine Distanz zwischen Gott und Ihrer Seele sein.

Eine Veränderung in der Süße und Freude an geistlichen Pflichten kann man als weiteren und schmerzlichen Effekt des Niedergangs dieser heiligen Übung sehen: Sie werden weniger begehrenswert und mehr lästig und fade; weniger als Vorrecht gesehen und mehr als Last und Aufgabe. Was ist die geistliche Pflicht? Ist es *Nachsinnen*? Der Sinn ist darauf nicht eingestellt. Es erfordert einen geistlichen Sinn, einen, der reichlich durch den Heiligen Geist gesalbt und an engen Umgang mit Gott gewöhnt ist, um sich richtig und in nützlicher Weise daran zu erfreuen. Ist es *die Gemeinschaft der Heiligen*? Dies wird auch bald lästig und fade. Die Gesellschaft von Gottes demütigen Leuten mit zerbrochenem Herzen, die nach Heiligkeit hungern und dürsten und trachten, der Welt gekreuzigt zu sein – ihr Studium das Wort Gottes, ihr Thema die Liebe Gottes und Gleichförmigkeit mit Gott ihr Ziel –, verliert für einen Bekenner, der fern von Gott wandelt, rasch an Anziehungskraft. Ja, wir können alle geistlichen Pflichten aufzählen, die einem Kind Gottes vertraut sind, und man wird nicht eines finden, welches Anziehungskraft und Süße für die Seele hat, die einen Prozess des Niedergangs im Gebet durchläuft. Wie kommt es, Leser, dass das Nachsinnen und Erforschen des Wortes Gottes, der heilige Umgang mit seinen Heiligen und der Lobpreis Vorrechte sind, die für Ihre Seele trocken und geschmacklos werden? Sie könnten sich mit Abscheu von ihnen abwenden. Keine Beschäftigungen außer diesen – die Inanspruchnahme durch den Beruf, weltliche Gesellschaft, das Lesen eines Romans, werden Sie zufriedenstellen! Wo sind Sie? Wie sehr haben Sie nachgelassen! *Einst* war es nicht so. Oh, wie köstlich waren in der ersten Liebe Ihrer Verlobung die Momente heiliger Versunkenheit! Wie eifrig besucht und wie reich an Freude war die Gemeinschaft der Heiligen! Was für ein süßes Vorrecht war der Lobpreis und was für eine geweihte Pflicht das Gebet! Ist das alles vorbei? Ist bei Ihnen nun alles Winter? Kein grüner Fleck, keine grüne Aue, keine stillen Wasser? Oh, kehren Sie wieder zum Gebet zurück! Ihre traurige Ferne zu Gott ist das Geheimnis der Kargheit Ihrer Seele. Das Vertrocknen des Geistes des Gebets hat Ihre Gnadengabe ausgetrocknet und mit ihr alle Freude an den Gnadenmitteln.

Ein Abfallen des Gläubigen im äußeren Betragen ist eine zwangsläufige und oft gewisse Folge eines Niedergangs des Geistes und der Gewohnheit des Gebets. Der Bescheidenheit, Selbstvergessenheit, Sanftheit im Wandel und dem beispielhaften Achten auf die Ehre und Herrlichkeit Gottes *des von Gebet erfüllten Menschen* folgen oft der Hochmut des Geistes und des Gebarens, das Vertrauen auf sich selbst, die Bereitschaft, über das Verhalten und die Schwächen anderer zu Gericht zu sitzen, eine kalte Gleichgültigkeit gegenüber dem Wachstum des Reiches Christi und der Bekehrung von Sündern und die Nachlässigkeit im äußeren Betragen *des Menschen ohne Gebet*. Jede Abtrünnigkeit hat ihren Beginn im Niedergang des Gebets – den Beginn davon kann man am Thron der Gnade erkennen. Das Einschränken des Gebets vor Gott war der erste Schritt des Abweichens. Und dem ersten, nicht umgehend zurückgegangenen Schritt folgten rasch andere. Der Pfad eines von Gott Abtrünnigen verläuft immer abwärts: Der Abstieg geht leicht und schnell, die Geschwindigkeit des Abweichens der Seele nimmt mit dem Voranschreiten zu; und wenn ein Bekenner die Neigung und Anzeichen für geistlichen Niedergang zeigt, fehlt es nicht an Einflüssen, die ihm bei seinem Abweichen beistehen. Satan, der raffinierte und ruhelose Feind der Seele, hält tausend Verlockungen bereit, um den Weg nach unten zu ebnen. Die Welt zeigt sich mit neuer Anziehungskraft, die Sünde schmeckt weniger bitter und erscheint weniger „überaus sündig". Sinnliche Gegenstände werden vertrauter, werden angeschaut, bewundert und dann ergriffen. Und nun hätte die Seele ohne die bewahrende und zurückhaltende Gnade für immer Abschied von Gott genommen. Leser, zittern Sie angesichts der Möglichkeit, je von Gott abtrünnig zu werden? Fürchten Sie sich, zu Fall zu kommen? Haben Sie Angst bei dem Gedanken, Jesus zu verwunden? Dann schränken Sie das Gebet vor Gott nicht ein! Seien Sie wachsam und auf der Hut vor dem *ersten* Symptom des Niedergangs in dieser heiligen Übung, oder, wenn dieses Symptom bereits aufgetreten ist, eilen Sie zu dem lieben Arzt, der alleine Macht hat, dessen Voranschreiten aufzuhalten und Ihre Seele zu heilen.

Selten bleibt beim Niedergang des Gebets eine Häufung täglicher Kreuze aus. Beständige Ausübung des Gebets macht jede Last leicht und glättet jeden holprigen Schritt eines Kindes Gottes. Nur dies unterdrückt seine Prüfungen. Nicht, dass er je frei von ihnen wäre – nein, er muss *„durch viele Bedrängnisse in das Reich Gottes eingehen"* (Apg 14,22); er ist ein Jünger des Kreuzes; seine Religion ist die des Kreuzes; er ist ein Nachfolger von dem, der am Kreuz starb, und ihn erwartet nie eine völlige Befreiung von dem Kreuz, bis er die Krone besitzt. Doch er kann seine Kreuze *niederbeten*. Das Gebet wird ihre Zahl verringern und ihre Schärfe mindern. Der Mensch, der fern von Gott wandelt, der in einer kalten, weltlichen und sorglosen Verfassung ist, kann, wenn er ein echtes Kind des Bundes ist, einer aus der Familie des Herrn, erwarten, dass die Kreuze und Prüfungen auf jedem Schritt zunehmen, den er zum Reich hin vorangeht. Ach! Viele der geprüften, heimgesuchten und unaufhörlich enttäuschten Gläubigen denken wenig daran, in welch enger Beziehung diese Prüfungen, Heimsuchungen und Enttäuschungen zu der Vernachlässigung ihres Gebets vor Gott stehen. Jeder Schritt scheint von einem neuen Kreuz begleitet zu sein – jeder Plan wird von einem widrigen Wind zunichtegemacht; jede Anstrengung wird zerstört; Enttäuschung folgt auf Enttäuschung, Welle auf Welle; nichts, was sie versuchen, hat Erfolg, alles, was sie beginnen, schlägt fehl – und alles scheint gegen sie zu sein. Oh, was würden wir entdecken, könnten wir hinter die Kulissen schauen? Einen verlassenen Thron der Gnade! Was würden wir sagen, wenn wir das Geheimnis enthüllen und in der Form einer Anklage gegen den Gläubigen vorbringen sollten? *„Sie haben das Gebet vor Gott vernachlässigt!"* Der Plan wurde *ohne Gebet* geschmiedet, das Unternehmen wurde *ohne Gebet* begonnen, die Anstrengung wurde *ohne Gebet* unternommen. Gott hat darauf geblasen und alles wurde zunichte. Kein Wunder, Gott wurde nicht befragt; der Herr wurde nicht anerkannt, seine Erlaubnis wurde nicht erbeten, seine Weisheit nicht gesucht, um seinen Segen nicht gefleht. Und so blies er alles an! Das kostbare Gebot lautet: *„Vertraue auf den HERRN von ganzem Herzen und verlass dich nicht auf deinen Verstand; erkenne Ihn auf allen deinen Wegen, so wird Er deine Pfade ebnen"* (Spr 3,5-6). Wo man dies beachtet, gibt es göttlichen Segen. Wo es auf die leichte Schulter genommen wird, gibt es göttliches Missfallen.

Doch wir brauchen nicht weit auszuholen, die Übel, die von einem Niedergang des Gebets herrühren, sind offensichtlich genug. Wir haben gezeigt, dass das Geheimnis eines glücklichen und die Quelle eines heiligen Lebens in einem engen Wandel mit Gott liegen; dass, wenn ein Kind Gottes das Gebet vernachlässigt, es die Tür für das Weichen jeder Gnadengabe und den Zutritt jeder Sünde öffnet. Wenn über diese Aussagen ernsthaft und betend nachgedacht wurde, möge der Leser uns zu der Betrachtung der Mittel folgen, die der Herr zur *Erweckung* des Geistes und der Übung des Gebets im Gläubigen eingesetzt und gezeigt hat.

3. DIE MITTEL ZUR ERWECKUNG DES GEISTES UND DER ÜBUNG DES GEBETS

Der Gläubige sollte den wahren Charakter seiner Gebete genau be-stimmen. Sind sie lebendig und geistlich? Werden sie vom Herzen ausgeübt oder nur vom Verstand? Sind sie die Atemzüge des inne-wohnenden Geistes, oder die kalte Beachtung einer Form ohne Kraft? Ist es Gemeinschaft und Verbundenheit? Ist es das kindliche Nahen eines Kindes, das mit Vertrauen und Zuneigung auf den Schoß eines Vaters eilt und sich dort in der Stunde der Not birgt? Jeder Bekenner sollte bedenken, dass es einen großen Unterschied zwischen Gebet und beten gibt – wir meinen, zwischen der formalen Beachtung einer Pflicht und dem geistlichen Charakter der Durchführung. Nicht jedes Gebet bedeutet Gemeinschaft. Und hier kann ein Mensch enorm und schrecklich getäuscht werden. Er kann seine Besuche am Thron der Gnade wiederholen und kommen und gehen, ohne einen einzigen Atemzug geistlichen Gebets getan zu haben. Es mag da kein Atmen der Seele geben – alles ist formal, kalt und leblos. Dies ist nun der erste Schritt für eine Erweckung des wahren Gebets in der Seele: Untersuchen Sie den Charakter Ihrer Andachten; sind sie solche, die der Überprüfung durch Gottes Wort standhalten werden? Lassen sie sich vergleichen mit dem heiligen Atmen von David, Hiob, Salomo und dem der Heiligen des Neuen Testaments? Sind sie das fortwährende Atmen des Lebens Gottes in Ihnen? Werden sie jemals von kindlicher Zerbrochenheit, Niedrigkeit des Geistes und demütigem und zerknirschtem Bekenntnis der Sünden begleitet? Achten Sie gut auf Ihre Gebete! Seien Sie nicht mit halbherzigen Andachten zufrieden. Seien Sie nicht zufrieden mit kalten, trägen, formalen Gesuchen. Geben Sie acht, dass Ihre *Familiengebete* nicht dazu degenerieren – es besteht hier Gefahr. Sehen Sie zu, dass die Flamme hell brennt und sich hoch erhebt auf diesem heiligen Altar – dass Ihre Atemzüge hin zu Gott so sind, dass es den Sinn Ihrer Kinder, Ihrer Hausangestellten und Ihrer Freunde überzeugt; dass die Pflicht, an der sie teilnehmen, die geistlichste, heiligste und feierlichste aller Verpflichtungen ist. Sie werden ihre Sicht vom Gebet durch Ihre Ausführung von ihm auf dem häuslichen Altar bilden. Seien Sie auf der Hut, dass Sie in ihnen keinen Widerwillen gegen diese Übung erzeugen. Wenn ihre Sinne nicht erneuert sind, ist große Weisheit und tiefe Geistlichkeit nötig, um sich dagegen zu schützen. Lassen Sie sie sehen, dass Sie der Pflicht eine große und ernste Bedeutung beimessen. Seien Sie bei ihrer Ausübung nicht in Eile. Geben Sie ihr Vorrang vor allen anderen Verpflichtungen. Nichts sollte sie zur Eile drängen und so die Zeit kürzen, die alleine ihr geweiht ist. Wenn möglich, sollte die Übung des Gebets immer den morgendlichen und abendlichen Mahlzeiten vorangehen. So wird der Sinn mit feierlichen Gedanken geheiligt und ist besser für die verschiedenen Verpflichtungen geeignet, die folgen. Man hat es auch als nützlich empfunden, jedem Mitglied des häuslichen Kreises eine Bibel zu geben. Jeder kann dann nacheinander einen Vers des Kapitels oder anders gemäß der persönlichen Leitung der Andacht lesen. Das wird umherschweifende Augen verhindern und der Ablenkung der Gedanken vorbeugen, indem es den Sinn auf das Stück lenkt, was gelesen wird. Ein vereinzelter Kommentar, die Erläuterung eines Ausdrucks, Erklärung einer Wahrheit oder Beilegung eines scheinbaren Widerspruchs wird dem Dienst oft zunehmendes Interesse und Nutzen verleihen. Sollte es keinen gottesfürchtigen *Vater* als Haupt der Familie geben, möge die christliche *Mutter* nicht vor der Ausübung dieser Verpflichtung zurückschrecken: Das Wort Gottes ist auf ihrer Seite, die Gnade Jesu Christi ist auf ihrer Seite, Gott selbst ist auf ihrer Seite. Sie möge den Familienaltar in der Furcht Gottes und in der Kraft Jesu errichten – darum herum möge sie ihre Kinder und ihre Hausangestellten versammeln und ihre Priesterin sein, die morgendliches und abendliches Opfer darbringt. Es ist ihre feierliche Pflicht – und der Herr hat für die Ausübung jeder Pflicht allgenugsame Gnade verheißen (s. 2.Kor 12,9).

Ein weiterer Schritt bei der Erweckung des wahren Gebets ist, *mehr und gründlicher mit unseren vielen und verschiedenen Bedürfnissen vertraut zu werden*. Die Kenntnis seiner Not verleiht der Bitte des Bettlers wirkliche Redegewandtheit. Ein Gespür für die Armut, die absolute Not, das tatsächliche Hungern, verleiht seiner Bitte Kraft. Seine Worte sind: „Ich muss Brot haben oder ich sterbe." Dies ist genau das, was wir möchten, dass es das Kind Gottes fühlt. Was ist er anderes als ein Hilfsempfänger der täglichen Freigebigkeit Gottes?

Was für Möglichkeiten hat er in sich selbst? Überhaupt keine. Und was ist er ohne Gott? Wirklich arm. In dem Verhältnis, wie er nun mit seiner wirklichen Sachlage vertraut wird, seiner völligen Armut, wird er den Thron der Gnade bedrängen und keine Ablehnung hinnehmen. Er muss seine Bedürfnisse kennen, er muss wissen, welcher Gnadengabe es ihm ermangelt, welches Gewohnheitslaster ihn leicht umstrickt, welche Schwächen ihn befallen, welcher Teil des Werkes des Geistes in seiner Seele nachlässt, wo er am schwächsten und am meisten den Angriffen des Feindes ausgesetzt ist, und was ihm noch fehlt, um ihn im ganzen Willen Gottes vollkommen zu machen. Er möge sich ehrlich prüfen und seine wahre Verfassung erkennen. Das wird den Thron der Gnade lieb machen, den schlummernden Geist des Gebets aufrütteln, ihm Bitten für Gott geben und seinen Anliegen Argumente, Energie und Beharrlichkeit vermitteln. Es war das tiefe und dringliche Gefühl der Not, was dem Ringen Jakobs solche Kühnheit und Macht verlieh. *„Ich lasse dich nicht, es sei denn, du segnest mich!"* (1.Mose 32,27). Und der Herr sagte: *„Dein Name soll nicht mehr Jakob sein, sondern Israel; denn du hast mit Gott und Menschen gekämpft und hast gewonnen!"* (1.Mose 32,29). Ahmen Sie also den Patriarchen nach. Beginnen Sie den Tag damit, nachzudenken, was Sie vielleicht bis zu seinem Ende brauchen; ob Sie irgendein Kreuz vorausahnen oder irgendeine Versuchung erkennen oder eine Gefahr, der Sie vielleicht ausgesetzt sind. Und dann gehen Sie und ringen Sie um die benötigte und verheißene Gnadengabe. Oh, es ist eine große Barmherzigkeit, eine Bitte zu haben, die uns zu Gott schickt. Und wenn wir daran denken, was für ein Herz voller Liebe er hat, was für eine Bereitschaft, zu hören, wie schnell er antwortet, wie er in den kleinsten Umstand in der Geschichte eines Gläubigen eingreift – wie tadelt dies das Widerstreben und weist den Unglauben zurecht, den wir ständig zeigen, wenn wir dieses kostbarste, heiligste und wertvollste all unserer Vorrechte nutzen!

Man sollte das, was das Gebet behindert, ausfindig machen und entfernen. Viele Dinge schwächen echtes Gebet: nicht überwundene Sünde – Sünde, für die man nicht Buße getan hat; nicht vergebene Sünde – wir meinen das heimliche Gefühl davon auf dem Gewissen; weltliche Gesinnung; seichte und oberflächliche Unterhaltungen, nutzlose Streitgespräche, viel und häufiger Umgang mit unbekehrten Personen oder kalten und formalen Bekennern. All dies zusammen oder jedes Einzelne wird, wenn man es zulässt, dass es vorherrscht, den Sinn unfähig für das Gespräch mit Gott machen und für ein Schwinden des Geistes des Gebets in der Seele sorgen. Betrachten Sie dies als etwas Schädliches, das den andächtigen Sinn berührt; was die Gebetsstunde verkürzt und die feine Spitze seiner heiligen Freude abbricht.

Doch etwas, wofür wir sehr ernstlich plädieren und was mehr als alles andere zur Erweckung des wahren Gebets bei einem Gläubigen beitragen wird, *ist eine größere Mitteilung des gnädigen Einflusses des Heiligen Geistes.* Hier liegt die große Quelle und das Geheimnis für alles wahre, geistliche, gläubige, beharrliche und siegreiche Gebet. Der Mangel hieran ist der Grund für die Trägheit, Förmlichkeit und Abneigung, welche diese Übung so häufig kennzeichnen. Gottes Heilige ehren den Geist nicht ausreichend in diesem wichtigen Teil seines Werkes; sie verlieren die Wahrheit zu schnell aus dem Blick, dass er der Urheber und Erhalter allen wahren Gebets ist. Und die Folge ist, und wird immer sein, Eigendünkel und kalte Förmlichkeit bei der Ausübung und schließlich die Vernachlässigung der Pflicht insgesamt. Doch wir wollen die Verheißung anführen: *„Aber über das Haus David und über die Einwohner von Jerusalem will ich den Geist der Gnade und des Gebets ausgießen"* (Sach 12,10). Möge der Heilige Geist als Urheber dieser heiligen Übung anerkannt und als ihr Erhalter beständig gesucht werden. Möge Gottes Heiliger fühlen, dass er nicht weiß, wofür er beten soll, wie er es sollte; dass der Geist selbst für uns eintritt mit unaussprechlichen Seufzern, und dass Gott den Sinn des Geistes kennt, weil er nach seinem Willen für die Heiligen eintritt. Was für einen Anstoß zum Gebet wird das geben! Was für neues Leben wird es geben, was für mächtige Energie, welche Salbung und was für Macht bei Gott! Suchen Sie also neben all Ihren Segnungen die reichste und das Unterpfand für sie alle, *die Taufe mit dem Heiligen Geist*. Bleiben Sie nicht dahinter zurück, ohne diese sind Sie nur Bekenner – Ihre Religion ist leblos, Ihre Andacht ist formal, Ihr Geist ist ohne Salbung. Sie haben außer der Taufe mit dem Heiligen Geist keine moralische Macht bei Gott oder Menschen. Streben Sie nach ihr, ringen Sie um sie, bemühen Sie sich um sie als etwas, das herausragend kostbarer ist als jede andere Gnade. Was für ein anderer Christ werden Sie sein, wenn Sie in seinen beseelenden und erweckenden Einfluss eingetaucht sind! Wie anders werden Sie beten, wie anders werden Sie leben und wie anders werden Sie sterben! Ermattet der Geist des Gebets? Wird die Ausübung lästig? Wird die Andacht im Kämmerlein aufgegeben? Wird die Pflicht in irgendeiner Weise zur Aufgabe? Oh, wachen Sie auf und suchen Sie die Taufe mit dem Heiligen Geist! Dies allein wird den Prozess des geistlichen Niedergangs aufhalten; dies wird den wahren Geist des Gebets in Ihnen erwecken und wird Ihnen für die Ausübung Süße, Heiterkeit und Macht geben. Gott hat verheißen, diesen Segen zu gewähren, und er wird die Seele, die ihn sucht, nie enttäuschen.

Auch das Ausgießen des Geistes des Gebets ist nötig, um unseren Gesuchen *für die Kirche und die Welt* Häufigkeit, Lebendigkeit und Direktheit zu verleihen. Das Wort Gottes ist in diesem Punkt deutlich, auf solche Weise *für alle Arten und Umstände von Menschen* zu beten: *„So ermahne ich nun, dass man vor allen Dingen Bitten,*

*Gebete, Fürbitten und Danksagungen darbringe für alle Menschen,
für Könige und alle, die in hoher Stellung sind, damit wir ein ruhiges
und stilles Leben führen können in aller Gottesfurcht und Ehrbarkeit;
denn dies ist gut und angenehm vor Gott, unserem Retter"* (1.Tim
2,1-3). Und auch *für die Kirche Christi: „Bittet für den Frieden
Jerusalems! Es soll denen wohlgehen, die dich lieben!"* (Ps 122,6). Es
wird *zum Fürbittgebet füreinander* gedrängt: *„Bekennt einander die
Übertretungen und betet füreinander, damit ihr geheilt werdet! Das
Gebet eines Gerechten vermag viel, wenn es ernstlich ist"* (Jak 5,16).
Und auch für *die Diener am Evangelium: „Betet für uns!"* (Hebr
13,18). Das sind feierliche Gebote. Wer kann sie ohne das stille
Bewusstsein lesen, sie auf die leichte Schulter genommen oder nicht
beachtet zu haben? Doch was soll unseren Gebeten für die Kirche
Christi und eine Welt, die immer noch unter der Herrschaft und
Gewalt der Sünde ist, Heftigkeit, Macht, Festigkeit und Gültigkeit
verleihen *außer einer großen Ausgießung des Geistes des Gebets*?
Unsere Anteilnahme wäre engherzig, unsere Wünsche selbstsüchtig
und kalt und unsere Gesuche allgemein, wenn sie nicht im Geist des
Gebets getauft sind. Der Heilige Geist, der wie am Tag von Pfingsten
herabkommt und uns mit seinem Einfluss erfüllt, überwältigt und
durchtränkt – oh, wie werden die drängenden Nöte der Kirche und
die moralischen Erfordernisse der Welt dann vor uns in all ihren re-
degewandten Gesuchen auftauchen! Wir wollen das jetzige Kapitel
mit ein paar Bemerkungen praktischer Natur abschließen.

Bei jedem wahren Gebet *sollte man große Betonung auf das Blut
Jesu legen*. Vielleicht kein Kennzeichen ist charakteristischer für
einen Niedergang in der Macht und Geistlichkeit des Gebets, als
wenn man dies nicht beachtet. Wo das sühnende Blut aus dem
Blick gerät – es nicht erkannt, nicht erbeten, nicht damit gerungen,
nicht die große Rechtfertigung vorgebracht wird –, gibt es einen

Mangel an der Macht des Gebets. Worte sind nichts, gewandte Formulierungen sind nichts und sogar scheinbare Inbrunst ist nichts, wo das Blut Christi – der neue und lebendige Zugangsweg zu Gott, die große Rechtfertigung, welche die Allmacht bewegt, die Zutritt zum Allerheiligsten verschafft – leicht genommen, unterbewertet und nicht zum Unterbau jeden Gesuches gemacht wird. Oh, wie sehr wird das in unseren Gebeten ignoriert – wie wird das sühnende Blut Immanuels leicht genommen! Wie wenig hören wir davon im Heiligtum, von der Kanzel, im gemeinsamen Kreis, wo es doch dies ist, was das Gebet zu dem macht, was es vor Gott ist! Jedes Gebet ist nur dann vor Gott annehmbar, wenn es mit dem Wohlgeruch des Blutes Jesu aufsteigt. Jedes Gebet wird beantwortet, wenn es das Blut Christi als seine Verteidigung anführt: Es ist das Blut Christi, welches die Gerechtigkeit zufriedenstellt und alle Forderungen des Gesetzes gegen uns erfüllt. Es ist das Blut Christi, das jeden Segen für die Seele erwirbt und in sie herabbringt. Es ist das Blut Christi, das die Erfüllung seines letzten Willens und Testaments erwirkt – jedes kostbare Erbe daraus kommt um seines Todes Willen zu uns. Auch das verleiht uns Kühnheit vor dem Thron der Gnade – durch das Blut Jesu haben wir *„Freimütigkeit ... zum Eingang in das Heiligtum“*. Wie kann ein armer Sünder es wagen, sich ohne dieses zu nahen? Wie kann er aufblicken, wie kann er bitten, wie kann er sich vor einem heiligen Gott äußern, wenn er nicht in der Hand des Glaubens das kostbare Blut Jesu mit sich führt? Außerhalb von Christus kann Gott nicht mit uns sprechen, jeder Umgang wird unterbrochen, jeder Zugang geschlossen, jeder Segen zurückgehalten. Gott hat seinen innig geliebten Sohn gekrönt und er möchte, dass wir ihn auch krönen. Und wir setzen ihm nie eine leuchtendere Krone auf sein seliges Haupt, als wenn wir seine vollendete Gerechtigkeit als Grund unserer Annahme anführen und sein sühnendes Blut als unser großes Argument für die Gewährung jedes Segens von Gott. Wenn

Sie also, liebe Leser, fühlen, dass Sie arme, schändliche, unheilige Sünder sind; vielleicht Abtrünnige, deren Füße von dem Herrn fortgegangen sind, in deren Seele der Geist des Gebets nachgelassen hat, und Sie doch immer noch ein heimliches Sehnen verspüren, zurückzukommen, und wagen es dennoch nicht, weil Sie so schändlich, so unheilig, so abtrünnig sind – Sie können doch zurückkehren und *„kraft des Blutes Jesu Freimütigkeit haben zum Eingang in das Heiligtum"*. Kommen Sie, denn das Blut Jesu verwendet sich für Sie; kehren Sie zurück, denn das Blut Jesu heißt Sie willkommen. *„Und wenn jemand sündigt, so haben wir einen Fürsprecher bei dem Vater, Jesus Christus, den Gerechten"* (1.Joh 2,1).

Vergessen Sie nicht, *dass die Zeit der Prüfung und des Verlustes* oft die geheiligte Gelegenheit für eine Erweckung des Gebets in der Seele ist. Der Herr hat Ihr Umherschweifen bemerkt, er hatte sein Auge auf dem geistlichen Niedergang Ihrer Seele. Die Stimme, die immer so wohltuend für sein Ohr war, hat aufgehört, bei ihm vorzusprechen. Und nun möchte er sie wiederfinden, er möchte diese Stimme wieder hören. Und wie wird er das bewirken? Er bringt Sie dazu, *„unter dem Stab hindurch[zu]gehen"*; er sendet eine arge Prüfung, legt ein schweres Kreuz auf Sie, bringt Ihrer Seele Mühe und Kummer und dann schreien Sie zu ihm und belagern den Gnadenthron. Oh, wie eifrig wird Gott gesucht, wie anziehend und wie kostbar wird der Thron der Gnade, wenn die Seele so in die tiefen Wasser der Prüfung geführt wird! Nicht mehr schweigsam, nicht mehr stumm ruft der Gläubige zu Gott, bittet „mit lautem Rufen und Tränen", ringt und kämpft, und so wird der schlummernde Geist des Gebets in der Seele aufgerüttelt und erweckt. Oh süße Heimsuchung, oh kostbare Erziehung, welche die abirrende Seele zu einem engeren und heiligeren Wandel mit Gott zurückführt!

Wir ermahnen den Gläubigen noch einmal, sich vor dem geringsten Niedergang im Gebet zu hüten. Möge Sie das erste ungünstige Anzeichen, das auftritt, alarmieren. Gehen Sie zum Herrn in Ihrer *schlimmsten* Verfassung, bleiben Sie bei ihm, bis Sie wieder in einer guten sind. Satans großes Argument, eine Seele vom Gebet abzuhalten, lautet: „Geh nicht in dieser kalten und gefühllosen Verfassung, geh nicht mit diesem harten und sündigen Herzen, bleib, bis du geeigneter bist, dich Gott zu nahen." Und weil sie auf dieses trügerische Denken hörten, wurden viele arme, bekümmerte, beladene, sehnsüchtige Seelen vom Thron der Gnade ferngehalten und folglich von allem Trost und aller Erleichterung. Doch das Evangelium sagt: „Geht in eurer schlimmsten Verfassung." Christus sagt: „Kommt gerade so, wie ihr seid." Und jede Verheißung und jedes Beispiel ermutigen die Seele nur – egal, in welcher Verfassung und egal, in welchem Zustand –, sich zum Kreuz zu begeben.

KAPITEL 5

GEISTLICHER NIEDERGANG – IN VERBINDUNG MIT LEHRMÄSSIGEM IRRTUM

„HEILIGE SIE IN DEINER WAHRHEIT"
(JOH 17,17)!

Gott hat es in seiner Gnade gefallen, die Kirche als Bewahrer seiner Wahrheit einzusetzen und seine Wahrheit als besonderes Mittel für die Heiligung seiner Kirche – es gibt eine enge und wunderbare Beziehung zwischen den beiden. Die Kirche kann man mit dem goldenen Leuchter vergleichen, der das heilige Öl enthält, das wiederum die Flamme in ihrem Licht und ihrer Heiligkeit nährt. Die Kirche soll mit eifersüchtigem und wachsamem Auge die Reinheit der Wahrheit behüten, während die Wahrheit den Schrein verschönert und heiligt, der sie schützt (vgl. 1.Tim 3,15; Joh 17,17). Es gibt also eine enge Beziehung und einen wechselseitigen Einfluss zwischen der Kirche Christi und der Wahrheit, der beständig vorhanden ist und wirkt.

Diesem Gedanken möchte ich einen weiteren hinzufügen: Jeder einzelne Gläubige in Jesus ist selbst ein Untertan und damit ein Zeuge für die Wahrheit. Er wurde durch die Mithilfe von Gottes geoffenbarter Wahrheit belebt, berufen, erneuert und zum Teil geheiligt: *„Nach seinem Willen hat er uns gezeugt durch das Wort der Wahrheit"* (Jak 1,18). *„… um der Wahrheit willen, die in uns bleibt"* (2.Joh 1,2).

„Ihr seid meine Zeugen, spricht der HERR" (Jes 43,10). Hier wird eine der ernstesten und bewegendsten Wahrheiten enthüllt, die den Charakter und die persönliche Verantwortung eines Kindes Gottes betrifft. Es ist ein Untertan der Wahrheit, es ist ein Gefäß für die Wahrheit, und es ist ein Zeuge für die Wahrheit; ja, es ist der einzige lebendige Zeuge für die Wahrheit, den Gott auf der Erde hat. Die Welt, in der es lebt, ist eine dunkle, beschmutzte, gotteslästerliche, Christus verleugnende, die Wahrheit verachtende Welt. Die Heiligen, die gemäß seinem ewigen Plan, seiner Liebe, durch seine souveräne, unterscheidende und freie Gnade aus ihr herausgerufen wurden, sind die einzigen Lichter und das einzige Salz inmitten dieser moralischen Finsternis und Verdorbenheit. Hier und dort schimmert ein Licht und erhellt die düstere Sphäre, in der es sich bewegt. Hier und dort zeigt sich ein Fleckchen Grün, belebt die dürre und unfruchtbare Trostlosigkeit, von der es umgeben ist. Dies sind die Heiligen des Allerhöchsten, die Zeugen des göttlichen Charakters, der alles vermögenden Macht und der heiligen Absicht von Gottes seliger Wahrheit. Die Heiligen Gottes mögen nun diese Tatsache ernstlich abwägen, dass, obwohl das geschriebene Wort und der begleitende Geist Gottes Zeugen in der Welt sind, *sie* doch die einzigen lebenden Belege für die Macht der Wahrheit sind und als solche ermahnt werden, *„unsträflich und lauter [zu sein], untadelige Kinder Gottes inmitten eines verdrehten und verkehrten Geschlechts, unter welchem [sie leuchten] als Lichter in der Welt"* (Phil 2,15).

1. DIE ENGE BEZIEHUNG ZWISCHEN WAHRHEIT UND HEILIGKEIT

Der erste Punkt, den wir am Anfang dieses Kapitels anschneiden müssen, ist *die heilige Absicht der göttlichen Wahrheit* oder *die enge Beziehung zwischen Wahrheit und Heiligkeit*. Es gibt zwei anerkannte Grundsätze auf jedem Gebiet der menschlichen Wissenschaft, die sich in gleicher Weise auf die vor uns liegende Sache anwenden lassen, nämlich, dass es keine Wirkung ohne Ursache gibt und dass eine Ursache nicht ohne die Anwendung von Mitteln funktioniert. Diese anerkannten Lehrsätze mögen die Grundlage für unser Nachdenken über dieses wichtige Thema bilden. Gott hat die Heiligung seines Volkes vorgesehen; er hat seine Wahrheit als das große Werkzeug eingesetzt, das ihre Heiligung bewirken soll. Und um dies zu vollbringen, hat er erklärt, dass seine Wahrheit in der gleichen Reichhaltigkeit, Fülle und Reinheit im Herzen wohnen muss, mit der sie in seinem Wort offenbart ist.

Um unsere Behauptung zu stützen, dass die Wahrheiten des Evangeliums die großen Mittel sind, die Gott für die Heiligung seines Volkes einsetzt, möchten wir zu Anfang ausdrücklich zu verstehen geben, dass wir abstreiten, dass irgendein Glaube an die bloße Macht der Wahrheit in sich selbst Heiligkeit hervorbringt. Dies ist einer der großen Irrtümer der modernen Theologie, von dem wir uns ohne Zögern abwenden und den wir streng zurückweisen. Die reine Schilderung der Wahrheit für den nicht erneuerten Geist, sei es in Form einer Drohung, Verheißung oder eines Beweggrundes kann nie irgendeine rettende oder heiligende Wirkung erzielen. Die Seele des Menschen wird in ihrem nicht erneuerten Zustand als geistlich tot dargestellt, unempfänglich für jede heilige und geistliche Regung. Was für einen Eindruck macht es nun auf solch einen Sinn, wenn man ihm die Wahrheit bloß vor Augen hält? Welches Leben, welches Gefühl, welche Wirkung wird erreicht werden? Wir könnten genauso eine bemalte Leinwand vor dem glasigen Auge eines Leichnams ausbreiten und erwarten, dass wir durch die Schönheit der Zeichnung, den Glanz der Farben und den genialen Stil den Leib mit Leben und die Brust mit Gefühl erfüllen und das Auge vor Entzücken überfließen lassen könnten, wie ähnliche moralische Wirkungen bei einem fleischlichen Sinn erwarten, der tot in Übertretungen und Sünden ist, nur, indem wir ihm die göttliche Wahrheit vor Augen halten. Und doch gibt es welche, die auf der Lehre beharren, dass die göttliche Wahrheit – ohne Begleitung irgendeiner fremden Macht – all diese Wunder bewirken kann! Gegen eine solche Theorie führen wir einfach eine Stelle aus dem geheiligten Wort an: *„Wenn jemand nicht von Neuem geboren wird, so kann er das Reich Gottes nicht sehen!"* (Joh 3,3).

Die Macht der Wahrheit aber, um die es uns geht, ist das, was die begleitende Kraft und der Erweis des Heiligen Geistes bewirkt. Das heilige Wort, so inspiriert es auch sein mag, ist nur toter Buchstabe, wenn es der Leben spendenden Macht des Heiligen Geistes entkleidet ist. So kolossal die Wahrheiten auch sind, die es enthüllt, so ernst die Offenbarungen, die es aufdeckt. So herzergreifend die Taten sind, die es schildert, und so überzeugend die Motive, die es liefert, so ist die göttliche Wahrheit doch – wenn man sie ihrer eigenen alleinigen Wirksamkeit überlässt – völlig machtlos, um geistliches Leben, Liebe und Heiligkeit in der Seele des Menschen hervorzubringen. Ihr Einfluss muss notwendigerweise passiv sein, da sie in sich selbst keine wirkliche Macht besitzt und von einem göttlichen Einfluss abhängig ist, der nicht zu ihr gehört, um ihre lehrende Wirksamkeit zu erreichen. Die Dreitausend, die am Tag von Pfingsten bekehrt wurden, wurden zweifellos durch eine Predigt erweckt, und manche würden behaupten, dass es die Macht der Wahrheit war, die dieses Wunder der Gnade bewirkte. Damit stimmen wir völlig überein und fügen nur hinzu, dass es Wahrheit in der mächtigen Hand Gottes war, die sie im Herzen durchbohrte und ihnen den Schrei entlockte: *„Was sollen wir tun, ihr Männer und Brüder?"* (Apg 2,37). Der ewige Geist war die wirksame Ursache und die gepredigte Wahrheit nur das benutzte Werkzeug, um die Wirkung zu erzielen. Doch ohne seine begleitende und wirksame Kraft hätten sie sich, wie es eine große Zahl heute tut, von der Predigt des Petrus abgewandt. Obwohl diese voll von Christus, dem Gekreuzigten, war, hätten sie die Wahrheit verlacht und den Heiland verworfen, von dem sie handelte. Doch es gefiel Gott, in der Souveränität seines Willens, sie in seiner Gnade zu rufen, und dies tat er durch seine wirksame, allmächtige Macht des Heiligen Geistes unter Mitwirkung des gepredigten Evangeliums.

Wir sprechen uns also für eine persönlich erfahrene Bekanntschaft mit der Wahrheit und deren Aufnahme aus, ehe sie etwas wie Heiligkeit in der Seele wirken kann. Letzteres wird nicht dadurch erreicht, dass sie lediglich in das Urteilsvermögen Zugang findet. Wenn sie nicht weitergeht – den Willen nicht fesselt, das Herz nicht anrührt, nicht die ganze Seele erneuert –, kann sie nie die Herrschaft der Heiligkeit im Menschen aufrichten; die Regierung der Heiligung kann nicht begonnen haben. Das geistige Auge mag klar sein und das moralische Auge geschlossen; der Sinn ganz und gar Licht, das Herz ganz und gar finster; der Glaube rechtgläubig und das ganze Leben unvereinbar mit dem Glauben. Derart ist die nicht harmonierende Wirkung der göttlichen Wahrheit, die nur im menschlichen Verstand angesiedelt ist und nicht von der Kraft des Heiligen Geistes im Herzen begleitet wird. Doch lassen Sie einen Menschen die Wahrheit durch die Kraft Gottes selbst im Herzen annehmen; lassen Sie sie dort eintreten, den Starken entwaffnen und entthronen; lassen Sie Jesus ein und der Heilige Geist ergreift Besitz von der Seele, erneuert, versiegelt und heiligt sie; dann können wir die Früchte der Heiligkeit zum ewigen Leben erwarten.

Es ist nun der natürliche Zweck der göttlichen Wahrheit, die so im Herzen empfangen wird, Heiligkeit hervorzubringen, wie ein kurzer Verweis auf das Wort Gottes zeigen wird. Der *Zweck* des ganzen

Heilsplans war, der Schöpfung die höchste Heiligkeit und Seligkeit zu verschaffen. Und wenn das Evangelium mit der Kraft Gottes zur Rettung der Seele kommt, wird dieses Ziel in hervorragender Weise erreicht. Der erneuerte Mensch ist ein Mensch, dem vergeben wurde; der Mensch, dem vergeben wurde, wird ein heiliger Mensch, und der heilige Mensch ist ein seliger Mensch. Schauen Sie also in Gottes Wort und suchen Sie nach der Absicht jeder Lehre, Regel, Verheißung und Drohung und beachten Sie den heiligen Einfluss von jeder. Nehmen Sie zum Beispiel ein paar der charakteristischen Lehren über die Gnade. Nehmen Sie die Lehre von Gottes *ewiger Liebe zu den Seinen, die sich in ihrer Erwählung zum ewigen Leben zeigt.* Wie heilig ist die Absicht dieser Wahrheit! *„Gepriesen sei der Gott und Vater unseres Herrn Jesus Christus, der uns gesegnet hat mit jedem geistlichen Segen in den himmlischen Regionen in Christus, wie er uns in ihm auserwählt hat vor Grundlegung der Welt, **damit wir heilig und tadellos vor ihm seien in Liebe"** (Eph 1,3-4). Mein Leser möge sich nicht von dieser herrlichen Lehre abwenden, weil er sie für unvereinbar mit anderen hält, die er hegt, oder weil der Nebel der Voreingenommenheit sie lange vor seinem Sinn verborgen haben mag. Sie ist eine *offenbarte* Lehre und muss deshalb völlig angenommen werden. Sie ist eine *heilige* Lehre und muss deshalb inbrünstig geliebt werden. Wenn sie durch die Unterweisung des Heiligen Geistes im Herzen angenommen wird, wirft sie den Stolz des Menschen in den Staub, nimmt unter der Seele jeden Grund weg, sich selbst zu rühmen, und weitet den Sinn mit den erhabensten Blicken auf die Herrlichkeit, Gnade und Liebe von dem HERRN. Wer die Lehre von der erwählenden Liebe durch die Kraft des Geistes in seinem Herzen annimmt, trägt die Ausrüstung für einen heiligen Wandel mit sich; ihre Absicht ist, den Menschen zu demütigen, zu erniedrigen und zu heiligen.

Ebenso heilig ist auch die offenbarte Lehre von Gottes *freier, souveräner und unterscheidenden Gnade*. Die Absicht dieser Lehre ist in höchster Weise die Heiligung: Denn wenn ein Mensch spürt, dass Gott alleine dafür gesorgt hat, dass er sich von anderen unterscheidet – dass er alles empfangen hat, was er hat; dass er durch die freie, unterscheidende Gnade Gottes das ist, was er ist –, ist dies, wenn sie im Herzen erfahren wird, sicherlich eine Wahrheit mit dem größten heiligen Einfluss. Wie legt sie die Axt an die Wurzel des Ichs! Wie beschmutzt sie den Stolz der menschlichen Herrlichkeit und bringt das Flüstern eitlen Rühmens zum Schweigen! Es wirft den erneuerten Sünder in den Staub, wo er immer liegen sollte, und setzt die Krone dorthin, wo sie alleine hell und herrlich leuchten sollte – auf das Haupt der souveränen Barmherzigkeit. „Herr, warum ich? Ich war durch böse Werke fern von dir. Ich war der Geringste im Haus meines Vaters und von allen der unwürdigste und unpassendste Gegenstand deiner Liebe. Und doch suchte mich deine Barmherzigkeit; deine Gnade erwählte mich unter all den anderen und machte mich zu einem Wunder ihrer allmächtigen Kraft. Herr, wem kann ich dies zuschreiben außer deiner Barmherzigkeit, deiner souveränen und freien Gnade, völlig jenseits von allem Wert oder aller Würde, die du in mir gesehen hast? Nimm deshalb meinen Leib, meine Seele und meinen Geist und lass sie in Zeit und alle Ewigkeit ein heiliger Tempel für deine Herrlichkeit sein." So ist *„die Gnade Gottes ... erschienen, die heilbringend ist für alle Menschen; sie nimmt uns in Zucht, damit wir die Gottlosigkeit und die weltlichen Begierden verleugnen und besonnen und gerecht und gottesfürchtig leben in der jetzigen Weltzeit"* (Tit 2,11-12). Und so könnten wir durch alle ähnlichen Lehren der Gnade gehen, wenn es nötig wäre, und zeigen, dass ihr großes Ziel und ihre große Absicht die *Heiligung* des Gläubigen ist.

Auch all die *Unterweisungen* sind für die Heiligkeit da. *„Liebt ihr mich, so haltet meine Gebote!"* (Joh 14,15). *„Habt nicht lieb die Welt, noch was in der Welt ist!"* (1.Joh 2,15). *„Darum geht hinaus von ihnen und sondert euch ab, spricht der Herr, und rührt nichts Unreines an!"* (2.Kor 6,17). *„Wacht und betet!"* (Mt 26,41). *„Betet ohne Unterlass!"* (1.Thess 5,17). *„Endlich aber seid alle ... voll brüderlicher Liebe!"* (1.Petr 3,8). *„Ihr sollt heilig sein, denn ich bin heilig!"* (1.Petr 1,16). *„Denn Gott hat uns nicht zur Unreinheit berufen, sondern zur Heiligung"* (1.Thess 4,7). *„... damit ihr des Herrn würdig wandelt und ihm in allem wohlgefällig seid: in jedem guten Werk fruchtbar und in der Erkenntnis Gottes wachsend"* (Kol 1,10). Heilige Unterweisungen! Möge der ewige Geist sie uns tief in unsere Herzen eingravieren!

Nicht weniger heiligend in ihrer Absicht sind *„die überaus großen und kostbaren* **Verheißungen***"*, welche das Wort der Wahrheit enthält: *„Weil wir nun diese Verheißungen haben, Geliebte, so wollen wir uns reinigen von aller Befleckung des Fleisches und des Geistes zur Vollendung der Heiligkeit in Gottesfurcht!"* (2.Kor 7,1).

In gleicher Weise heilig ist die Absicht der göttlichen *Drohungen.* *„Es wird aber der Tag des Herrn kommen wie ein Dieb in der Nacht; dann werden die Himmel mit Krachen vergehen, die Elemente aber vor Hitze sich auflösen und die Erde und die Werke darauf verbrennen. Da nun dies alles aufgelöst wird, wie sehr solltet ihr euch auszeichnen durch heiligen Wandel und Gottesfurcht ... Wir erwarten aber nach seiner Verheißung neue Himmel und eine neue Erde, in denen Gerechtigkeit wohnt. Darum, Geliebte, weil ihr dies erwartet, so seid eifrig darum bemüht, dass ihr als unbefleckt und tadellos vor ihm erfunden werdet in Frieden!"* (2.Petr 3,10-11.13-14). So heilig und heiligend sind die Natur und die Wirkung der göttlichen Wahrheit. Sie ist in ihrer Natur und in ihren Eigenschaften überaus heilig. Sie kommt von einem heiligen Gott. Und wann immer und wo immer sie im Herzen als der gute und unverdorbene Same des Reiches angenommen wird, bringt sie das hervor, was mit ihrer eigenen Natur übereinstimmt – *Heiligkeit*. Wie der Baum ist, so sind die Früchte; wie die Ursache, so sind die Wirkungen. Sie stürzt die hohen Gedanken des Menschen und erniedrigt sie, indem sie ihm den Charakter Gottes offenbart. Sie überzeugt ihn von seiner tiefen Schuld und seiner schrecklichen Verdammnis, indem sie das göttliche Gesetz entfaltet. Sie enthüllt ihm Gottes Hass auf die Sünde, seine Gerechtigkeit, dass er sie straft, und seine Barmherzigkeit, dass er sie vergibt, indem er seinem Blick das Kreuz Christi enthüllt. Und indem sie von der Seele völlig Besitz ergreift, pflanzt sie ein neues Prinzip ein, gibt neue Motive, verleiht ein neues Ziel, erzeugt neue Freuden und schenkt neue Hoffnung – mit einem Wort, sie durchdringt den ganzen moralischen Menschen, verändert ihn in dasselbe Bild und formt ihn um *„zu einer Wohnung Gottes im Geist"*.

2. DIE NATUR UND ABSICHT DES IRRTUMS

Es ist nun keine umständliche und langwierige Diskussion nötig, um zu zeigen, dass die Natur und die Absicht des *Irrtums* das Gegenteil von der der Wahrheit sein muss; denn es ist unmöglich, dass zwei Dinge, die in ihrer Natur so unterschiedlich sind, die gleiche Wirkung erzielen können. Wenn nun die Natur und die Absicht der *Wahrheit* ist, Heiligkeit zu fördern, muss es die Natur und die Absicht des *Irrtums* sein, Unheiligkeit zu fördern. Wenn das eine dazu neigt, den Stolz des Menschen zu demütigen, ihn in seinen eigenen Augen herabzusetzen, die Übel seiner gefallenen Natur zu korrigieren, die Macht der Verdorbenheit zu brechen und ihn in die heilige Freiheit eines Kindes Gottes zu führen – denn wenn ihn nun die Wahrheit freimachen wird, so ist er wirklich frei (s. Joh 8,36) –, dann neigt sicherlich das andere dazu, seine stolze Einbildung von sich zu fördern, eine hochtrabende Sicht von seinen eigenen Gaben und Kenntnissen zu erzeugen, seine Sicht von seiner außerordentlichen Sündhaftigkeit zu schwächen und – indem es die Kraft und den Antrieb zur Heiligkeit schwächt – allen Neigungen einer gefallenen Natur unkontrolliert die Zügel in die Hand zu geben.

Falsche Lehre hat den Hang, den Sinn, der sie hegt, auf einen falschen Weg zu bringen – sie führt die Seele von Gott weg. So, wie die Wahrheit, die aus Erfahrung angenommen wird, das Herz *zu* Gott zieht, führt Irrtum, der im Sinn gehegt wird, das Herz von Gott *weg*. Falsche Lehre vermittelt verdrehte Sichtweisen des Charakters Gottes, verleiht eine niedrige Auffassung des göttlichen Gesetzes, verdunkelt das vollendete Werk Christi, schwächt die Macht der moralischen Verpflichtung und führt die Seele Schritt für Schritt völlig und – sofern die Gnade nicht eingreift – für immer von Gott fort.

Dass die Verbindung zwischen geistlichem und persönlichem geistlichen Niedergang und falscher Lehre eng und untrennbar ist und die Folgen immer höchst schmerzlich und unheilvoll sind, kann man nicht infrage stellen. Der Zeitpunkt, in dem ein einzelner Christ, ein öffentlicher Lehrer oder eine dazugehörige Gruppe mit falscher Lehre angesteckt wird, vom Wort Gottes abweicht und Lehren, Gebote und Ordnungen aufstellt, die nicht mit dem offenbarten Wort übereinstimmen, lässt ihn oder sie schwächer werden in der Geistlichkeit und abnehmen in der Heiligkeit – und von einer vielleicht absolut beispiellosen Laufbahn der geistlichen Blüte in einen Zustand der Förmlichkeit, Leblosigkeit und Unfruchtbarkeit zurückfallen, von dem sie nichts völlig und bleibend zu befreien scheint.

Nehmen Sie einen einzelnen Gläubigen, einen Pastor oder den Fall einer Gemeinde, die vom Glauben abgewichen ist, *„der den Heiligen ein für alle Mal überliefert worden ist"*, und einige der grundlegenden Lehren des Evangeliums aufgegeben hat. Wie charakteristisch und schmerzlich sind die Ergebnisse!

Nehmen Sie zum Beispiel den Fall eines *einzelnen Gläubigen*. Hat er die alten Marksteine der Wahrheit verlassen? Hat er die Ehrfurcht vor ihrem Charakter, das Gespür für ihren Wert, den Geschmack für ihre Süße verloren? Verfolgen Sie die traurigen Wirkungen in seinem unausgeglichenen Wandel, seinem unbekümmerten Geist, seiner niedrig gewordenen Geistlichkeit, seinem verhärteten Gewissen, seinem unempfänglichen Herzen, seiner Vernachlässigung der Gnadenmittel – mit einem Wort, das offensichtliche Verdorren all seiner Gnade. Was für eine Veränderung ist über diesen Menschen gekommen! Was für einen kühlen Geist kennzeichnet ihn nun, der einst so eng mit Gott wandelte! Was für Zurschaustellungen des Ichs bei dem, der einst so demütig und so zurückhaltend war, dessen Haltung von dem inneren Bewusstsein der Seele zu sprechen schien, geringer als der Geringste aller Heiligen zu sein! Was kehrt er den Gnadenmitteln den Rücken? Einst wurden sie von ihm so hoch geschätzt, so eifrig gesucht, so sehr genossen; unter denen er wie auf einer grünen Aue und am Ufer stiller Wasser wandelte! Welche Unfreundlichkeit, welch hochmütiges Betragen, welche kalte Distanz kennzeichnet nun sein Verhalten gegenüber den Heiligen Gottes, seinen erwählten und geliebten Gefährten, mit denen er zu leben und zu sterben verlangte! Er ist vom Glauben abgewichen und dies sind einige der schrecklichen Wirkungen!

Nehmen Sie den noch bewegenderen Fall eines bekennenden *Dieners am Evangelium*. Hat es in seinen Sichtweisen von der christlichen Lehre irgendeine Veränderung gegeben? Hat er irgendeine grundlegende Lehre des Evangeliums aufgegeben? Hat er einen wesentlichen Bestandteil der offenbarten Wahrheit verlassen? Vielleicht hat er die Gottheit Christi aufgegeben, den Opfercharakter seines Todes.

Oder vielleicht leugnet er die Gottheit und Personalität des Geistes. Oder seine Sicht in Bezug auf die Verpflichtung des Gläubigen zur Heiligkeit hat eine schmerzliche Veränderung erfahren. Doch was für einen Irrtum er auch angenommen hat, sei es in der Lehre oder der Unterweisung, auf den Mann ist als Konsequenz eine schreckliche Fäulnis gefallen. Wie hat sich die geistliche Verfassung seines Sinnes geändert! Kein Eifer mehr, keine Zärtlichkeit oder Feierlichkeit kennzeichnet ihn. Wie hat sich der Charakter seines Dienstes geändert! Keine Kraft, Ernsthaftigkeit oder Geistlichkeit umhüllt ihn mehr. Wie anders sind die Ergebnisse! Keine Bekehrungen und keine Erbauung, kein Trost, keine Stärkung der Heiligen folgt mehr durch ihn. Wie anders betet er – keine Salbung, kein Leben und keine Kraft atmen seine Gebete. Er hat den Irrtum angenommen, hat Gottes Wahrheit den Rücken gekehrt und Gott hat ihm den Rücken gekehrt.

Wir könnten damit fortfahren, in der Geschichte *einer Gemeinde*, die von der Reinheit des Glaubens abgewichen ist, die gleichen oder ähnlichen Wirkungen zurückzuverfolgen und die enge Verbindung zwischen falscher Lehre und geistlichem Niedergang zeigen. Doch wir haben genügend vorgebracht, wie wir meinen, um die schrecklichen Konsequenzen zu veranschaulichen, wenn man sich an Gottes Wort zu schaffen macht und davon, wenn man eine einzige Wahrheit aufgibt und sich nicht länger daran hält, welche zur Heiligung und Rettung der Seele offenbart wurde.

Hier bietet sich eine Untersuchung an: Wie weit lässt sich der vorherrschende Mangel an Geistlichkeit auf den Einfluss unklarer Sichten von Gottes Wahrheit unter den bekennend rechtgläubigen Christen und dem Vorhandensein beunruhigender Irrtümer zurückverfolgen, welche wie eine Flut drohen, die alten Marksteine der Wahrheit des Evangeliums fortzureißen? Dass es einen solchen Mangel an Geistlichkeit gibt – zurückzuverfolgen bis auf die Kanzel, das Podium, in den Medien und im gesellschaftlichen Umgang mit Christen –, kann man nicht bezweifeln. Die einzige Frage ist: Was sollen wir als Grund anführen? Unsere Antwort lautet unverzüglich: Eine mangelhafte Theologie, falsche Lehre, niedrige oder lockere Sichtweisen von Gottes geoffenbarter Wahrheit. Ein Niedergang in der Geistlichkeit folgte immer einem Abweichen von der Reinheit des Glaubens. Schauen Sie auf die reformierten Kirchen auf dem europäischen Kontinent. Sie wichen von der reinen Lehre der Reformation ab, und was und wo sind sie nun? Viele von ihnen sind vom Winde verweht – mit den Wurzeln ausgerissen –, während die, die bleiben, in einen Zustand tiefsten geistlichen Niedergangs gefallen sind, dem vernichtenden Einfluss einer ungläubigen Neologie[13] und mystischen Transzendentalphilosophie preisgegeben. Es stimmt, die Sonne der Reformation scheint in manchen Teilen des Landes von Calvin und Luther aus ihrer langen und tiefen Dunkelheit aufzutauchen und weckt Hoffnungen auf die Erweckung eines reineren und mehr geistlichen Christentums. Und worauf lassen sich diese positiven Anzeichen zurückführen außer auf die Rückkehr einiger Gemeinden und Pastoren zu den reinen Lehren der Reformation? Lehren, die Luther unerschrocken gepredigt hat, über die Calvin kraftvoll schrieb und für die Latimer, Ridley und Cranmer furchtlos auf den Scheiterhaufen gingen. Man muss sehr befürchten, dass, wenn die reformierten Kirchen von England und von Amerika nicht bald zu einer reineren und mehr geistlichen Theologie zurückkehren, sie an den Felsen zerschellen, an denen die Kirchen auf dem Kontinent so erbärmlich Schiffbruch im Glauben erlitten, womit wir nun im Folgenden über die Einzelheiten sprechen wollen.

---

13 „Neologie – (gr.) Zweite Phase der deutschen Aufklärungstheologie (seit 1750) zwischen Physikotheologie und Rationalismus; betonte die natürliche Theologie und praktische Frömmigkeit, übte historische Kritik an der Bibel", *Fachwörterbuch Theologie 99/04*, hrsg. v. Johannes Hanselmann und Uwe Swarat, R. Brockhaus Verlag, Wuppertal 1996.

Gibt es heutigentags nicht bei manchen ein frevlerisches Zurückhalten und bei anderen ein schmerzliches Unterbewerten *der schriftgemäßen und heiligen Lehren der Gnade*? Die Lehren, die Gottes ewige Liebe zu den Seinen enthüllen: Die Souveränität seiner Gnade in ihrer Erwählung; die Wirksamkeit des Geistes in ihrer Berufung; die freie Rechtfertigung ihrer Person durch die zugerechnete Gerechtigkeit Christi und die vollständige Hinwegnahme ihrer Sünden durch sein sühnendes Blut; die feierliche Verpflichtung, *„besonnen und gerecht und gottesfürchtig leben in der jetzigen Weltzeit"* (Tit 2,12), und die Gewissheit ihrer endgültigen Verherrlichung in der kommenden Welt. Werden diese von Gott geoffenbarten Wahrheiten nicht in der heutigen Zeit und von der großen Masse der bekennenden Christen und Prediger von unseren Kanzeln ausgeschlossen und aus unserem Land verbannt? Sieht man sie nicht als unbedeutend und altmodisch an? Und werden sie nicht – wenn sie für viele ihre Würze verloren haben – hinausgeworfen und unter die Füße der Menschen getreten? Wir glauben wahrlich und ernst, dass dem so ist. Von manchen werden sie angeblich angenommen, aber auf frevlerische Weise zurückgehalten. Andere predigen sie angeblich, doch mit solcher Ängstlichkeit und Undeutlichkeit, dass sie ohne Wirkung bleiben. Und viele glauben sie allesamt nicht und leugnen sie deshalb dreist und offen! Und doch sind dies die Lehren, die so klar auf jeder Seite der Schreiben der Apostel aufleuchten; dies sind die Lehren, welche die großen Themen des Dienstes Christi ausmachten; und dies sind die Lehren, welche die Reformatoren, denen wir all die bürgerlichen und religiösen Freiheiten verdanken, die wir heute als Volk besitzen, gepredigt haben. Wir zögern also nicht, zu sagen, dass – zusammen mit der Leugnung oder Unterbewertung dieser Lehren der Gnade – ein Einfluss kommen wird, der die Geistlichkeit verdorren lässt und das Gedeihen der Gemeinden in unserem Land hemmen wird. Es stimmt, einen äußerlichen Anschein der Fruchtbarkeit kann es bei dem Bekunden gegenteiliger und entgegenstehender Lehren geben – Massen können sich um ihre Fahne scharen und eine große Zahl scheint sich durch ihren Einfluss zu bekehren –, doch bald sieht man diesen trügerischen Anschein vergehen. Es kommt die Zeit der Prüfung und des Sichtens, und dann erkennt man – wenn, ach! Wenn es zu spät ist, um die Schleusen gegen die überwältigenden Übel zu schließen, die das Predigen des Irrtums hervorgebracht hat –, dass die Wahrheit, und nur die Wahrheit, in den Händen des ewigen Geistes Gottes wirklich den finsteren Sinn erleuchten, die leblose Seele neu machen und das rebellische Herz überwinden und heiligen kann. Dann wird entdeckt, dass das wahre Gedeihen einer Gemeinde, ihre Stabilität, ihre Geistlichkeit, ihre Vitalität und ihr heiliger Einfluss wesentlich und deshalb untrennbar mit einem furchtlosen und heiligen Festhalten an den Lehren der Gnade verbunden sind. Dass es, wo sie geleugnet, zurückgehalten oder in irgendeiner Weise verdunkelt werden, vielleicht wirklich den *äußeren Schein* von Gottesfurcht geben kann, aber die Kraft – die herrliche, göttliche und heiligende *Kraft* – fehlt. Durch das Predigen falscher Lehre kann eine Gemeinde gebaut werden, die aus *„Holz, Heu und Stroh"* besteht, doch allein das Predigen der *Wahrheit* kann eine Gemeinde errichten, die aus *„Gold, Silber und kostbare[n] Steine[n]"* besteht. Und es naht der Tag, an dem *„das Werk eines jeden offenbar werden [wird]; der Tag wird es zeigen, weil es durchs Feuer geoffenbart wird. Und welcher Art das Werk eines jeden ist, wird das Feuer erproben"* (1.Kor 3,12-13).

Sehnen wir uns, beten wir und mühen wir uns für eine echte Erweckung des Werkes des Herrn? Worauf zählen wir mehr, dass es den Heiligen Geist in der ganzen Fülle seines erwecklichen Einflusses auf uns bringt – dass wir die Sorglosen aufrütteln, die verstockten und Ungläubigen der Sünde überführen, die Selbstgerechtigkeit zunichtemachen, die hohen Gedanken niederschmettern und den Stolz des menschlichen Herzens töten, anstatt bei einer klaren, auf den Punkt gebrachten und aufrichtigen Bekundung von Gottes geoffenbarter Wahrheit selbst? Wurde dieses große Experiment nicht unternommen und die Sache endgültig entschieden? Es wurde. Präsident Edwards schreibt in seinen *Narrative of Surprising Conversions* dieses Zeugnis: „Ich denke, ich habe gemerkt", sagt er, „dass keine Predigten beachtlicher gesegnet waren als die, in denen die Lehre von Gottes völliger Souveränität in der Rettung von Sündern und seiner rechtmäßigen Freiheit in Bezug auf die Beantwortung von Gebeten oder den Erfolg der Bemühungen rein natürlicher Menschen, die so bleiben, hervorgehoben wurde. Ich sah nie so viel unmittelbare rettende Frucht in irgendeinem Maß bei irgendwelchen Predigten, die ich meiner Gemeinde hielt, wie über Worte wie diese: *„… damit jeder Mund verstopft werde"* (Röm 3,19). Deshalb bemühe ich mich, zu zeigen, dass es gerecht von Gott wäre, den rein natürlichen Menschen für immer zu verwerfen und zu Fall kommen zu lassen."

Und gehen Sie noch weiter zurück auf der Suche nach einem stärkeren Zeugnis. Wovon war die große Erweckung in Jerusalem am Tag von Pfingsten das Ergebnis, wenn nicht das einer aufrichtigen Bekundung der *Wahrheit*, die von dem unerschrockenen Apostel Petrus dazu gebracht wurde, auf die Gewissen und Herzen von dreitausend rebellischen Sündern zu zielen? Die Lehren, die er dann verkündete, waren die jetzt verachteten und verschmähten *Lehren der Gnade*. Die Wahrheiten, die er dann laut vortrug, waren die am meisten demütigenden für den menschlichen Stolz und die anstößigsten für das natürliche Herz, und doch die am besten überlegten in der Obhut des ewigen Geistes, um tiefste Gefühle auszulösen und die überaus ängstliche Frage hervorzubringen: *„… diesen, der nach Gottes festgesetztem Ratschluss und Vorsehung dahingege-*

ben worden war, habt ihr genommen und durch die Hände der Gesetzlosen ans Kreuz geschlagen und getötet ... Als sie aber das hörten, drang es ihnen durchs Herz, und sie sprachen zu Petrus und den übrigen Aposteln: Was sollen wir tun, ihr Männer und Brüder?" (Apg 2,23.37). Dies war das Ergebnis eines einfachen Predigens der Wahrheit – einer aufrichtigen Bekundung der Lehren der Gnade. Die beherzten Juden hörten voller Ehrfurcht: Die Menschen, welche den schrecklichen Anblick von Golgatha ohne Gefühlsregung gesehen hatten, zitterten und wankten nun, wurden blass und schlugen sich in völliger Qual einer tiefen, schweren Überführung von Sünde an ihre Brust. Wie schnell beugte sich ihre stolze Natur, schmolz ihr hartes Herz. Die starke Festung ihrer Voreingenommenheit wich vor der Schlichtheit und Majestät der Wahrheit! Es war das blanke „Schwert des Geistes", das Petrus schwang, und dieses streckte mit einem Schlag dreitausend der hoffnungslosesten, verstocktesten Sünder zu Boden. Es war der gekreuzigte Heiland, den er hochhielt, der durch die Kraft des Heiligen Geistes die Wunder von Pfingsten bewirkte. *„Ist mein Wort"*, spricht Gott, *„nicht wie ein Feuer ... und wie ein Hammer, der Felsen zerschmettert?"* (Jer 23,29). *„Deine Pfeile sind scharf, sie unterwerfen dir die Völker; sie dringen ins Herz der Feinde des Königs"* (Ps 45,6). Ist es also unvernünftig, zu erwarten, dass der gleiche Geist mit ähnlichen Erweisen seiner Macht die Predigt der gleichen Wahrheit in unseren Tagen honorieren wird? *„So spricht der HERR: Tretet hin an die Wege und schaut und fragt nach den Pfaden der Vorzeit, welches der gute Weg ist, und wandelt darauf, so werdet ihr Ruhe finden für eure Seelen!"* (Jer 6,16).

Wir könnten auch fragen, ob es in unserer heutigen Zeit nicht einen traurigen geistlichen Niedergang *in der Verkündigung des Herrn Jesus Christus* gibt. Haben wir nicht in Bezug auf diesen äußerst wichtigen Punkt Grund, Alarm zu schlagen? Wir glauben wahrlich und ernstlich, dass die Kanzeln unseres Landes hier schrecklich schuldig sind; dass die moderne Predigt des Evangeliums sich nicht nach dem Vorbild der Apostels richtet, welches der gekreuzigte Christus war: *„Denn ich hatte mir vorgenommen, unter euch nichts anderes zu wissen als nur Jesus Christus, und zwar als Gekreuzigten"* (1.Kor 2,2). Wird Jesus nicht im Hintergrund gehalten? Wird sein Kreuz nicht versteckt und viel von seiner Herrlichkeit verhüllt, als schämte man sich, ihn vollständig hervorzubringen? Werden die Herrlichkeit, die Majestät und die Schönheit seiner göttlichen und menschlichen Natur, seine wunderbare Persönlichkeit, klar verkündigt? Werden die Natur, die Notwendigkeit und die Vollkommenheit seines großen Werkes völlig und furchtlos enthüllt? Sind sein kostbares Blut, seine zugerechnete Gerechtigkeit, seine Fülle als Mittler, seine Erhöhung und Fürsprache zur Rechten Gottes Wahrheiten, die man in markanter Weise kundtut und inbrünstig predigt? Sind es nicht im Gegenteil menschliche Erkenntnis, großartige Begabungen, hervorragende Redegewandtheit und gütliches Zureden, welche die Predigt vom Kreuz ersetzt haben? Dass es einen traurigen Niedergang von lebendiger Frömmigkeit, echter Geistlichkeit und aktiver Bemühung gibt, wo Christus nicht vollständig gepredigt wird, ist nicht verwunderlich. Das Kreuz Jesu ist die Seele des Christentums; wo Jesus nicht ist, ist alles tot. Die Gnade nimmt ab, die Frömmigkeit ermattet und Förmlichkeit nimmt den Platz der Kraft des Evangeliums ein, wo die Person und das Werk Christi verschmäht, unterbewertet oder geleugnet werden. Wie sollten wir beten, dass der Herr Jesus Christus – das geschlachtete Lamm, das würdig ist, *„zu empfangen Kraft und Reichtum und Weisheit und Stärke und Ehre und Ruhm und Lob!"* (Offb 5,12) – vollständiger und schlichter gepredigt wird in der ganzen Länge und Breite unseres Landes; dass die Kirche und die Kanzel ihn offenkundiger zum Herrn über alles krönt!

Noch einmal: Wird die Lehre des Heiligen Geistes nicht verschmäht? Wird er nicht in seiner Person geleugnet, in seinem Werk verunehrt, in seinem Einfluss verletzt und betrübt? Ist es nicht augenscheinlich, dass man mehr von der Kraft des Geschöpfes als von der Kraft des Geistes abhängig ist? Unterlassen es nicht Predigten, Bücher und Referate in trauriger Weise, ihn als die große Quelle allen Segens anzuerkennen und zu ehren? Werden seine Macht, Gnade und Liebe in dem großen Werk der Bekehrung deutlich anerkannt und gebührend gewürdigt? Wir können uns nicht darüber wundern, dass es keinen köstlichen Sturm der Gnade, keine Erweckung des Werkes des Herrn, kein wirkliches geistliches Gedeihen geben wird, wo der Heilige Geist nicht verherrlicht wird. Wo der Geist Gottes verschmäht, verletzt oder vollkommen geleugnet wird, muss alles kalt, formal und leblos, muss eine solche Gemeinde ein abgestandener Tümpel und ein solcher Dienst ein kraftloses Werkzeug sein.

3. DIEJENIGEN, DIE DER WAHRHEIT GLAUBEN, MÜSSEN FURCHTLOS DAFÜR EINTRETEN

Zum Schluss möchten wir anmerken, dass es – da wir in einer Zeit großen Irrtums leben – denen, die der Wahrheit glauben, feierlich obliegt, *furchtlos dafür einzutreten*. Hier möge es keinen Kompromiss geben, keinen Tauschhandel mit der Wahrheit; kaufen Sie sie um jeden Preis nach menschlicher Meinung, verkaufen Sie sie zu überhaupt keinem Preis. *„Kaufe Wahrheit und verkaufe sie nicht!"* (Spr 23,23). Treten Sie als Zeuge für die Wahrheit ein, demütig, unerschrocken und in der Kraft des Herrn, wo immer Sie seine Vorsehung hinstellen mag. Oh, bedenken Sie die Ehre, dass es Ihnen gestattet wird, die Wahrheit zu bezeugen, wie sie in Jesus ist! Vielleicht sind Sie ein einsamer, ein einzelner Zeuge, doch fürchten Sie sich nicht. Er, der „die Wahrheit" selbst ist, sagt Ihnen das, was er der Gemeinde in Philadelphia sagte: „... *denn du hast eine kleine Kraft und hast mein Wort bewahrt und meinen Namen nicht verleugnet ... Weil du das Wort vom standhaften Ausharren auf mich bewahrt hast, werde auch ich dich bewahren vor der Stunde der Versuchung, die über den ganzen Erdkreis kommen wird, damit die versucht werden, die auf der Erde wohnen. Siehe, ich komme bald; halte fest, was du hast, damit dir niemand deine Krone nehme!"* (Offb 3,8.10-11).

Diejenigen, die an der Wahrheit festhalten, *mögen darauf bedacht sein, gute Werke beizubehalten und so in aller Heiligkeit der Wahrheit zu wandeln, die sie bekennen.* Sie mögen zusehen, dass sie durch keine Nachlässigkeit im Verhalten, durch keinen Mangel an Integrität, durch keine Vernachlässigung der Gnadenmittel, durch kein Kundtun eines unheiligen Gemüts, durch keine Gleichförmigkeit mit der Welt, ja, durch keinerlei Inkonsequenz überhaupt einen Makel auf die heiligen Lehren bringen, die sie erklärtermaßen vertreten und lieben. Sie mögen nicht damit zufrieden sein, eine Reihe von Lehren zu vertreten, die nicht von ihrer heiligenden Kraft begleitet werden. Sondern sie mögen darauf sehen, dass sie zusammen mit der Wahrheit in ihren Ansichten Gnade im Herzen besitzen und unbefleckte Heiligkeit im Leben. *„Da sprach Jesus zu den Juden, die an ihn glaubten: Wenn ihr in meinem Wort bleibt, so seid ihr wahrhaftig meine Jünger, und ihr werdet die Wahrheit erkennen, und die Wahrheit wird euch frei machen!"* (Joh 8,31.32).

KAPITEL 6

ÜBER DAS BETRÜBEN DES GEISTES

„BETRÜBT NICHT DEN HEILIGEN GEIST GOTTES" *(EPH 4,30).*

Dieses Thema steht in enger und ernster Beziehung zu dem geistlichen und persönlichen Niedergang des Gläubigen. Sein Nachlassen in der Gnade bringt dies notwendig und in schmerzlicher Weise mit sich. Von allem, was in dem Gläubigen bei der Überführung, Buße, dem Glauben, der Freude, Heiligkeit usw. gewirkt wurde, ist der ewige Geist der einzige Urheber. Groß und herrlich ist sein Werk, ja, und ohne dieses hätte die Erlösung, die durch unseren Herrn Jesus Christus vollbracht wurde, was die rettenden Wirkungen anbelangt, nichts genützt. Die „Sonne der Gerechtigkeit" könnte in all ihrer unvergleichlichen Pracht über der Welt aufgehen, doch solange das geistige Auge nicht durch den Heiligen Geist geöffnet würde, könnte kein Strahl seinen Weg in die dunklen Kammern des Verstandes und des Herzens finden. Das Mahl des Evangeliums hätte bereitet werden können, das Lamm geschlachtet und die Einladungen ausgesprochen. Doch ohne eine übernatürliche Kraft, die auf den Willen, die Wünsche und die Empfindungen des Menschen wirkt, hätten diese nicht darauf geachtet, sondern wären hingegangen, „der eine auf seinen Acker, der andere zu seinem Gewerbe". *„Es ist gut für euch, dass ich hingehe"*, sagt Jesus, *„denn wenn ich nicht hingehe, so* *kommt der Beistand nicht zu euch. Wenn ich aber hingegangen bin, will ich ihn zu euch senden. Und wenn jener kommt, wird er die Welt überführen von Sünde und von Gerechtigkeit und vom Gericht"* (Joh 16,7-8). Unsere Sicht des Werkes des Geistes kann nicht zu geistlich sein, noch kann unsere Einschätzung seines Wertes zu hoch sein. Die große Gefahr, der wir ausgesetzt sind, ist nicht, dass wir das Amt und das Werk des Geistes überschätzen, sondern dass wir es unterbewerten; nicht dass wir zu hoch davon denken, sondern dass wir zu gering davon denken. Und wir können uns nicht vorstellen, dass irgendetwas mehr dazu führt, den Geist zu kränken und zu betrüben und seine spürbare Gegenwart von uns zu vertreiben als ein erkannter und zugelassener Niedergang seines Werkes. Dies ist der ernste und wichtige Punkt, auf den nun die Gedanken des Lesers gelenkt werden sollen.

Die Ausdrücke: „den Geist kränken", „betrüben", „dämpfen", „dem Geist widerstehen" usw. sind zwar im übertragenen Sinne gemeint, aber dennoch äußerst wichtig und ernst in ihrer Bedeutung. Betrübt sein ist bei dem Heiligen Geist keine Leidenschaft wie bei uns, genauso wenig wie Zorn, Wut und Rache unheilige Gefühle Gottes sind, wenn sie ihm auch zugeschrieben werden. In Herablassung zu unserer Schwachheit werden diese Ausdrücke gebraucht, um Gottes radikalen Hass auf die Sünde und das heilige Feingefühl des ewigen Geistes für jede Missachtung, Unterbewertung oder jeden Abfall von seinem äußerst gnädigen Werk und seinen Einfluss auf die Seele darzustellen. Genau genommen kann der Geist nicht betrübt, nicht gedämpft und ihm nicht widerstanden werden, weil er kein Geschöpf ist, wenn auch Person. Das Gegenteil zu glauben, hieße, dem Geist Gottes solche Eigenschaften beizumessen, die unvereinbar mit der göttlichen Herrlichkeit und den unendlichen Vollkommenheiten wären – solchen, wie sie nur zu einem schwachen, sündigen, endlichen Geschöpf gehören. Im übertragenen Sinne heißt aber „den Geist betrüben", seine Stimme zu ignorieren, sich seinem Einfluss zu widersetzen und seine freundliche, liebende und zärtliche Natur zu verschmähen; und ihn so dazu zu bringen, aus der Seele – in manchen Fällen einstweilig, in anderen für immer – seine Gegenwart, seinen Einfluss und seinen Segen zurückzuziehen. Bei denen, die von Neuem geboren wurden, ist der Rückzug des Geistes, wenn er betrübt wird, nur für eine Zeit. Bei den bis zum Ende Unbußfertigen und Ungläubigen bedeutet das Zum-Schweigen-Bringen seiner Stimme, die zu ihnen im Gewissen, in der Vorsehung und in seinem Wort spricht, dass sie für immer dahingegeben werden. Dies sind aber Punkte, die in einer weiter vorgerückten Erläuterung unseres Themas auftreten werden. Wir wollen nun unsere Aufmerksamkeit auf die Weise richten, wie der Heilige Geist Gottes betrübt werden kann, und dann zu der Betrachtung einiger der gewissen und traurigen Konsequenzen kommen.

WIE MAN DEN HEILIGEN GEIST BETRÜBT

Ich gehe davon aus, dass ich mich an diejenigen wende, welche die schriftgemäße Lehre vom *göttlichen Personsein* des Heiligen Geistes in ihrer unbeschränkten Bedeutung anerkennen. Ansonsten ist es vielleicht angemessen, zu zeigen, dass ein Leugnen dieser Wahrheit ein völliges Leugnen des Geistes beinhaltet – seiner persönlichen Herrlichkeit und seines offiziellen Werkes – und auf das Gewissen des Ablehnenden eine Sünde mit höchst bösartigem Charakter und äußerst verhängnisvoller Neigung bringt. Es braucht sicherlich keinen Moment Überlegung, um zu beweisen, dass jeder vorhandene Zweifel, jedes verborgene Misstrauen, was das Recht des Geistes für göttliche Huldigung anbetrifft, die Sünde des Betrübens des Geistes in höchsten Maße beinhalten muss. Die geistliche Kälte, Sterilität,

Teilnahmslosigkeit, welche die folgerichtigen und gewissen Folgen sind, können die Wahrheit dessen beweisen, was wir sagen. In dem Moment, in dem ein Mensch abfällige Sichten vom Geist hegt, die geringschätzig gegenüber seiner persönlichen Würde sind, in dem Moment wirkt er wie jemand, der vom Geist den furchtbarsten und verderblichsten Konsequenzen seiner Sünde überlassen wurde. Seine Geistlichkeit verdorrt, seine Gnade schwindet, der Geist der Hingabe ermattet und erlischt schließlich. Wenn er in einem pastoralen Amt dient, verflüchtigen sich alle Kraft und Salbung in seinem Dienst. Oder wenn er für sich allein unterwegs ist, werden aller Eifer, alle Inbrunst und Hingabe in der Sache Christi träge, und auf die einst fruchtbare und gedeihende Seele fällt wie Mehltau der Fluch und die Schande der Unfruchtbarkeit. Diese entsetzlichen Folgen lassen sich auf eine geringe Sicht von der persönlichen Würde und des offiziellen Werkes des Heiligen Geistes zurückverfolgen. Doch ich richte mich besonders an die Christen, welche die Göttlichkeit des Geistes und seine zu unterscheidende Person in der Gottheit anerkennen und die demütig hoffen, dass sie Gegenstände seiner erneuernden Gnade sind, und die so mit der Kraft und Herrlichkeit seines Werkes vertraut sind. Dass sogar solche den Heiligen Geist Gottes schmählich betrüben und als Konsequenz große geistliche Verlierer sein können, werden die folgenden Überlegungen, die aus dem inspirierten Wort hergeleitet sind, klar zeigen.

Wir beginnen mit dem, was am direktesten zu dem Thema des vorliegenden Buches führt, *dem Niedergang des Gnadenwerkes des Geistes in der Seele eines Kindes Gottes*. Was kann den Geist mehr betrüben als dieses? Das ist eine fürchterliche Kränkung des herrlichsten und erstaunlichsten Ergebnisses seiner Kraft. Nirgends hat er einen so herrlichen Tempel errichtet, nirgends hat er so viel Kraft aufgewandt und nirgendwo hat er die Konturen seines eigenen heiligen Charakters so tief eingeprägt wie in dem Werk der Gnade, welches er im Herzen des Menschen begonnen hat und weiterführt. Wenn man jetzt irgendein Nachlassen, irgendeinen Niedergang oder irgendeine Trägheit in diesem Werk sieht; wenn man den Verlust von Vitalität, Gesundheit oder Fruchtbarkeit bei jeder einzelnen Gnadengabe bemerkt; wenn man die sieht, deren Seelen belebt, deren Sinn erleuchtet waren, deren Empfindungen er von irdischen Dingen gelöst und auf Gott ausgerichtet hatte – die gut zu laufen schienen und viel Frucht versprachen und einen reichlich gewährten Eingang in das ewige Reich –, dass diese nun ihren Schritt verlangsamen, des Weges überdrüssig werden, ihre Arme wieder im Schlummer verschränken, zunehmend irdisch, fleischlich und schwelgend werden; wie der Tempel vernachlässigt wird, seine Tore unbewacht und andere Gäste eingelassen werden; wie heilige Motive ihre Kraft verlieren, die Liebe aufhört, zu drängen, geistliche Dinge nicht länger anziehend, entzückend und erfüllend für die Seele sind – oh, können wir uns vorstellen, dass das liebende, treue, zärtliche Herz des Geistes merklicher von irgendetwas mehr von Betrübnis getroffen wird als von diesem? Er könnte gut ausrufen: *„Was konnte man an meinem Weinberg noch weiter tun, das ich nicht getan habe? Warum hoffte ich, dass er gute Trauben brächte, aber er trug nur schlechte?"* (Jes 5,4). *„Was soll ich mit dir tun, Ephraim? Was soll ich mit dir tun, Juda? Eure Liebe ist so flüchtig wie eine Morgenwolke, ja, wie der Tau, der früh vergeht!"* (Hos 6,4).

Von allen geistlichen Zuständen ist *Lauheit* der für Gott verabscheuungswürdigste und der betrüblichste für den Heiligen Geist. *„Ich kenne deine Werke, dass du weder kalt noch heiß bist. Ach, dass du kalt oder heiß wärst! So aber, weil du lau bist und weder kalt noch heiß, werde ich dich ausspeien aus meinem Mund"* (Offb 3,15-16). So hat Gott seine völlige Abscheu für diesen Zustand erklärt.

Und doch, wer bedenkt dies in diesem schrecklichen Licht; wer hält inne, um sich selbst zu prüfen, um festzustellen, welchen wirklichen Fortschritt seine Seele macht – welche Gnadengabe geschwächt ist, welcher Teil des Werkes des Geistes schwindet, welcher Platz seiner Seele öde und unfruchtbar ist und wie sehr er heimlich und tatsächlich durch einen erkannten, zugelassenen und gehegten Zustand des geistlichen Niedergangs den Heiligen Geist betrübt? Es muss bei all seiner Kenntnis für den Architekten erschütternd sein, Zeuge des Dahinschwindens seines Hauses zu werden; für einen Elternteil, nach dem teuren Aufwand von Mitteln für die Erziehung, mitanzusehen, wie die liebevollen Hoffnungen für sein Kind, die er gehegt hat, zunichtewerden. Wie unendlich mehr ist der Geist erschüttert und betrübt, wenn er erblickt, wie der Tempel, den er um einen solchen Preis errichtet hat, dem Schwund anheimfällt. Die Seele, die er mit solcher Fürsorge und solchem Eifer gelehrt hat, fällt in ihren geistlichen Pflichten und Empfindungen in einen Zustand der Kälte und Förmlichkeit zurück! „Das Herz des Geistes", bemerkt Dr. Owen wunderschön, „ist gegenüber uns unendlich zärtlicher, als es das des liebevollsten Elternteils gegenüber einem einzigen Kind sein kann. Und wenn er uns mit Mühe und Fürsorge zu einem gewissen Wachstum und Fortschritt in geistlichen Empfindungen genährt und aufgezogen hat, was all sein Interesse für uns ist, wie ist er dann betrübt, wie ist er aufgebracht, wenn wir zunehmend kalt, träge und irdisch gesinnt werden und an den Vergnügungen und Lüsten dieser Welt kleben!" Sehen Sie also, dass Ihr geistlicher Zustand so ist, dass er für den Heiligen Geist Gottes ein Grund zur Freude statt zur Betrübnis ist. Nichts kann sein liebendes Herz mit größerem und heiligerem Entzücken erfüllen, als wenn er den sich vertiefenden Charakter und sich ausweitenden Einfluss seines eigenen Werkes in dem Gläubigen sieht. Zu erblicken, wie die flackernde Flamme, die er schuf, immer mehr leuchtet; die zarte Pflanze ihren Wohlgeruch verströmt und ihre Frucht hervorbringt; die Quelle im Herzen himmelwärts, zu Gott, anschwillt – solch ein Bild muss für den Geist angenehm sein. Wenn der auf dem Thron sitzende Erlöser mit Befriedigung auf die Mühsal seiner Seele bei dem Herbeirufen seiner Erlösten herabblickt, muss es für den ewigen Geist genauso erfreulich sein, die Vergrößerung *seines* Reiches in den Heiligen zu erblicken – das Reiferwerden der Seele für das Erbe und die Festversammlung von „den Geistern der vollendeten Gerechten". Es muss in der Tat den ganzen Himmel mit Freude erfüllen, wachsende Gleichförmigkeit mit dem Bild Christi zu erkennen; Heiligkeit, die ihre Wurzeln ausdehnt; jede Gnadengabe in der praktischen Ausübung; die Abtötung jeder Sünde und der ganze Leib, die ganze Seele und der ganze Geist als ein sich erhebender Tempel für Gott. Christlicher Leser, achten Sie gut auf Ihren Zustand, dass der Heilige Geist Gottes nicht durch irgendeinen bekannten und gehegten Niedergang seines Werkes in Ihrer Seele betrübt wird.

Der Geist wird durch *ein Leugnen oder Unterbewerten seines gnädigen Werkes im Herzen* betrübt. Dies ist ein Umstand, welcher der Beachtung wert und wichtig für die Lehre ist, die er enthält, dass unter allen Beispielen tiefer Demut, Selbsterniedrigung, Bewusstsein für und Bekenntnis von Sünde, die von den Heiligen im Wort berichtet werden, kein einziger einen Fall von *Leugnung* oder *Unterbewertung* des Werkes des Geistes im Herzen zu zeigen scheint. So heftig bei Jakob, David, Hiob, Jesaja, Petrus, Paulus und anderen das Gefühl der Unwürdigkeit auch gewesen zu sein scheint, so tief ihre Überführung und so demütigend ihr Bekenntnis der außerordentlichen Sündhaftigkeit der Sünde auch war, nicht eine Äußerung scheint eine Leugnung des Werkes des Heiligen Geistes in ihren Seelen zu verraten. Sie fühlten, trauerten, weinten und bekannten als Menschen, die von Gott berufen waren, denen vergeben war, die gerechtfertigt und als Kind angenommen waren; nicht als Menschen, die nie geschmeckt hatten, dass der Herr gnädig war, und denen deshalb das Wirken des Geistes in ihren Herzen völlig fremd war. Sie bekannten ihre Sündhaftigkeit und ihre Abtrünnigkeit als *bekehrte Menschen*, immer bereit und darauf aus, den Geist in seinem Werk zu krönen. Was aber kann das zärtliche, liebende Herz des Geistes tiefer betrüben als *ein Leugnen seines Werkes in der Seele*? Und doch gibt es einen unaufhörlichen Hang dazu; mit ungläubigen Zweifeln, gesetzlichen Ängsten und düsteren Ahnungen, denen solche Heilige nachgeben, die jedes Mal, wenn sie die Sünde entdecken, die in ihnen wohnt, sich der schmerzlichen Überzeugung überlassen, dass sie von Gott dahingegeben wurden, einer Lüge zu glauben! Solchen wollen wir ernstlich sagen: Betrüben Sie nicht *derart* den Heiligen Geist Gottes. Tiefe Selbsterniedrigung, das Bewusstsein der völligen Wertlosigkeit braucht nicht notwendigerweise ein Leugnen der innewohnenden Gnade im Herzen beinhalten. Ja, dieser selige Zustand ist völlig übereinstimmend mit der erhabensten Hoffnung auf das ewige Leben. Wer bekennen kann, dass er der größte aller Sünder (s. 1.Tim 1,15) und der Allergeringste unter allen Heiligen ist (s. Eph 3,8), kann höchstwahrscheinlich bestätigen: *„Ich weiß, an wen ich glaube"* (2.Tim 1,12). *„... der mich geliebt und sich selbst für mich hingegeben hat"* (Gal 2,20). Ist etwa alles eine Fabel, was Sie geglaubt haben? Ist es alles eine Täuschung, was Sie erfahren haben? Haben Sie nach einem Phantom gegriffen, einer Lüge geglaubt und wie einer gekämpft, der in die Luft schlägt? Sind Sie bereit, Ihre Hoffnung aufzugeben und Ihr Vertrauen wegzuwerfen? Haben Sie etwa *nie* die Plage Ihres eigenen Herzens erkannt, die *Süße* gottesfürchtigen Kummers am Fuß des Kreuzes? Haben Sie *nie* gefühlt, dass Ihr Herz einen Schlag der Liebe für Jesus schlägt? Ist sein teurer Name *nie* in süßem Rhythmus an Ihr Ohr getreten? Sind Sie bereit, zuzugeben, dass jede Betrübnis, die Sie gefühlt haben, jede Freude, die Sie erlebt haben, und alle seligen Erwartungen, die Sie kennengelernt haben, nichts als „klug ersonnene Legenden" waren, eine Erfindung des Bösen, eine moralische Halluzination des Sinnes? Oh, betrüben Sie nicht so den Heiligen Geist Gottes! Leugnen Sie nicht sein seliges Werk in Ihnen und achten Sie es nicht gering! Was ist, wenn Sie zu tieferen Erkenntnissen über Ihre gefallene Natur, Ihre Unwürdigkeit, Schändlichkeit, Unzulänglichkeit, Ihren geistlichen Niedergang und Ihre Abtrünnigkeit von Gott geführt werden? Wir fragen: Wessen Werk ist dies? Wessen, wenn nicht das des gleichen seligen, liebenden Geistes, den Sie so kränken, dämpfen, betrüben, leugnen?

An dieser Stelle ist der Autor innerlich stark bewegt. Wenn er daran denkt, wie viele, deren Augen diese Seite lesen, sich in genau diesem Zustand befinden – welche nicht nur harte und bittere Dinge gegen sich selbst schreiben, sondern auch *gegen den seligen, liebenden, treuen Geist Gottes*; welche die Gnade natürlich nennen, sein Werk in sich leugnen und, was gewissermaßen für sein zärtliches Herz am schmerzlichsten ist, Worte wider den Heiligen Geist reden –, kann ihn das nicht unberührt lassen. Es gibt viel falsche Demut unter vielen Heiligen Gottes, und dies ist eine ihrer üblichsten Formen. Es ist nicht *Stolz*, wenn man dankbar anerkennt, welch große Dinge der Herr für uns getan hat; es *ist* der Stolz, der es ablehnt, diese anzuerkennen. Es ist nicht wahre *Demut*, zu zweifeln und unterzubewerten, bis es leicht wird, das Werk des Heiligen Geistes in uns gänzlich zu leugnen; es *ist* wahre Demut und Niedrigkeit, sein Werk zu bekennen, Zeugnis von seinem Wirken abzulegen und ihm alle Macht, alles Lob und alle Herrlichkeit zuzuschreiben. Sehen Sie also, lieber Leser, dass Sie nicht diese falsche Demut hegen, die nichts ist als ein anderer Name für tiefen, nicht abgetöteten *Stolz* des Herzens. Bedenken Sie, dass, wie Satan sich als Engel des Lichts verkleiden kann, so können sich seine Mittel als die heiligsten und lieblichsten

Gnadengaben maskieren. So kann *Stolz* – eines seiner hauptsächlichen Mittel des Bösen im Herzen – in der Form der größten *Demut* erscheinen. Ich möchte auch, dass Sie im Sinn behalten, dass – selbst wenn das Werk des Geistes in Ihrem Herzen vielleicht für Ihre unvollkommene Erkenntnis und Ihr trübes Auge schwach sein mag; die Umrisse kaum erkennbar inmitten von so viel innewohnender Sünde sein mögen; der Funke fast verborgen inmitten von so reichlich vorhandener Verdorbenheit – doch für den Geist dieses Werk in all seiner Klarheit und Herrlichkeit erscheint. *„Der Herr kennt die Seinen!"* (2.Tim 2,19). Diese Aussage lässt sich mit gleicher Wahrheit auf die Kenntnis anwenden, die der Heilige Geist von seinem eigenen Werk im Gläubigen hat. Sein Auge ist auf die zartesten Knospen innewohnender Gnade gerichtet – dem schwächsten Funken der Liebe; dem leisesten Flüstern heiligen Verlangens; dem absolut schwächsten Sehnen des Herzens nach Jesus. Alles, alles ist dem Geist bekannt und wird von ihm geliebt. Es ist sein Werk und es wäre sonderbar, wenn er es nicht wiedererkennen würde. Lassen Sie zu, dass dieser Gedanke sein angemessenes Gewicht hat in der Beruhigung dieses Murrens, der Beschwichtigung dieser Ängste und der Neutralisierung dieser Zweifel, die den Heiligen Geist Gottes so tief betrüben. Liefern Sie sich ihm aus. Erkennen Sie demütig an, was er in Ihnen getan hat. Folgen Sie dem kleinen Licht, das er Ihnen gegeben hat, üben Sie das kleine Maß an Gnade und Glaube, welches er Ihnen gewährt hat, beständig und aktiv aus, und suchen Sie „durch Gebet und Flehen" ein höheres Maß dieses heiligen, gesalbten, heiligenden und versiegelnden Einflusses.

Ein Setzen seines eigenen Werkes in der Seele an die Stelle des sühnenden und vollendeten Werkes Jesu betrübt den Heiligen Geist Gottes sehr. Ein wesentliches und wichtiges Amt des Geistes ist, Christus zu verherrlichen. *„Er [d.h. der Geist] wird mich verherr-*

lichen", sagte Jesus (Joh 16,14). *„... so wird der [Geist] von mir Zeugnis geben"* (Joh 15,26). *„... dass er [d.h. der Geist] von dem Meinen nehmen und euch verkündigen wird"* (Joh 16,15). Da dies sein Werk in Bezug auf Christus ist, ist es natürlich immer und zu aller Zeit die große Freude des Geistes, immer und zu aller Zeit Jesus zu erheben und ihn zu verherrlichen. Und wie verherrlicht der Geist Christus am meisten, wenn nicht durch die Erhöhung seines sühnenden Werkes – indem er ihm den Vorrang, die Wichtigkeit und die Herrlichkeit gibt, die es verlangt; indem er den Sünder, den er zuerst von der Sünde überführt hat, dahin führt, Jesus als einen willigen, einen allgenugsamen Heiland anzunehmen; alles Vertrauen in sich selbst, alles Bauen auf einen Bund der Werke, der nur ein Bund des Todes ist, fortzuwerfen, und sich so vollständig ihm zuzuwenden, in dem Blut und der Gerechtigkeit des Immanuel zu ruhen, dem Gott-Menschen und Mittler. Oh, was für süße, heilige Freude muss es für den Geist Gottes sein, wenn ein armer Sünder in all seiner bewussten Nichtigkeit dahin gebracht wird, auf Jesus, den *„bewährten Stein, [dem] kostbaren Eckstein, der aufs Festeste gegründet ist!"* (Jes 28,16).

Der Leser möge sich also vorstellen, wie betrüblich es für den Geist sein muss, wenn sich jemand auf *sein* Werk in der Seele stützt – sei es im Hinblick auf Annahme, Trost, Frieden oder Kraft, oder sogar als Erweis für den Stand der Gnade – und nicht *ausschließlich* und *völlig* auf das sühnende Werk, welches Jesus für die Erlösung von Sündern bewirkt hat. Das Werk des Geistes und das Werk Christi sind, obwohl sie Teile eines herrlichen Ganzen bilden, doch *selbstständig* und müssen in dem System der Gnade und bei der Rettung eines Sünders *unterschieden* werden. Es ist das Werk Jesu alleine, sein vollkommener Gehorsam gegenüber dem gebrochenen Gesetz Gottes und sein Opfertod als Befriedigung der göttlichen Gerechtigkeit, das eine Grundlage für die Annahme eines Sünders bei Gott bildet – die Quelle seiner Vergebung, Rechtfertigung und seinen Frieden. Das Werk des Geistes besteht nicht darin, zu sühnen, sondern die Sühne zu *offenbaren*; nicht zu gehorchen, sondern den Gehorsam *bekanntzumachen*; nicht zu vergeben und zu rechtfertigen, sondern die überführte, erweckte und bußfertige Seele dazu zu bringen, die Vergebung zu empfangen und die Rechtfertigung anzunehmen, die bereits im Werk Jesu vorhanden ist. Wenn nun irgendwie das Werk des Geistes an die Stelle des Werkes Christi gesetzt wird – jedes übermäßige, unerlaubte Sichverlassen des Gläubigen auf das *innere* statt auf das *äußere* Werk –, wird Christus Unehre gemacht und folglich der Heilige Geist Gottes betrübt. Es kann für den Geist nicht angenehm sein, sich selbst an der Stelle Christi wiederzufinden. Und doch ist dies die Sünde, in die so viele unaufhörlich fallen. Wenn ich bei der Überführung von Sünde in mir auf irgendeine Regung des innewohnenden Geistes, auf irgendeinen Teil seines Werkes als rechtmäßige Quelle der Heilung, des Trostes oder als Beweis zähle, wende ich Christus den Rücken zu, wende ich mein Auge vom Kreuz ab und mache sein großes Werk der Sühne gering. Ich mache aus dem Geist einen Christus! Ich mache aus dem Heiligen Geist einen Heiland! Ich verwandle sein Werk in ein *sühnendes* Werk und ziehe den Beweis und den Trost meiner *Vergebung* und *Annahme* aus dem, was *er* getan hat, und nicht aus dem, was *Jesus* getan hat! Oh, bedeutet dies nicht, so fragen wir wieder, Christus Unehre zu bereiten und den Heiligen Geist Gottes zu betrüben? Denken Sie nicht, dass wir das Werk des Geistes unterbewerten, es ist groß und kostbar. Da er als der gesehen wird, welcher als Zeuge (s. 1.Joh 5,10), als Beistand (s. Joh 14,26) und als Urheber des Gebets (s. Röm 8,26) lebendig macht (s. Joh 6,63), innewohnt (s. 1.Kor 6,19), heiligt (s. 2.Thess 2,13) und versiegelt (s. Eph 1,13), kann seine Person nicht zu inbrünstig geliebt, noch sein Werk zu hoch geschätzt werden.

Doch die Liebe, die wir zu ihm hegen, und die Ehre, die wir ihm geben, darf nicht auf Kosten der Ehre, Herrlichkeit und Liebe sein, die dem Herrn Jesus Christus gebührt, denn es ist des Geistes Amt und Freude, ihn zu verherrlichen. Die Krone der *Erlösung* muss auf das Haupt Jesu gesetzt werden; er alleine ist würdig, sie zu tragen – er alleine hat das Recht, sie zu tragen. *„… denn du … hast uns für Gott erkauft mit deinem Blut"* (Offb 5,9) ist das Lied, dass sie in der Herrlichkeit singen, und *„Du* sollst die Krone tragen!" sollte das Lied sein, das von den Erlösten auf der Erde widerhallen sollte.

Sehen Sie also zu, dass Sie den Geist nicht betrüben, sei es durch das Setzen an eine falsche Stelle oder durch ein Unterbewerten des sühnenden Werkes Jesu. Sein Blut, durch den Geist angewendet, vergibt. Seine Gerechtigkeit, angenommen im Glauben, rechtfertigt Sie. *„Und der Friede Gottes, der allen Verstand übersteigt"* ist die gewisse und selige Frucht von beidem. Der dauerhafte Erweis eines Standes der Vergebung und Rechtfertigung muss aus einem gleichbleibenden Umgang mit und Hinblicken zu dem Herrn Jesus entspringen; *„in [seinem] Licht schauen wir das Licht"* (Ps 36,9); er ist die Sonne, die auf das Werk in uns scheint. Wenn das Auge der Seele vom Kreuz abgewandt und mit einem intensiven Starren auf sich selbst gerichtet wird, wird es sich bald inmitten von Schatten und Dunkelheit verlieren. Man kann von innerer Freude leben, bis die Quelle der Freude aufhört, zu fließen. Man kann auf Anzeichen achten, bis sie sich in Finsternis auflösen. Was soll unter diesen Umständen die arme, bekümmerte, beunruhigte Seele tun, außer aufs Neue zum Kreuz zu fliehen? Wohin soll sie blicken, wenn nicht wieder zu Jesus? Was kann einem das Bewusstsein der Vergebung vermitteln, wenn nicht das sühnende Blut; und was kann vollkommenen Frieden zusichern, wenn nicht die rechtfertigende Gerechtigkeit des Sohnes Gottes? Oh, dass es ein schlichteres und direkteres Schauen aus und von sich selbst weg zu dem sühnenden Heiland geben möge! Dann wäre die Unterweisung süß, dann wäre der Gehorsam leicht, dann wäre das Kreuz leicht und dann würde auch der Friede wie ein Fluss fließen und Gerechtigkeit daherbrausen wie die Wellen der See.

Und doch gibt es eine Meinung, bei der *das eigene Werk des Geistes so gering geachtet werden kann*, dass es sein Herz tief betrübt. Es gibt sogar bei dem Kind Gottes eine Neigung zu extremen Punkten. Es kann eine Sache entweder überbewerten oder es kann sie unterbewerten. Es kann in eine Sache ein ungerechtfertigtes Vertrauen setzen, die es vielleicht zu einer anderen Zeit schmerzlich und in sündiger Weise gering achtet. Und so ermahnt das Wort Gottes in Bezug auf die Heimsuchungen des Gläubigen, sie auf der einen Seite nicht zu *verachten*, und rät ihm auf der anderen Seite sanft, nicht unter ihnen zu *ermatten* (s. Hebr 12,5). Wir können entweder zu hoch oder zu gering von Gottes Züchtigung im Bund denken. Wie sehr braucht man jeden Moment seines Lebens die Unterweisung des Geistes! Wie wichtig ist es, dass man ständig sich selbst misstraut, sich von dem eigenen „Ich" abwendet und Jesus vertraut und sich auf ihn verlässt! Es sollte unaufhörlich das Gebet eines Kindes Gottes sein, dass der Herr ihn vor *sich selbst* bewahrt; dass die Haltung seines Sinnes niedrig zu Jesu Füßen gehalten werden möge und er jeden Moment von ihm lernt und für ihn lebt. Doch wie kann das Werk des Geistes von dem Gläubigen gering geachtet werden? Auf verschiedene Weisen.

Er kann eine unvollkommene Kenntnis von der Innewohnung des Geistes in seinem Herzen hegen. Wenn man gegenüber der Anwesenheit eines Gastes Gleichgültigkeit zeigt, einen Mangel an offener und angemessener Aufmerksamkeit bekundet, ist das keine normale Geringschätzung – in diesem Sinn kann man den Heiligen Geist Gottes betrüben. Denn der Heilige Geist beruft die Seele wirksam, erneuert sie, heiligt sie und ergreift von ihr Besitz; macht sie zu seinem Tempel, seinem ständigen Wohnort. Was kann dann mehr Unehre für den seligen und ewigen Geist sein, wenn dann diese Seele doch unzulängliche Sichtweisen von dieser großen Wahrheit hegt, vergisst, wer mit und in ihr lebt, seinen himmlischen Gast gering achtet, ein und aus geht und lebt und handelt, als wäre sie nicht der Tempel des Heiligen Geistes! Oh, dass ein Gläubiger je diese bedeutsame Wahrheit – selbst für einen Moment – aus dem Blick verlieren sollte! Dass er der Wohnort des Allerhöchsten ist – welcher *„der Hohe und Erhabene [ist], der ewig wohnt und dessen Name ,Der Heilige' ist"* (Jes 57,15) –, der Wohnsitz des Heiligen Geistes, und doch ein Gefühl oder einen Gedanken hegt, der nicht in vollkommener Harmonie mit einer so großen Tatsache ist, zeigt in der Tat die Notwendigkeit der Ermahnung durch den Apostel: *„Und betrübt nicht den Heiligen Geist Gottes"* (Eph 4,30).

Auch wenn man *sein „sanftes Säuseln" nicht beachtet und seinem sanften Drängen nicht nachgibt*, wird sein Werk auf eine sehr betrübliche Weise gering geachtet. Der dauernde Bewohner des Heiligen Gottes, der Geist, spricht, ermahnt, führt, zieht und drängt unaufhörlich die Seele. Sein großes Werk ist dort, den Gläubigen zu lehren, zu heiligen, zu beschirmen, zurückzuhalten und zu trösten. Jedes heilige Zurückweichen vor Sünde, jeder harte Widerstand gegen ihre Macht, jeder Sieg, der über ihre Regungen erzielt wird, jedes Trachten nach Heiligkeit, jedes schwache Verlangen, auf dem Weg des kindlichen Gehorsams gegenüber und in süßer Gemeinschaft mit Gott zu wandeln, ist die Frucht des innewohnenden Geistes im Herzen. Wie betrüblich ist es dann für diesen Geist, wenn diese seine liebende Stimme und sein sanftes Drängen von der Seele nicht beachtet, unterdrückt und gering geachtet wird, die er so zärtlich liebt und über die er so treu wacht! Betrüben Sie nicht derart den Heiligen Geist

Gottes. In all seinem Handeln an Ihnen sucht er das, was wirklich gut für Sie ist. Er strebt danach, sein Werk in Ihrem Herzen zu vertiefen. Er sucht nur, Ihre *Heiligkeit* zu fördern und Ihre Seele für die Freuden und die Gemeinschaft der Heiligen im Licht reif zu machen. Mehr noch; er wünscht sich Ihre wirkliche *Seligkeit* – er möchte Sie von fleischlichen Dingen wegziehen, Sie von den Objekten des Sinnes und der Sünde abbringen, Ihnen Quellen der höheren und reineren Freude öffnen und Sie auf schönere und grünere Auen führen. Dies möchte er tun, indem er Ihnen enthüllt, was Sie in Jesus, in dem Bund der Gnade und in dem Gott des Bundes besitzen. Öffnen Sie also Ihr Ohr der sanften Stimme des Geistes und folgen Sie unverzüglich und unbedingt seinen verborgenen Führungen.

Unvereinbarkeit mit dem christlichen Bekenntnis muss für den Heiligen Geist Gottes sehr betrüblich sein. Es muss einfach den heiligen Gast, den innewohnenden Geist kränken, wenn er einen Mangel an Übereinstimmung mit den bekannten Grundsätzen und dem Lebensstil bei einem erkennt, der erklärtermaßen sein Tempel ist; wenn er eine Liebe zur Welt, ein Lechzen nach ihrem Ruhm, ein Greifen nach ihrem Wohlstand, eine Annahme ihrer Schlauheit, eine Übereinstimmung mit ihren Maximen, ihren Bestrebungen, ihren Vergnügungen und ihrer Religion aufspürt. Und doch, wie viele Bekenner kennzeichnet dieser weltliche Geist, diese schmerzliche Unvereinbarkeit mit erklärten Grundsätzen! Welch Scharen von solchen gibt es, die sich als Christen bekennen und so bezeichnen – als Jünger des Herrn, Nachfolger des sanftmütigen und demütigen Lammes Gottes –, die leichtfertig bunte, weltliche Kleidung anlegen, Bälle aufsuchen, sich im Tanz bewegen, sich fleischlicher Musik anschließen, an Spielen teilnehmen und Novellen und Romane lesen. All das liegt im Widerstreit zum christlichen Charakter, ist eine Übertretung der christlichen Regeln, ist Unehre für den Namen

Christi und betrübt tief den Heiligen Geist Gottes. Sie sind erklärtermaßen ein Tempel des Heiligen Geistes. Sollen Sie etwa den Tempel mit irdischer Pracht schmücken nach der Mode dieser Welt? Was sagt der Heilige Geist durch seinen Diener? *„Ebenso will ich auch, dass sich die Frauen in ehrbarem Anstand mit Schamhaftigkeit und Zucht schmücken, nicht mit Haarflechten oder Gold oder Perlen oder aufwendiger Kleidung, sondern durch gute Werke, wie es sich für Frauen geziemt, die sich zur Gottesfurcht bekennen"* (1.Tim 2,9-10). Und weiter: *„Euer Schmuck soll nicht der äußerliche sein, Haarflechten und Anlegen von Goldgeschmeide oder Kleidung, sondern der verborgene Mensch des Herzens in dem unvergänglichen Schmuck eines sanften und stillen Geistes, der vor Gott sehr kostbar ist. Denn so haben sich einst auch die heiligen Frauen geschmückt, die ihre Hoffnung auf Gott setzten"* (1.Petr 3,3-5). Passt also die Verschwendung, die Kostspieligkeit, die Weltlichkeit, die absichtliche Berücksichtigung des Geschmacks, die bei so vielen bekennenden Christen die äußerliche Zierde ist, zu dem Geist und dem Grundsatz des Evangeliums? Sind sie nicht vielmehr solche Genüsse, die das Evangelium klar untersagt und die das Christentum strikt missbilligt?

Ferner: Soll man sehen, wie der Gläubige, der sich erklärtermaßen als Tempel des Heiligen Geistes bezeichnet, sich mit der Welt vermischt, Gefallen an ihren Belustigungen findet, um ihre Gemeinschaft wirbt, auf ihre Grundsätze baut und ihre Klugheit annimmt? Sollte dies die Richtlinie des Verhaltens sein, die ein bekennender Christ verfolgt? Ist dies der Weg, um die heilige Kraft der Wahrheit zu veranschaulichen, das Evangelium Jesu Christi zu empfehlen, die Sünde und die törichte, rebellische Welt zurechtzuweisen und sie für den Gehorsam des Glaubens zu gewinnen? Ganz gewiss nicht!

Und wie kann das göttliche Leben in der Seele aus solch einer Quelle erhalten und genährt werden? Welche Nahrung bekommt es durch die heutige seichte und hohle Lektüre – aus den Seiten eines süßlichen Romans, einer frivolen Novelle, einer fiktiven Erzählung? Welche Nahrung kann die profane, ungeheiligte Fantasie von Menschen für die Stärkung, Stützung und Erweiterung dieses göttlichen Prinzips in der Seele bieten? Sicherlich keine.

Und was für Entsprechungen für das Gebet, für die Gemeinschaft mit Gott, für das Lesen des geheiligten Wortes, kann ein Gläubiger in dem flatterhaften Tanz, in fleischlichem Gesang, in der unmoralischen Novelle finden? Was für Zubereitung für den Sinn bieten diese Beschäftigungen für das Nahen zu Gott, um christliche Pflichten angemessen auszuüben, für nüchterne Betrachtungen, für die Stunde des Todes und für den Tag des Gerichts? Oh, diese schreckliche Unvereinbarkeit, welche das Bekenntnis von manchen kennzeichnet, die aus dem Heiligtum, dem Tisch der Gemeinschaft und dem Kämmerlein leicht und direkt einen Weg zu dem Fest am Abend, dem Ballsaal, dem betörenden Tanz, der leeren Novelle, dem *Kern* einer ausschweifenden und flatterhaften Welt finden! Ist das wahres Christentum? Ist das wie Christus? Ist dies nach seinem Gebot, seiner Unterweisung und nach seinem Vorbild? Urteilen Sie selbst.

Was aber ist die für den Wandel eines bekennenden Gläubigen bestimmte Richtlinie der Pflicht? Sie ist so klar im Wort Gottes zu erkennen wie die Mittagssonne. So wird der Wandel festgelegt: *„Und passt euch nicht diesem Weltlauf an, sondern lasst euch in eurem Wesen verwandeln durch die Erneuerung eures Sinnes, damit ihr prüfen könnt, was der gute und wohlgefällige und vollkommene Wille Gottes ist"* (Röm 12,2). *„Darum geht hinaus von ihnen und sondert euch ab, spricht der Herr, und rührt nichts Unreines an! Und ich will euch aufnehmen, und ich will euch ein Vater sein, und ihr sollt mir Söhne und Töchter sein, spricht der Herr, der Allmächtige"* (2.Kor 6,17-18). *„Habt nicht lieb die Welt, noch was in der Welt ist!*

Wenn jemand die Welt lieb hat, so ist die Liebe des Vaters nicht in ihm. Denn alles, was in der Welt ist, die Fleischeslust, die Augenlust und der Hochmut des Lebens, ist nicht von dem Vater, sondern von der Welt" (1.Joh 2,15-16). *„Ihr Ehebrecher und Ehebrecherinnen, wisst ihr nicht, dass die Freundschaft mit der Welt Feindschaft gegen Gott ist? Wer also ein Freund der Welt sein will, der macht sich zum Feind Gottes!"* (Jak 4,4). *„Eine reine und makellose Frömmigkeit vor Gott, dem Vater, ist es, Waisen und Witwen in ihrer Bedrängnis zu besuchen und sich von der Welt unbefleckt zu bewahren"* (Jak 1,27). So vorbehaltlos und klar wird die Richtlinie der christlichen Pflicht in Bezug auf die Verbindung eines Gläubigen zur Welt vom Heiligen Geist festgelegt. Er kann nicht davon abweichen, ohne den Geist zu betrüben, seine eigene Seele zu verwunden und sein christliches Bekenntnis zu kompromittieren.

Betrüben Sie also nicht den Heiligen Geist durch irgendeine erkannte Inkonsequenz im Betragen, irgendeine sündige Gleichförmigkeit mit der Welt, einem übermäßigen Trachten nach ihrem Wohlstand, ihren Ehren, ihren Vergnügungen, ihren Freundschaften und ihren großen Dingen. Beten Sie an gegen die Sünde der Habsucht, dem nagenden Wurm, der an der Wurzel so vieler Seelen frisst. Beten Sie an gegen die Liebe zur Kleidung, jener Sünde, die den Sinn so vieler Bekenner von der Einfalt Christi abbringt und das Auge von wahrer Zierde abwendet. Beten Sie an gegen ein Verlangen nach leichtfertiger und seichter Lektüre, jener seltsamen und sündigen Inkonsequenz von so vielen; jener gewissen Neigung, welche das Leben Gottes in der Seele aushungern lässt, einen Widerwillen gegen geistliche Nahrung, dem Wort Gottes, heiligem Nachsinnen und göttlicher Gemeinschaft und Gesellschaft erzeugt. Ja, beten Sie an gegen den Geist der Weltlichkeit, gegen sündige Gleichförmigkeit *in allen Dingen*, damit der Heilige Geist nicht betrübt und Christus nicht verunehrt und in und durch Sie von Neuem gekreuzigt wird. Es steht zu befürchten, dass viel von dem bekennenden Christentum heute einen *kompromittierenden* Charakter hat. Der Geist, der so viele kennzeichnet, ist: *„Was wollt ihr mir geben, wenn ich ihn euch verrate?"* (Mt 26,15). Es gibt einen Verrat an Christus vor der Welt – einen Tauschhandel mit dem Christentum für gute Meinung, Ehrenplätze, Einfluss und Einkünfte. Die Welt, das Fleisch und Satan sind immer auf der Hut, ein Abkommen mit einem Bekenner bezüglich seiner Religion abzuschließen. „Was wirst Du mir im Gegenzug geben?", ist die eifrige Frage vieler. Oh, schrecklicher Zustand! Oh, furchtbare Täuschung! Oh, verhängnisvolle Verblendung! Leser! Sind Sie ein bekennender Christ? Dann hüten Sie sich vor dem kleinsten Kompromiss in Ihren Prinzipien, dem geringsten Verrat an Jesus, dem ersten Schritt zu einem inkonsequenten Wandel. Wachen und beten Sie vor allem an gegen ein *weltliches Christentum* – ein Christentum, das ein schönes Äußeres hat, soweit es um die Teilnahme an Gottesdiensten im Heiligtum, die Sakramente und religiöse Satzungen geht, das aber das Kreuz des sanftmütigen und demütigen Lammes Gottes ausschließt; ein Christentum, das die Welt und die Dinge der Welt liebt, *„im Fleisch wohlangesehen sein [will]"*, spricht gut von Christus und verrät ihn doch mit einem Kuss.

Dies möge aber nicht das Muster *Ihrer* Religion sein. Sie sind nicht von der Welt, eben wie Christus nicht von der Welt war. Wenn die Welt Sie hasst, hasste sie ihn auch, bevor sie Sie hasste. Wenn Sie von der Welt wären, würde die Welt Sie lieben. Wundern Sie sich nicht darüber! Erwarten Sie von der Welt nicht mehr, als Ihr Meister bekam. Die Welt, die Ihren Herrn mit Dornen krönte, wird Sie, wenn Sie *„gottesfürchtig leben wollen in Christus Jesus"*, niemals mit Girlanden krönen. Die Welt, die ihn gekreuzigt hat, wird Sie, wenn Sie seine beständigen Jünger sind, niemals auf den Thron setzen. Die

Welt ist der *Todfeind* Ihres Heilands, lassen Sie sie nicht Ihr *Freund* sein. Nein, kommen Sie aus ihr heraus und sondern Sie sich ab. Ihr ganzes Leben möge ein feierlicher Tadel gegenüber ihr sein. Ihre Integrität möge ihren Mangel an Prinzipien tadeln, Ihre Nüchternheit ihre Leichtsinnigkeit, Ihre rechtschaffene Aufrichtigkeit möge ihre Herzlosigkeit tadeln, Ihr gekreuzigt sein gegenüber ihr möge ihre Hohlheit, Torheit und Sündhaftigkeit tadeln. Ihre Kleidung, Ihr Geist, Ihr ganzes Reden möge bekunden, was für ein *glänzendes Nichts* all ihr Pomp, ihre Herrlichkeit und ihr Anspruch sind. So sollen Sie Ihrem Herrn und Meister ähnlich sein – der Sie bis zum Tod geliebt hat, dessen Herrlichkeit in seiner Demut lag, dessen Pfad demütig, bescheiden und verborgen war und dessen Tod der schändliche und verfluchte Tod am Kreuz war. Somit sollen Sie auch seinem geliebten Apostel ähnlich sein, der seinen Platz am Kreuz einnahm und von der heiligen Erhebung, auf der er stand, auf die Welt niederblickte und sagen konnte: *„Von mir aber sei es ferne, mich zu rühmen, als nur des Kreuzes unseres Herrn Jesus Christus, durch das mir die Welt gekreuzigt ist und ich der Welt"* (Gal 6,14).

Der Geist kann *durch eine Geringschätzung der Gnadenmittel* betrübt werden. Dies sind seine Kanäle, um der Seele seine Bundessegnungen zu übermitteln. Er wirkt jetzt nicht durch Wunder, sondern durch Hilfsmittel, durch verschiedene Hilfen und Werkzeuge. Er übersendet seinen Segen und überbringt seine Stimme durch das Wort, den Dienst, den Gnadenthron und verschiedene andere Kanäle, die er gnädig zur geistlichen Ernährung des göttlichen Lebens in der Seele gegeben hat. Achten Sie sie nicht gering, bewerten Sie sie nicht zu gering, vernachlässigen Sie sie nicht. Suchen Sie nicht seinen Segen und erwarten Sie nicht, seine Stimme zu hören, wenn Sie nicht auf seinem festgesetzten Weg gefunden werden. Sie werden ihn betrüben und ihn dazu bringen, seine spürbare Gegenwart zurückzuziehen, wenn Sie eines der Gnadenmittel vorsätzlich unterbewerten und vernachlässigen. Diese sind die „grünen Auen", auf denen der Hirte seine Herde mittags ruhen lässt. Diese sind die „stillen Wasser", an die er ihre Seelen führt. *„Die auf den HERRN harren, kriegen neue Kraft, dass sie auffahren mit Flügeln wie Adler, dass sie laufen und nicht matt werden, dass sie wandeln und nicht müde werden"* (Jes 40,31).

Mit einem Wort, der Heilige Geist wird durch jedes Abweichen von dem genauen und heiligen Wandel eines Kindes Gottes betrübt – durch jedes Gefühl von Schuld, das auf dem Gewissen behalten wird; durch jede nicht bekannte, nicht bereute und nicht aufgegebene Sünde; jede erkannte Besudelung des Tempels, den er bewohnt; jede Geringschätzung Jesu; jede Vernachlässigung des sühnenden Blutes; jedes leichtfertige und nachlässige Verhalten; jeder lieblose Wandel gegenüber anderen Christen (jedes Mal, wenn man über sie zu Gericht sitzt). All dies muss für den Heiligen Geist Gottes betrüblich sein.

KAPITEL 7

DER FRUCHTLOSE UND DER FRUCHTBARE BEKENNER

„JEDE REBE AN MIR, DIE KEINE FRUCHT BRINGT, NIMMT ER WEG; JEDE ABER, DIE FRUCHT BRINGT, REINIGT ER, DAMIT SIE MEHR FRUCHT BRINGT" (JOH 15,2).

Wenn ein Kennzeichen im Dienst unseres Herrn in besonderer Weise eindrucksvoller war als ein anderes, war es der bloßlegende Charakter, der ihn kennzeichnete. Keiner, der ihn hörte, konnte sich ohne die tiefe Überzeugung zurückziehen, dass er der Mensch war, dessen moralisches Bild Jesus gemalt hatte, und das in solch echter und deutlicher Ähnlichkeit, dass er genötigt war, die Genauigkeit des Portraits anzuerkennen. In Christi Tadel gab es keine Anzüglichkeit, keine Härte, keine unnötige Schärfe, keine übertriebene Färbung, nichts war überzogen. Sondern er ging in solch einfacher, aufrichtiger, schriftgemäßer Weise mit dem menschlichen Gewissen um, dass es entweder die Menschen nötigte, sich seiner Autorität zu fügen und sich in die Schaar seiner Nachfolger einzureihen, oder – zum Schweigen gebracht – sich selbst anklagend und verdammend zurückzuziehen. So wird es am Schluss seiner Predigten beschrieben: *„Und als die obersten Priester und die Pharisäer seine Gleichnisse hörten, erkannten sie, dass er von ihnen redete"* (Mt 21,45). Und bei einem anderen Anlass lesen wir als Ergebnis einer seiner besonderen und deutlichen Weisen der Lehre: *„Als sie aber das hörten, gingen sie – von ihrem Gewissen überführt – einer nach dem anderen hinaus, angefangen von den Ältesten bis zu den Geringsten"* (Joh 8,9).

In dem Gleichnis vom Weinstock und den Reben haben wir vielleicht das bemerkenswerteste Beispiel des analytischen Stils der Belehrung unseres Herrn. Er, der das Herz gebildet hat und folglich von seiner Apostasie wusste, wie tief es mit Bösem verdorben war, wusste, wie weit ein Mensch in einem äußerlichen Bekenntnis seines Namens gehen und doch ohne erneuernde Gnade leben und sterben konnte. In dem Gleichnis, auf das wir angespielt haben, unternimmt er deshalb ein genaues und eingehendes Bloßlegen des Charakters – er legt die Bosheit offen, der die Menschen preisgegeben sind, warnt sie vor der Gefahr der Selbsttäuschung, unterscheidet zwischen dem echten und dem falschen Bekenner und beschreibt in eindrucksvollen und bewegenden Ausdrücken den schlussendlichen Zustand von beiden: *„Ich bin der wahre Weinstock, und mein Vater ist der Weingärtner. Jede Rebe an mir, die keine Frucht bringt, nimmt er weg; jede aber, die Frucht bringt, reinigt er, damit sie mehr Frucht bringt"* (Joh 15,1-2). In diesen Worten unseres geliebten Herrn haben wir zuerst die ernste Beschreibung eines fruchtlosen Bekenners. Dann führt uns der Herr zum Beschneiden der fruchtbaren Rebe und liefert uns einen Grund dafür, warum er sie beschneidet: *„... damit sie mehr Frucht bringt."* In dem jetzigen Kapitel wollen wir also die Beschreibung des *fruchtlosen Bekenners* zur Grundlage für unsere ersten Überlegungen machen.

1. DER FRUCHTLOSE BEKENNER

Dass es einen solchen Zustand als *fruchtloser Bekenner* des Evangeliums geben kann, ist vielleicht einer der besten Belege für die tiefe Verderbtheit des menschlichen Herzens und seine natürliche Neigung zur Selbsttäuschung, die es gibt. *„Überaus trügerisch ist das Herz und bösartig"* (Jer 17,9). Und hier ist der Beweis (wenn es nichts anderes gäbe), dass eine Person in der äußerlichen Ähnlichkeit so nah an ein Kind Gottes herankommen kann – so sehr wie jemand aussehen kann, der an Jesus glaubt; scheinbar mit ihm vereint ist –, und doch unter den Toten bleibt. Von allen Zuständen diesseits der Ewigkeit ist dieser der schrecklichste. Und doch muss man, wenn wir den Baum anhand seiner *Früchte* und nicht anhand seiner *Blätter* beurteilen sollen, befürchten, dass dies der Zustand Tausender im jetzigen Moment ist. Wie wichtig ist es, zögern wir nicht, zu sagen, dass die Diener am Evangelium – diejenigen, die zwischen den Lebenden und den Toten stehen – ihren Dienst, so nah sie es können, an ihrem seligen Herrn ausrichten; dass sie sorgfältig darauf achten, *wie* sie predigen; dass ihr Predigen bloßlegt (ohne barsch zu sein), zugespitzt (ohne persönlich zu werden), eindringlich (ohne sarkastisch zu sein); dass kein Hörer davongeht, ohne eine aufrichtige Beschreibung seines Charakters, eine Stimme in seinem Gewissen klingen zu haben, die ihm auf all seinen Windungen und all seiner Wanderschaft folgt: *„Du bist der Mann!"* (2.Sam 12,7).

Ein Ausdruck von unserem Herrn bedarf vielleicht einer kurzen Erläuterung: Er sagt, dass die fruchtlose Rebe mit ihm vereint ist: *„Jede Rebe an mir, die keine Frucht bringt ..."* Wir sollen dies nicht als grundlegende Einheit verstehen – als ein geistliches Eingepfropftsein in Christus; die Analogie der Wahrheit steht einer solchen Auslegung entgegen. Das Wort Gottes verficht ausnahmslos den wirksamen Charakter lebendigen Glaubens – dass er immer die

Früchte der Heiligkeit hervorbringt; dass eine Einheit mit Christus immer in einem Leben für Gott resultieren wird. Deshalb bedeutet die Mutmaßung, dass eine tote und fruchtlose Rebe in Christus lebendig sein kann, anzunehmen, dass das Wort Gottes gegen sich selbst steht, was nie sein kann. Sondern wir müssen es so verstehen, dass unser Herr auf eine *äußerliche Einheit* verweist – auf ein allein *äußerliches Bekenntnis*. Es gibt so etwas wie äußerliches „in Christus sein", mit einer erklärten Verbindung zu seinem Kreuz, durch ein Bekenntnis zu seinem Namen, durch ein Festhalten an seiner Sache, durch scheinbaren Eifer für seine Herrlichkeit – all dies kann es geben (und ist bei Tausenden der Fall), ohne ein Fünkchen wirklicher, geistlicher, Leben spendender Einheit mit Christus. Wir können in eine Baumschule gehen, einen Ast von einem toten Baum abschneiden und ihn einfach an einen lebenden Baum binden und allem Anschein nach ähnelt er einem wirklich lebendigen Pfropf. Ein beiläufiger Beobachter könnte getäuscht werden, doch die Zeit beweist das falsche Erscheinungsbild. Wir kommen und suchen nach Frucht, dem natürlichen Ergebnis echten Pfropfens, und wir sehen nichts als einen leblosen, saftlosen, dürren Zweig, der äußerlich mit dem lebenden Baum verbunden wurde. Betrachtet einen solchen Bekenner! Wo ist die Frucht? Wo ist die wirkliche Trennung von dem wilden Olivenbaum? Wo ist die große Scheidung zwischen ihm selbst und seiner eigenen Gerechtigkeit? Wo ist das Aufbrechen des brachliegenden Grundes eines harten, verdorbenen, steinernen Herzens? Wo ist der demütige, niedrige, zerknirschte Geist? Wo ist die Abscheu und der Ekel vor sich selbst, die Selbstanklage und die Selbstverdammung? Hören wir ihn schreien: *„O Gott, sei mir Sünder gnädig"*? Sehen wir die niedergebeugte Haltung im Staub, das Schlagen an die Brust, das Stehen von ferne, das Nichtaufschauen zu dem Wohnort eines heiligen Gottes? Wo ist auch ein lebendiger Glaube an Christus, ein Leben in Christus und ein Leben für Christus?

Wo ist Gleichförmigkeit zu dem Bild Gottes? Wo sind die reichlich vorhandenen und zunehmenden Früchte der Heiligkeit? Was entdecken wir vom Geist der Sanftmut, der Demut, der Freundlichkeit, der Heiligkeit von Jesus? Welche Selbstverleugnung, welches Tragen des Kreuzes, welche Kreuzigung gegenüber der Sünde, welches Gestorbensein für die Welt und welches Leben für die Ewigkeit finden wir? Ach! Ach! Wir haben das äußerliche Bekenntnis mit einer lebendigen, geistlichen Einheit mit Christus verwechselt! Und ist es verwunderlich, dass wir nichts finden, wenn wir kommen und an einem solchen Zweig Frucht suchen?

Doch schaut auf das Bekenntnis in unserer Zeit. Wenn es darum geht, den Herrn Jesus durch ein äußerliches Bekennen seiner Religion anzunehmen – zu bekennen und sich selbst Christ zu nennen; das Knie bei der Nennung seines Namens zu beugen; an den äußerlichen Symbolen seines Leibes und seines Blutes teilzuhaben; gut von Jesus zu sprechen; seiner Lehre beizupflichten und ihr zuzustimmen; sein Evangelium anzuerkennen; seinen Dienern zu folgen; sich in seinen Tempel zu drängen; einen großzügigen Beitrag seiner Sache zu leisten – wenn *dies* die einzigen und wesentlichen Bestandteile echter geistlicher Einheit mit Christus wären, sollten wir dann nicht ausrufen: „Das Tausendjährige Reich ist im Glanze des Mittags über uns hereingebrochen!"? Wir sprechen nicht von einer einzelnen Glaubensgemeinschaft, wir sprechen von allen Glaubensgemeinschaften, denn bei allen finden sich die leblosen, fruchtlosen Bekenner. War es nicht in den Tagen unseres Herrn so und während des eindringlichen Dienstes seiner Apostel? So bloßlegend er auch in seinen Predigten war und so aufmerksam sie in ihrer Aufsicht über die Herde auch waren, wimmelte es in ihrer Zeit von falschen Bekennern. Und sie erlangten sogar ehrenvolle Stellungen in der Kirche. Schauen Sie auf den Fall von Simon dem Magier. Er war nur ein *fruchtloser Bekenner*. Von ihm wird berichtet, dass er „weder Anteil noch Erbe an diesem Wort" hatte und „in bitterer Galle" steckte und „in Fesseln der Ungerechtigkeit". Betrachten Sie den Fall von Demas; er war nur ein *fruchtloser Bekenner*. „*Demas hat mich verlassen*", schreibt der Apostel, „*weil er die jetzige Weltzeit liebgewonnen hat*" (2.Tim 4,10). Und achten Sie auf dieses außergewöhnliche und schreckliche Beispiel einer bloß äußerlichen Einheit mit Christus — eines fruchtlosen Bekenntnisses zu seinem Namen: Judas Iskariot. Ihn betreffend betet Jesus zu seinem Vater: „… *die du mir gegeben hast, habe ich behütet, und keiner von ihnen ist verlorengegangen als nur der Sohn des Verderbens*" (Joh 17,12). Und in den folgenden ernsten Worten weist unser Herr auf jene hin, deren Einheit mit ihm nur äußerlich und wo das Leben ohne Frucht war: „*Ringt danach, durch die enge Pforte hineinzugehen! Denn viele, sage ich euch, werden hineinzugehen suchen und es nicht können. Wenn einmal der Hausherr aufgestanden ist und die Türe verschlossen hat, dann werdet ihr anfangen, draußen zu stehen und an die Tür zu klopfen und zu sagen: Herr, Herr, tue uns auf! Dann wird er antworten und zu euch sagen: Ich weiß nicht, woher ihr seid! Dann werdet ihr anfangen, zu sagen: Wir haben vor dir gegessen und getrunken, und auf unseren Gassen hast du gelehrt! Und er wird antworten: Ich sage euch: Ich weiß nicht, woher ihr seid; weicht alle von mir, ihr Übeltäter! Da wird das Heulen und das Zähneknirschen sein, wenn ihr Abraham, Isaak und Jakob und alle Propheten im Reich Gottes seht, euch selbst aber hinausgestoßen!*" (Lk 13,24-28). In vielleicht noch schrecklicheren Ausdrücken enthüllt das Wort Gottes die endgültige Verdammung des fruchtlosen Bekenners ohne Christus: „*Jeder Baum nun, der keine gute Frucht bringt, wird abgehauen und **ins Feuer geworfen**! … Er hat die Wurfschaufel in seiner Hand und wird seine Tenne gründlich reinigen und seinen Weizen* *in die Scheune sammeln; **die Spreu aber wird er verbrennen mit unauslöschlichem Feuer**"* (Mt 3,10.12).

Doch es ist nicht oft der Fall, dass sich der fruchtlose Bekenner an sein bloßes Bekenntnis klammert, bis die Verdammnis kommt. Es gibt viele, die lange, bevor ihnen die schrecklichen Zeichen des nahenden Gerichts zu Ohren kommen, das äußere Gewand abwerfen und mit ihrem wahren Charakter hervortreten. Unser Herr scheint dies in verschiedenen Teilen seines Wortes anzudeuten; besonders in seinem Gleichnis von dem Sämann bezieht er sich in klaren und bewegenden Begriffen darauf. *„Die am Weg sind die, welche es hören; danach kommt der Teufel und nimmt das Wort von ihren Herzen weg, damit sie nicht zum Glauben gelangen und gerettet werden. Die aber auf dem Felsen sind die, welche das Wort, wenn sie es hören, mit Freuden aufnehmen; aber sie haben keine Wurzel; sie glauben nur eine Zeit lang, und zur Zeit der Versuchung fallen sie ab. Was aber unter die Dornen fiel, das sind die, welche es gehört haben; aber sie gehen hin und werden von Sorgen und Reichtum und Vergnügungen des Lebens erstickt und bringen die Frucht nicht zur Reife"* (Lk 8,12-14). Sie sind diejenigen, welche der geistliche Gärtner wegnimmt. Die Zeit der Versuchung, die Zeit der Verfolgung, die Häufung weltlicher Sorgen, die Zunahme und der Glanz von Reichtum sind Zeiten und Anlässe, welche die Religion eines Menschen in den Tiegel legen, der ihn prüft. Der bloße Bekenner kann das nicht aushalten. Der Wind fegt über den Baum und alle seine Blätter werden verstreut. Das Feuer verbrennt das Erz und beweist, dass es unedles Metall ist. Doch wir wollen nicht missverstanden werden. Wir wagen es nicht, bei jedem reinen Bekenntnis des Evangeliums zu beteuern, dass sich sein falscher Charakter bald zeigt. Es gibt Tausende, die auf den Mammon trauen, deren Gott ihr Bauch ist, die sich ihrer Schande rühmen und irdisch gesinnt sind, und deren Ende, wenn sie nicht zu wahrer Buße gebracht werden, das Verderben sein wird – die doch, in all diesem, starr an der Form der Gottesfurcht festhalten und die es als die größte Kränkung ansehen würden, wenn man ihr Christentum einen Moment anzweifelt. Oh, das Herz ist tief und trügerisch wie die See, und diejenigen, die darauf vertrauen, werden fürchterlich und ewig zerstört werden! Ein Mensch kann das Vergnügen, die Welt und die Sünde lieben – sein Herz kann der Habsucht anhängen und sein Sinn kann in weltliche Sorgen verstrickt sein, und die ganze Zeit kann er ein starrer Formalist und stolzer Pharisäer sein, ein lärmender Disputant, und sogar Verfolgung um des Gewissens willen leiden, statt einem Prinzip nachzugeben, bei dem es um eine geringe Sache im Gesetz geht. Doch nun wollen wir die Aufmerksamkeit des Lesers auf *die Beschneidung der fruchtbaren Rebe* lenken.

2. DER FRUCHTBARE BEKENNER

Die Worte unseres lieben Herrn sind tief und reich an Bedeutung. *„… jede [Rebe] aber, die Frucht bringt, reinigt er."* Hier ist Leben, hier ist echte Einheit. Es ist eine fruchtbare Rebe, die ihre Fruchtbarkeit aus einer lebendigen Einheit mit dem Herrn Jesus Christus bezieht. Man wird bemerken, dass diese fruchtbringende Rebe *in Christus* ist; in ihn eingepfropft, mit ihm verbunden und in ihm wohnend, wie die Rebe *eins* mit dem Weinstock ist. Die Einheit des Gläubigen mit Christus und die daraus folgende Fruchtbarkeit ist eine herrliche Wahrheit. Der Heilige Geist hat in seinem Wort viel Nachdruck darauf gelegt. Es geht um ein „in Christus sein": *„Jede Rebe in mir"* (vgl. Fußnote Elb[14]). *„Ist jemand in Christus, so ist er eine neue Schöpfung"* (2.Kor 5,17). *„So sind auch wir, die vielen, ein Leib in Christus"* (Röm 12,5).

---

14 *Die Heilige Schrift, Elberfelder Bibel* (Abk.: Elb), nicht revidierte Fassung, 1905.

„...*auch die* **in Christus** *Entschlafenen* ...“ (1.Kor 15,18). Doch wie sollen wir dieses „in Christus sein“ verstehen? Wir haben gesehen, wie ein fruchtloser Bekenner äußerlich mit Christus verbunden sein kann, sodass es kein göttliches Leben in der Seele, keinen echten Glauben und folglich keine geistliche Fruchtbarkeit gibt. Er ist tot, obwohl er lebt. Doch wirklich, geistlich und lebendig „in Christus sein“ ist mehr als dies; es heißt, in jenem Bund der Gnade zu sein, der mit Christus als dem Bürgen und Mittler der Seinen geschlossen wurde; einer aus der Zahl derer zu sein, von denen man als dem „besonderen Eigentum“ des Herrn spricht – *„Denn der HERR hat sich Jakob erwählt, Israel zu seinem besonderen Eigentum“* (Ps 135,4) –, und zu denen zu gehören, von denen der Heilige Geist erklärt, dass sie in Christus *auserwählt* sind: *„Gepriesen sei der Gott und Vater unseres Herrn Jesus Christus, der uns gesegnet hat mit jedem geistlichen Segen in den himmlischen Regionen in Christus,* **wie er uns in ihm auserwählt hat** *vor Grundlegung der Welt, damit wir heilig und tadellos vor ihm seien in Liebe“* (Eph 1,3-4). Wahrhaftig „in Christus“ zu sein, heißt, in seiner Gerechtigkeit angenommen zu stehen, von ihm frei von allen Dingen gerechtfertigt zu sein. Es heißt, zur Erkenntnis der eigenen Schändlichkeit, Unzulänglichkeit und Schuld gebracht worden zu sein; veranlasst zu werden, alle Abhängigkeit von sich selbst abzulegen – das heißt, alle Werke des menschlichen Verdienstes –, und zu ihm zu kommen, wie der Schächer am Kreuz kam, ohne irgendwelches zugelassenes Vertrauen auf sich selbst, sondern als armer, hilfloser, ruinierter, verdammter Sünder, dessen einzige Hoffnung auf Vergebung und Annahme die freie Barmherzigkeit Gottes in Christus Jesus ist. „In Christus sein“ heißt, einem lebendigen, heiligen maßgeblichen Grundsatz des Glaubens unterworfen zu sein; es heißt, in den seligen Stand versetzt worden zu sein, den der Apostel so als seinen eigenen beschreibt: *„Ich bin mit Christus gekreuzigt; und nun lebe ich, aber nicht mehr ich selbst,* sondern Christus lebt in mir. Was ich aber jetzt im Fleisch lebe, das lebe ich im Glauben an den Sohn Gottes, der mich geliebt und sich selbst für mich hingegeben hat" (Gal 2,20). „In Christus sein" heißt, eins mit ihm zu sein; es heißt, Glied an seinem mystischen Leib zu sein, von dem er das geistliche Haupt ist, und das Haupt und die Glieder eins sind. Es heißt, Christus im Herzen wohnen zu haben: „Christus in euch, die Hoffnung der Herrlichkeit" (Kol 1,27). „Oder erkennt ihr euch selbst nicht, dass Jesus Christus in euch ist? Es sei denn, dass ihr unecht wärt!" (2.Kor 13,5). „Ich in ihnen" (Joh 17,23). Ja, es heißt, im Herzen Jesu zu wohnen; es heißt, dort im Zelt seiner Liebe zu ruhen, jeden Moment dort zu wohnen, dort vor allem Bösen beschützt und in allem Kummer beruhigt zu sein. Oh, seliger Zustand, „in Christus" zu sein! Wer möchte das nicht erleben? Wer würde es nicht genießen? „So gibt es jetzt keine Verdammnis mehr für die, welche in Christus Jesus sind, die nicht gemäß dem Fleisch wandeln, sondern gemäß dem Geist" (Röm 8,1).

Dies sind die lebendigen Reben, verbunden mit dem wahren Weinstock, die Frucht bringen. Ihre Frucht rührt her aus ihrer Einheit mit dem lebendigen Weinstock. „Es soll sich zeigen, dass deine Frucht von mir kommt!" (Hos 14,9). „Gleichwie die Rebe nicht von sich selbst aus Frucht bringen kann, wenn sie nicht am Weinstock bleibt, so auch ihr nicht, wenn ihr nicht in mir bleibt" (Joh 15,4). Und oh, was für kostbare Frucht trägt solch eine lebendige Rebe – das zerbrochene Herz, der zerknirschte Geist, die Trauer über Sünde, die niedrige, geringe und demütige Sicht von sich selbst, das Wagnis des Glaubens an einen umfassenden, mächtigen und bereitwilligen Heiland, das Loskommen von sich selbst und Ruhen in seiner alles sühnenden und alles befriedigenden Gerechtigkeit. Darauf folgt ein laufender Fortschritt in aller Heiligkeit und Gottesfurcht, in den Früchten des Glaubens, die von Jesus Christus kommen. Diese sind im Leben überreich vorhanden und beweisen die Wirklichkeit des wundersamen Wandels – dem engen Wandel mit Gott –, der Unterwerfung des Willens in allen Dingen unter seinen, die Gleichförmigkeit des Lebens mit dem Vorbild von Jesus, das Fühlen der „Kraft seiner Auferstehung", das Erkennen der „Gemeinschaft seiner Leiden" und die Gleichförmigkeit mit seinem Tod, die den ganzen Menschen kennzeichnet (Phil 3,10).

Dies sind einige der Früchte einer wirklich wiedergeborenen Seele. Der Heilige Geist bezeugt, dass *„die Frucht des Geistes ... in lauter Güte und Gerechtigkeit und Wahrheit"* (Eph 5,9) und noch genauer aus *„Liebe, Freude, Friede, Langmut, Freundlichkeit, Güte, Treue, Sanftmut [und] Selbstbeherrschung"* (Gal 5,22) besteht.

Beachten Sie nun, dass es nur die *fruchtbare Rebe* ist, die der Weingärtner reinigt: *„... jede aber, die Frucht bringt, reinigt er."* Wenn man fragt, warum? Dann lautet die Antwort: Weil nur die *fruchtbare* Rebe das Beschneiden verträgt. Er beschneidet sie, *weil* sie fruchtbar ist, *weil* sie Leben von und Einheit mit dem Weinstock hat. Dieses Reinigen oder Beschneiden des fruchtbaren Gläubigen durch den Herrn *ist die Prüfung seines eigenen Werkes.* Eben die Erziehung, die ein Bundesgott bei seinem Kind anwendet, beweist die Existenz und Wirklichkeit der Gnade in der Seele. Es ist nicht die leblose Rebe, die er beschneidet, es ist nicht das falsche Erz, welches er in den Brennofen legt. Wenn er sein Kind an die Hand nimmt, um an ihm zu arbeiten, dann will er die Gnade hervorbringen, die er zuerst in die Seele gepflanzt hat. Eben die Prüfung des Glaubens setzt die Existenz des Glaubens voraus. Und die Prüfung irgendeiner Gnadengabe des Geistes setzt die vorausgehende Innewohnung dieser Gnadengabe in dem Gläubigen voraus. Niemand geht zu einem trockenen Brunnen, um Wasser daraus zu schöpfen. Niemand geht zu einer Bank, bei der er vorher kein Guthaben angelegt hat, um

Geld von ihr abzuheben. Wen wird Gott, wenn er – der geistliche Weingärtner der Kirche – in seinen Garten geht und zwischen den „Bäumen der Gerechtigkeit" entlanggeht und in seiner Souveränität hier und dort etwas markiert zur Erziehung, zum Beschneiden, für dieses selige Ziel aussuchen außer den Bäumen, die er selbst gepflanzt hat? Jesus, der Weinstock, hat verkündet, dass jede Pflanze, die sein himmlischer Vater nicht gepflanzt hat, ausgerissen werden soll (s. Mt 15,13). Und haben wir im Fall von Bekennern ohne Gnade nicht oft die Erfüllung dieser ernsten Drohung gesehen? Der erste Windstoß der Versuchung hat sie fortgetragen – Wurzel und Zweige. Gott hat sie vielleicht in eine tiefe Prüfung gebracht. Der Sturm des Unglücks brach über sie herein; der Tod riss *„die Lust [ihrer] Augen durch einen plötzlichen Schlag"* an sich (Hes 24,16); Reichtümer bekamen Flügel und flogen fort; der Charakter wurde angegriffen; Versuchungen haben sie überrascht; und was war ihr Ende? Wir schauen nach ihrer Religion – sie ist davongeflogen wie Spreu auf dem Dreschboden vor dem stürmischen Orkan. Ihr Bekenntnis – alles ist fort. Ihre Gebete – sie haben sich in leere Luft verflüchtigt. Der „heilige Ort", der sie kannte, kennt sie nicht mehr. Und so wird es sich bei jeder Pflanze erweisen, die unser himmlischer Vater nicht gepflanzt hat, und auch mit allem Holz, Stroh und allen Stoppeln, die auf das äußerliche Anerkennen von und Bekennen zu Christus gebaut waren. Und oh, ihr Ende! *„Denn wenn sie durch die Erkenntnis des Herrn und Retters Jesus Christus"* – hier ist keine erfahrene oder rettende Erkenntnis gemeint – *„den Befleckungen der Welt entflohen sind, aber wieder darin verstrickt und überwunden werden, so ist der letzte Zustand für sie schlimmer als der erste. Denn es wäre für sie besser, dass sie den Weg der Gerechtigkeit nie erkannt hätten, als dass sie, nachdem sie ihn erkannt haben, wieder umkehren, hinweg von dem ihnen überlieferten heiligen Gebot. Doch es ist ihnen ergangen nach dem wahren Sprichwort: ‚Der Hund kehrt* *wieder um zu dem, was er erbrochen hat, und die gewaschene Sau zum Wälzen im Schlamm'"* (2.Petr 2,20-22).

Das echte Kind des Bundes aber prüft der Herr. Die lebende, fruchtbare Rebe beschneidet der Weingärtner. In jedem Gläubigen gibt es etwas, ja, in dem herausragendsten Kind Gottes – herausragend in seinem heiligen und engen Wandel –, das beschnitten werden muss. Wir sehen nicht immer die *Notwendigkeit* der Züchtigung. Wir wundern uns oft, warum an solch einem Gläubigen so unaufhörlich, und, in gewissem Sinn, so streng gearbeitet wird. Wir schauen uns seinen gottesfürchtigen Umgang vollständig an. Wir bemerken sein heiliges Betragen, seinen beständigen Wandel, seinen demütigen Geist, seine geistlichen Gaben und Gnadenerweise, seine Hingabe und seinen Eifer in der Sache des Herrn, und wir rufen aus: „Herr, mache mich ihm gleich, wie er dir ähnlich ist." Und wenn wir sehen, wie sich die Zeder im Libanon vor dem schwersten Sturm beugt – wenn wir bemerken, wie der Mann Gottes Gegenstand der am meisten überwältigenden Heimsuchungen wird, wie Welle auf Welle folgt und ein Bote nach dem anderen mit Kunde von Übel kommt, das nur noch bitterer ist als das letzte; wenn wir sehen, wie seine Gnade fortgeblasen, sein Trost weggenommen wird – hier ein Hindernis und dort eine Enttäuschung; und wenn wir sehen, wie er, den wir als jemanden angesehen haben, in den der Herr viel Gnade gelegt und den er mit besonderer Nähe und Gleichförmigkeit zu sich selbst begünstigt hatte, so sehr heimgesucht wird, dann wundern wir uns, dass der liebe Weingärtner ihn so beschneiden sollte, wie er es tut. Doch was sagt der Weingärtner? *„Ich, der HERR, erforsche das Herz"* (Jer 17,10). Hier wird das offenbart, was geheim war; das *verborgene Böse* dieses heiligen Mannes Gottes konnten wir nicht entdecken. Die mächtige Verderbtheit, die in seinem Herzen wohnte – die er, in einem gewissen Maß, kannte, und über die er trauerte und die er täglich vor dem Herrn bekannte –, war vor unserem Auge verborgen. Und während wir nach der äußeren Erscheinung urteilten – und, vielleicht, auch richtig urteilten, denn anhand ihrer Früchte können wir die wahren und die falschen Bekenner erkennen –, untersuchte und erforschte der Herr das Herz. Und diese Züchtigung und dieses Beschneiden und Reinigen seines geliebten Kindes geschah zur Unterwerfung des Bösen, was er dort entdeckte.

Lieber Leser, wenn Sie aus Erfahrung mit der Wahrheit vertraut sind, wie sie in Jesus ist, wenn Sie eine lebendige Rebe des wahren Weinstocks sind, dann wird es für Sie nichts Neues sein, wenn man Ihnen mitteilt, dass „die Kanaanäer" immer noch im Land wohnen. Sie werden sich erinnern, dass, als die Kinder Israel das Land Kanaan in Besitz nahmen, sie doch – obwohl sie seine Einwohner besiegten und das Land völlig in Besitz nahmen und regierten – die früheren Besitzer des Gebietes nicht völlig enteignen konnten. Dieser Umstand wird wie folgt berichtet: *„Aber die Söhne Manasses konnten diese Städte nicht einnehmen, sondern es gelang den Kanaanitern, in diesem Land zu bleiben"* (Jos 17,12). Was nun diese Kanaanäer, diese heidnischen Götzendiener, für die Kinder Israel waren, ist *die natürliche Verderbtheit* des Herzens für die berufenen Kinder Gottes. Nach allem, was die göttliche souveräne Barmherzigkeit für die Seele getan hat – obwohl die Einwohner des Landes besiegt wurden, das Herz der Kraft der allmächtigen Gnade übergeben wurde, der bewaffnete Starke (s. Lk 11,21) entmachtet wurde und Jesus den Thron eingenommen hat – werden doch „Kanaanäer im Land" wohnen und wir können sie nicht von dort vertreiben. Dies ist die natürliche Verderbtheit unserer gefallenen Natur – die Bosheiten eines Herzens, welches nur teilweise erneuert ist; die heidnischen Lüste, Leidenschaften und Schwächen, welche die früheren Besitzer des (Herzens-)Bodens sind und immer noch dort wohnen, und die wir im gegenwärtigen Zustand niemals völlig enteignen werden. Doch was machten die Kinder Israel mit diesen Kanaanäern, die sie nicht aus den Städten vertreiben konnten, sondern die im Land wohnen blieben? Davon lesen wir im dreizehnten Vers: *„Es geschah aber, als die Söhne Israels mächtig wurden, machten sie die Kanaaniter fronpflichtig; aber vertrieben haben sie dieselben nicht"* (Jos 17,13). Dies ist es also, was die Kinder Gottes mit den geistlichen Kanaanäern tun müssen, die doch im erneuerten Herzen wohnen: Sie können nicht vertrieben werden, *doch man kann sie fronpflichtig machen*; sie können nicht völlig ausgerottet werden, doch man kann sie zur völligen Unterwerfung bringen und sie sogar zum geistlichen Vorankommen der Seele und zur Herrlichkeit Gottes beitragen lassen. Ja, genau diese innewohnenden und mächtigen „Kanaanäer", diese starke Verderbtheit, die in der erneuerten Seele streitet und kämpft, kann für den geistlichen Nutzen eines Kindes Gottes dienstbar gemacht werden. Ist dem nicht so, wenn sie das Gotteskind dahin bringen, nicht auf sich selbst zu vertrauen, reichlich aus der Fülle der Gnade in Jesus zu nehmen, sich oft vor den Thron der Gnade zu begeben, viel und eng mit dem sühnenden Blut umzugehen, einen wachsamen, betenden, zarten Geist zu pflegen und sich täglich und stündlich in Christus Jesus zu freuen und kein Vertrauen auf Fleisch zu setzen? Und doch kann all dies das Ergebnis sein, wenn der Gläubige im göttlichen Leben stark geworden ist und gelernt hat, seine innerliche Verderbtheit tributpflichtig zu machen, wenn er sie auch nicht völlig aus seiner Brust vertreiben kann. *„Aber unser Gott verwandelte den Fluch in Segen"* (Neh 13,2). Und so kann auch die erneuerte Seele – die oft dazu gebracht wird, auszurufen: *„Ich elender Mensch! Wer wird mich erlösen von diesem Todesleib?"* (Röm 7,24) – durch die Hilfe des Geistes Jesu und dadurch, dass sie immer vollkommener und versierter in der Kunst des heiligen Krieges wird, in der Lage sein, die Regung der innewohnenden Sünde zu einer Gelegenheit des heiligeren und demütigeren Wandels mit Gott zu machen. Seliger Gläubiger, die Absicht und echte Wirkung dieser innewohnenden Schwächen des Fleisches und des Geistes sind, die Seele in der Erkenntnis ihrer eigenen Nichtigkeit zu schulen, sie zu einem sanften und niedrigen Wandel zu nötigen und das Blut, den Gnadenthron und das Allerheiligste lieb zu machen, wohin die am meisten beladene, bedrückte und demütige Seele jederzeit Zugang hat!

Dieses Beschneiden zerstört oder schwächt nicht die Macht des göttlichen Lebens in der Seele. Wir können zu einem Baum im Wald gehen und ihm jeden Ast abschneiden, ja, wir können ihn bis zum Boden abhauen. Und doch – da die Grundlage des Lebens noch bleibt – werden die freundlichen Schauer und der warme Sonnenschein ihn dazu bringen, wieder emporzusprossen, zu blühen und Frucht zu tragen. Das göttliche Leben in der Seele eines Menschen ist unzerstörbar – es kann nicht untergehen. Der Same, den die Gnade in das Herz eingepflanzt hat, ist unvergänglich – er kann nicht verdorben werden. Prüfungen, Kämpfe, Stürme und starke Winde sind weit davon entfernt, die Grundlage der Heiligkeit in der Seele zu beeinträchtigen; sie vertiefen und stärken sie nur und tragen sehr zu ihrem Wachstum bei. Wir schauen auf Hiob. Wer von allen Menschen wurde stärker geprüft oder strenger beschnitten als er? Und doch war die schwere Erziehung des Bundes, die er durchmachte, weit davon entfernt, das göttliche Leben in ihm zu zerstören oder selbst zu schwächen, sondern hat nur die Wurzel tiefer und weiter gemacht und in reicheren Trauben die seligen Früchte der Heiligkeit hervorgebracht. Denken Sie, lieber Leser, das göttliche Leben in seiner Seele habe einen Wandel zum Schlechteren erfahren, wenn er als Ergebnis von Gottes Bundeshandeln an ihm, als Folge des strengen Beschneidens der fruchtbaren Rebe ausruft: *„Vom Hörensagen hatte* ich von dir gehört, aber nun hat mein Auge dich gesehen. Darum spreche ich mich schuldig und tue Buße in Staub und in Asche!" (Hiob 42,5-6)? Nein, das Beschneiden der fruchtbaren Rebe schadet nicht, sondern stärkt vielmehr das Prinzip der Heiligkeit in der Seele und macht es fruchtbarer, wie wir nun weiter zeigen werden. Das Beschneiden der fruchtbaren Rebe, sagt unser Herr, geschieht mit Blick auf ihre *zunehmende Fruchtbarkeit*. „*... jede aber, die Frucht bringt, reinigt er, damit sie mehr Frucht bringt.*"

Es ist der Wille Gottes, dass die Seinen fruchtbar sein sollen. „*Denn das ist der Wille Gottes, eure Heiligung*" (1.Thess 4,3) – die Heiligung des Gläubigen einschließlich aller Fruchtbarkeit. Er wird sein eigenes Werk im Herzen seines Kindes hervorbringen. Er wird zeigen, dass da, wo Gnade wohnt, sie gute Frucht hervorbringt. Und er nimmt nie sein Kind mit der Absicht in die Hand, um an ihm gemäß dem Sinn des Gnadenbundes zu handeln, außer, damit dieses Handeln zu einem größeren Maß geistlicher Fruchtbarkeit führt. Wenn nun der Herr heimsucht und der Heilige Geist die Heimsuchung des Gläubigen heiligt, sind diese dann nicht unter den wertvollen Früchten dieser Erziehung? In erster Linie *wurde das „Ich" mehr hassenswert*. Dies, so hat Gott erklärt, sollte das Ergebnis seines Handelns an seinem alten Volk Israel wegen ihres Götzendienstes sein – „*dann werden sie Abscheu über sich selbst empfinden wegen der Bosheit, die sie mit allen ihren Gräueln verübt haben*" (Hes 6,9). Und ferner – „*dann werdet ihr an eure bösen Wege gedenken und an eure Taten, die nicht gut waren, und ihr werdet vor euch selbst Abscheu empfinden wegen eurer Sünden und wegen eurer Gräuel*" (Hes 36,31). Und als das göttliche Erbarmen sich zeigte, wurde der Zustand seines geliebten Volkes so beschrieben: „*Niemand hat mitleidig auf dich geblickt, dass er etwas Derartiges für dich getan und sich über dich erbarmt hätte, sondern du wurdest auf das Feld hi-*

nausgeworfen, so verachtet war dein Leben" (Hes 16,5). Und dies ist keine kleine Frucht, das Ergebnis von Gottes Bundeshandeln an der Seele. Es ist einer der nutzlosen Zweige, die er abgeschnitten hat. Vor dem „Ich" Abscheu wegen seiner Sündhaftigkeit zu empfinden, es in all seinen Formen abzutöten und es zur völligen Unterwerfung unter den Geist der Heiligkeit zu bringen, ist in der Tat kein kleiner Triumph der göttlichen Gnade in der Seele und kein geringer Effekt des geheiligten Gebrauchs der Fügungen des Herrn. Das muss man immer als ein kostbares Mittel ansehen, welches dieses selige Ziel erreicht. Dieses nicht abgetötete „Ich" in dem Gläubigen ist einer der schrecklichsten Feinde seiner Seele; es zeigt sich auf tausend Wegen und trägt tausend Verkleidungen. Es ist oft schwierig, das unterschwellige Wirken dieses Prinzips zu entdecken. Denn wenn der Verdacht seiner Existenz fast zum Schweigen gebracht ist, dann ist es oft *dort* enorm verbreitet und mächtig. Selbstvertrauen wie bei Petrus, Eigenruhm wie bei Hiskia, Selbstgerechtigkeit wie bei Hiob, Selbstbetrug wie bei Bileam – auf wie viele zahllose Wege kann dieses hassenswerte, verderbliche Prinzip sich selbst zeigen! Und wie viel Trug zur Ungerechtigkeit liegt darin. Es ist nur dem vollständig bekannt, der feierlich erklärt: *„Ich, der HERR, erforsche das Herz"* (Jer 17,19). Lieber Leser, in Ihrem und in meinem Herzen gibt es dieses Prinzip dieser Sünde. Und wer kann es ausfindig machen und ausrotten außer dem Herrn dem Geist? *„Wenn ihr aber durch den Geist die Taten des Leibes tötet, so werdet ihr leben"* (Röm 8,13). Handelt Ihr Bundesgott und Vater gerade an Ihnen? Beten Sie, dass dies eines der seligen Ergebnisse sein wird – *die Erniedrigung des „Ichs" in Ihnen*, dass es Ihnen in all seinen Abarten und seiner Entstelltheit enthüllt werden möge, und seine völlige Unterwerfung unter das Kreuz Jesu. Seliges Beschneiden, wenn die Absicht und das Ergebnis ist, Sie in den Staub vor den Herrn zu legen, Sie dazu zu bringen, sich selbst zu verabscheuen und alle Ihre Tage vorsichtig und demütig zu wandeln!

Eine weitere heilige Absicht des Beschneidens der fruchtbaren Rebe ist, *den Herrn Jesus in seiner Person, seinem Werk und seinen Ämtern lieb zu machen*. Jesus, die Rebe, die „Pflanzung zum Ruhm" (Hes 34,29), wächst nur auf dem lebendigen und beschnittenen Herzen. Es gibt viele Bekenner, in deren Herzen kein Raum für Christus ist. Die Welt und nicht abgetötete Sünde nehmen den ganzen Platz ein und alle Zuneigung in Anspruch. Und wenn auch sein Name äußerlich bekannt wird, wird sein Kreuz innerlich verachtet. Oh, was für ein Entleeren, was für ein Demütigen, was für ein Beschneiden ist nötig, um Raum für das demütige Lamm Gottes im Herzen eines armen gläubigen Sünders zu machen! Und dieses Entleeren und Beschneiden ist noch nach Jahren nötig, nachdem man Jesus das erste Mal aufgenommen hat. Würde unser lieber Herr so erziehen, wie er es tut, wenn dem nicht so wäre? Würde er dieses und jenes Glied abtrennen; würde er diese und jene Abhängigkeit abschneiden; würde er uns von dem Vertrauen auf die Schöpfung loslösen, und das manchmal auf schmerzlichste Weise? Oh, nein! Mit diesen Mitteln sucht er *sich selbst* im Hinblick auf unsere Zuneigung durchzusetzen – *er* möchte unser ganzes Herz haben, *er* möchte uns fruchtbar machen. Und wenn wir derart das irdische Vertrauen los sind, wenn wir vom Vertrauen auf uns selbst entleert sind, wenn wir von irdischem Trost abgeschnitten sind – oh, wie unglaublich kostbar wird Jesus! Dann sehen wir ihn als genau den Jesus, der uns fehlt, genau den Heiland, den wir brauchen. Wir finden in ihm alles, was wir je in der Schöpfung gefunden haben, und unendlich mehr – Weisheit, Stärke, Zärtlichkeit und Anteilnahme, die alles übertreffen, was Menschen und Engel je gefühlt haben oder vielleicht fühlen können, für uns. Dann werden uns sein Blut und seine Gerechtigkeit lieb gemacht; dann fliehen wir zu seiner Fülle der Gnade. Und dann ergreift die zarte, blutende Rebe fester ihren Stamm und wendet sich fortan nur an ihn für all ihre Vitalität, ihre Nahrung und ihre Frucht. *„Gleichwie die Rebe nicht von sich selbst aus Frucht bringen kann, wenn sie nicht am Weinstock bleibt, so auch ihr nicht, wenn ihr nicht in mir bleibt"* (Joh 15,4). Ah! Lieber Leser, wenn Sie sein Kind sind, wird er Sie dies erfahren lassen und sich Ihnen so lieb machen. Und das geschieht selten, außer auf dem Weg strengen Beschneidens. Weichen Sie also nicht davor zurück. All das Gute, was der Herr je von Ihnen nimmt, gibt er zehntausendmal mehr wieder zurück, *indem er sich selbst gibt.* Wenn Sie sagen können: „Der Herr ist mein Teil", was mehr wünschen, ja, können Sie sich wünschen? Und bedenken Sie auch, der Herr wird nichts von Ihnen abschneiden, was für Sie wirklich gut ist. Er weiß, was für Sie am besten ist, nicht Sie selbst. Er wird nur die nutzlosen Ranken abtrennen, die kleinen Zweige, die den Saft verzehren, welche die Nahrung aufsaugen und Unfruchtbarkeit hervorbringen. Wir wissen nur unvollkommen, was zu unserem geistlichen oder weltlichen Nutzen beiträgt. Was wir vielleicht als absolut grundlegend für beides erachten, sieht der Herr in seiner Weisheit vielleicht als gut zu entfernen an. Und wie es häufig ist, sieht er vielleicht das, für dessen *Entfernung* wir oft den Herrn angefleht haben, als gut an, es *beizubehalten.* Dreimal betete Paulus für die Entfernung seiner Schwäche, und dreimal lehnte der Herr seine Bitte ab. Doch die Ablehnung wurde von einer Verheißung begleitet, die darauf abzielte, jedes Gefühl des Apostels zu süßer Ergebung zu beschwichtigen: *„Lass dir",* sagte der Herr, *„an meiner Gnade genügen"* (2.Kor 12,9). Möge der geprüfte Gläubige immer daran denken, *dass tragende Gnade in der Zeit der Prüfung eine größere Barmherzigkeit ist als die Entfernung der Prüfung selbst.* Der Herr Jesus schien zu seinem Diener zu sagen: „Ich sehe nicht, dass es gut für dich wäre, dein Gebet zu erfüllen, doch ich will dich fähig machen, die Schwäche ohne Murren zu tragen. Ich werde dich stützen, dir so meine Kraft in deiner Schwachheit und meine Allgenugsamkeit in deiner Nichtigkeit offenbaren, dass du dir nicht ihre Entfernung wünschst." „Herr", hat er vielleicht geantwortet, „das ist alles, was ich wünsche. Wenn du es in deiner Weisheit und Liebe für gut ansiehst, mich immer noch zu beschneiden, so bin ich in deinen Händen, dass du mit mir tust, wie es gut ist in deinen Augen. Das Bleiben der Prüfung wird nur die Kraft deiner Gnade und die Zärtlichkeit und das Mitgefühl deines Herzens beweisen." Danach hören wir nichts mehr von Paulus „Pfahl fürs Fleisch". Die Gnade seines Herrn hat sich für ihn zweifellos als allgenugsam erwiesen.

Es gibt ein oder zwei Punkte der *Ermahnung* und *Ermutigung*, die wir aufgreifen wollen, bevor wir dieses Kapitel abschließen.

3. ERMAHNUNG UND ERMUTIGUNG

Der Gläubige möge sich davor hüten, die kleine Fruchtbarkeit zu verachten, die der Herr der Geist ihm vielleicht gibt. Darin besteht eine Gefahr. Viele, welche dieses Kapitel lesen, beenden es vielleicht mit tiefer Trauer über ihre Unfruchtbarkeit. Sie denken vielleicht, ihre Frucht sind nur Blätter, ihre Religion nichts als Bekenntnis. Doch warten Sie, lieber Leser: Für Sie ist es Gnade, zu wissen, dass der Herr nicht *Ihre* Einschätzung eines fruchtbaren Zustandes ansieht; andernfalls, wenn der Herr uns richten und verdammen würde, wie wir selbst es tun; wenn er sein eigenes Werk verachten würde, wie wir es oft tun, würde es wirklich schlimm um uns stehen. Doch er tut es nicht. Auf das, was wir oft seiner Beachtung für unwürdig erachteten, hat er mit der liebevollsten Zufriedenheit und dem zärtlichsten Entzücken herabgeschaut. Und wenn wir am Ende einer Predigt, nach dem Lesen eines Buches oder wenn wir uns vom

Thron der Gnade zurückzogen, den Kopf hängen ließen und uns schämten, unser Angesicht zu ihm emporzuheben und ausriefen: „Herr, ich bin schändlich. Sieh mich nicht an, denn ich bin schwarz" (vgl. Hld 1,6). Dann hat er die Frucht seines eigenen Geistes angesehen, die aus seiner Sicht kostbar, wohlriechend und wertvoll ist. Sehen Sie also, dass Sie nicht das verachten, was der Herr für Sie gewirkt hat. Jedes Verlangen des Herzens nach Christus, jede heimliche Zerbrochenheit, jeder gottesfürchtige Kummer über innewohnende Sünde, jedes schwache Lösen von dem eigenen „Ich" und Sichstützen auf Jesus ist das gnädige Werk des Heiligen Geistes in der Seele und darf nicht unterbewertet oder außer Acht gelassen werden. Eine wirklich demütige Sicht von sich selbst ist eine der kostbarsten Früchte des Geistes – sie zeigt vielleicht mehr echte Fruchtbarkeit als jeder andere Zustand des Sinnes. Die Kornähre, die am meisten Samenkörner hat, hängt am tiefsten; der Ast, der am schwersten mit Frucht beladen ist, beugt sich am meisten zu Boden. Es ist kein unzweideutiges Zeichen für große geistliche Fruchtbarkeit bei einem Gläubigen, wenn Zartheit des Gewissens, ein zerknirschter Geist, niedrige Gedanken von sich selbst und hohe Gedanken von Jesus den Zustand seiner Seele kennzeichnen. *„Denn wer ist's, der den Tag geringer Anfänge verachtet?"* (Sach 4,10). Jesus nicht.

Doch, lieber Leser, bleiben Sie nicht hier stehen. So selig es ist, Ihre Unfruchtbarkeit zu erkennen und darüber zu trauern, so ist es immer noch seliger, voranzuschreiten zu einer tieferen und geistlicheren Bekanntschaft mit Christus, der Quelle jeder echten Fruchtbarkeit. Zu viele bleiben bei dem bloßen Beklagen ihrer Unfruchtbarkeit stehen. Sie werden ihren Zustand offen zugeben, ihn freimütig vor Gott bekennen. Doch Sie können sie treffen, wann Sie wollen, dies ist immer ihre Lage und dies ihr Bekenntnis. Man scheint bei ihnen keinen Fortschritt zu bemerken, kein Bemühen nach höheren

Fertigkeiten, keine Kreuzigung von erkannten Schwächen, keine Abtötung bequemer Gewohnheitslaster, keine Preisgabe von dem, was als Wurm an der Wurzel ihrer Religion frisst. Es scheint nur genug Leben und Bewusstsein zu geben, um den verborgenen geistlichen Niedergang der Seele festzustellen, doch nicht genug, ihn in seinem Fortgang aufzuhalten.

Damit nun, lieber Leser, dies bei Ihnen nicht der Fall sein möge, *trachten Sie nach einer wachsenden Kenntnis von Christus*; es sei Ihnen versichert, hierin liegt das große Geheimnis eines wachsenden, fruchttragenden Christentums. *„Gleichwie die Rebe nicht von sich selbst aus Frucht bringen kann, wenn sie nicht am Weinstock bleibt, so auch ihr nicht, wenn ihr nicht in mir bleibt"* (Joh 15,4). Es gibt eine unaufhörliche Anfälligkeit, Fruchtbarkeit für uns von allem außer einem engen, geistlichen und beständigem Umgang mit dem Kreuz Jesu zu bekommen. Doch genauso könnten wir erwarten, dass die Erde sich grün kleidet oder der Baum blüht und die Blüten zu Früchten reifen ohne die freundliche Wärme der Sonne, wie bei einer von Neuem geborenen Seele Fruchtbarkeit ohne beständigen Umgang mit dem Herrn Jesus Christus zu suchen. Denn genau das, was die Sonne für das Reich der Natur ist, ist Jesus, die „Sonne der Gerechtigkeit", für das Reich der Gnade – die selige Quelle allen Grüns, Wohlgeruchs und aller Fruchtbarkeit. Alle Ihre Erwartungen sollen sich also *hier* konzentrieren. Immerwährend von der Überführung von Sünde, gesetzlichen Ängsten oder flüchtiger Freude zu zehren, kann Ihnen nichts wirklich Gutes einbringen – keine Heilung Ihres Geistes, keine Fruchtbarkeit Ihrer Seele. Das göttliche Leben kann *hieraus* keine Nahrung ziehen. Doch zehren Sie von dem sühnenden Blut Jesu. Hier findet sich die Fettigkeit für Ihre Seele; dies heilt die Wunde, gewinnt das Herz und beschwichtigt jede Furcht vor der Verdammnis. Dies befähigt einen armen Sünder, ganz und gar auf Gott zu schauen in dem Gefühl, dass Gerechtigkeit, Heiligkeit, Wahrheit und jede göttliche Vollkommenheit auf seiner Seite sind. Es ist das Blut Jesu – durch Anwendung des Heiligen Geistes –, das jede Faser der Wurzel der Heiligkeit in der Seele befeuchtet und ihre Fruchtbarkeit hervorbringt. Dies schickt den warmen Strom des Lebens durch jeden Teil des wiedergeborenen Menschen, belebt den Pulsschlag der Liebe und versieht jeden Akt des Gehorsams mit gesunder und lebendiger Kraft. Und wenn sich die geistlichen Zeiten ändern – denn in der Seele eines Kindes Gottes ist nicht immer Frühling; wenn die Sommersonne die Blätter verdorrt oder der herbstliche Wind sie verstreut und der grimmigere Sturm des Winters auf den heimgesuchten Zweig schlägt, dann werden das Blut und die Gerechtigkeit Christi, wenn man sich von ihnen genährt, sie geliebt und gehegt hat, doch das göttliche Leben in der Seele tragen. Und zu gegebener Zeit werden die Blüten des Frühlings und die Früchte des Sommers wieder erscheinen und beweisen, dass das göttliche Leben eines Gläubigen *„verborgen [ist] mit dem Christus in Gott"* (Kol 3,3). Dann wird zu Ihnen gesagt werden, wie zu der Kirche von ihrem Geliebten gesagt wurde: *„Denn siehe, der Winter ist vorüber, der Regen hat sich auf und davon gemacht; die Blumen zeigen sich auf dem Land, die Zeit des Singvogels ist da, und die Stimme der Turteltauben lässt sich hören in unserem Land; am Feigenbaum röten sich die Frühfeigen, und die Reben verbreiten Blütenduft; komm, mach dich auf, meine Freundin; meine Schöne, komm doch!"* (Hld 2,11-13). Lassen Sie dann Ihr Herz antworten: *„Erwache, du Nordwind, und komm, du Südwind, durchwehe meinen Garten, dass sein Balsam träufle! Mein Geliebter komme in seinen Garten und esse seine herrliche Frucht!"* (Hld 4,16). So sollen *„erfüllt [werden] mit Früchten der Gerechtigkeit, **die durch Jesus Christus gewirkt werden** zur Ehre und zum Lob Gottes"* (Phil 1,11).

Heimgesuchter Gläubiger, vergessen Sie nicht, dass es nur die *fruchtbare* Rebe ist, die der Herr beschneidet: *„Denn wen der Herr lieb hat, den züchtigt er"* (Hebr 12,6), und weiter sagt er: *„Alle, die ich lieb habe, die überführe und züchtige ich"* (Offb 3,19). Danken Sie ihm also für das Beschneiden. Loben Sie ihn für die geheiligte Prüfung, die Sie von irdischen Dingen entwöhnt, die Ihr Herz für jede Konkurrenz Christi abtötet und es in ihr eine ansteigende Quelle des Glaubens, der Hoffnung und Liebe gibt. In dem Herzen Gottes, der Sie jetzt züchtigt, gibt es nicht einen unfreundlichen Gedanken. Es stimmt, vielleicht hat er von Ihnen Zweig auf Zweig abgetrennt, vielleicht hat er alle irdischen Quellen verschlossen, vielleicht hat er Sie hinunter in das tiefe Tal der Erniedrigung geführt. Doch er ist immer noch *Liebe* und nichts als Liebe. Könnten Sie in sein Herz sehen – man würde kein Motiv darin wohnen finden noch einen Puls dort schlagen, der nicht in genau diesem Moment von der Liebe zu Ihnen sprechen würde. Alles, was er in Bezug auf Sie anstrebt, ist Ihre wachsende Fruchtbarkeit. Und Ihre wirkliche *Heiligung* fördern heißt, Ihre wirkliche *Seligkeit* zu fördern. In all seinem Handeln mit seinem Bundesvolk sucht Gott ihr Bestes, ihre größte Seligkeit, und er zeigt in nichts offenkundiger die leidenschaftliche Liebe, die in seinem Herzen zu ihnen wohnt, als hierin.

Rufen Sie sich oft die Worte unseres Herrn in den Sinn: *„Dadurch wird mein Vater verherrlicht, dass ihr viel Frucht bringt und meine Jünger werdet"* (Joh 15,8). Diese viele Frucht findet sich oft in denen am meisten, an denen der Herr am meisten handelt. Er hat die Seinen zu seiner eigenen Herrlichkeit geschaffen und diese wird er für sich durch ihre reichliche Fruchtbarkeit sicherstellen. Darum sind die erhabensten Heiligen immer am tiefsten geprüft und stark beschnitten worden: Ihre große Fruchtbarkeit entsprang ihren schweren Heimsuchungen. Und doch, Geliebte, handelt der Herr an seinen

Heiligen nach seiner heiligen Souveränität. Er verfährt mit ihnen nicht immer nach derselben Richtschnur oder hat für sie denselben Weg. Blickt Gott freundlich auf Sie? Scheint die Sommersonne? Ist Ihre See glatt und fließend? Bläst der Südwind auf Sie? Sehen Sie dann zu, dass Sie demütig mit Gott wandeln. *„Sei nicht hochmütig, sondern fürchte dich!"* (Röm 11,20). Wenn Gott Sie in seiner Vorsehung ein wenig in der Welt erhoben hat, müssen Sie seinen Thron um große Gnade bestürmen, um Ihren Geist *niedrig* im Staub vor ihm zu halten. Bewundern Ihre Gefährten Ihre Talente, rühmen sie Ihre Gaben, loben sie Ihre Werke und buhlen sie um Ihre Gesellschaft? Oh, wie eng, vorsichtig und demütig sollen Sie *jetzt* mit Gott wandeln! Der Glanz der Schmeichelei, der auf Sie fällt, wird Fäule an Ihren Gnadengaben aufzeigen, wenn Sie nicht vor Gott auf Ihre Knie gehen. Diese schmeichelnden Worte, die in Ihr Ohr gedrungen sind, werden sich für Ihre Seele wie die Fliege in der Salbe des Apothekers erweisen, wenn Sie sich nicht noch tiefer vor dem Kreuz zu Boden neigen. Möge Sie jeder Umstand und Zustand dorthin bringen; ob der Nordwind oder der Südwind bläst; ob sich dunkle Wolken der Not über Ihnen sammeln oder der Sonnenschein des Wohlstands auf Sie strahlt – Ihre Haltung möge immer niedrig vor dem Kreuz des Heilands sein; *dort* kann Ihnen nichts schaden. Achten Sie darauf, dass die Zeit des äußerlichen Wohlstands die Zeit der Fruchtbarkeit Ihrer Seele ist; sehen Sie zu, dass jede Barmherzigkeit Sie zu Gott bringt; verwandeln Sie jeden neuen Segen in ein frisches Motiv, nicht für Sie selbst, sondern für ihn zu leben, von dem der Segen kam.

Und wenn Sie genötigt sind, Ihre schlimmste Verfassung zu Christus zu bringen, Ihre Sünden, wenn sie sich erheben, Ihre Schwachheit, wenn sie Ihnen bewusst wird, Ihre Verderbtheit, wenn sie sich zeigt, so sollen Sie genau darin eine fruchtbare Rebe des wahren Weinstocks sein. In dem Gehen zu Christus, so wie er ist, bringt der

Gläubige Frucht hervor. Denn was kennzeichnet die Verfassung einer Seele, die so hinaufzieht zum Kreuz, wenn nicht Misstrauen gegenüber sich selbst, Selbsterniedrigung, ein tiefes Verstehen der eigenen Nichtigkeit und eine hohe Sicht von der Genügsamkeit Christi? Und ist dies keine kostbare und wertvolle Frucht? Ich weiß von keiner, die dies mehr ist.

Und der fruchtbare Gläubige möge die herannahende Zeit seiner Umwandlung in eine freundlichere und gesündere Seele erwarten. Im Himmel, der Heimat der Heiligen, wird es nichts geben, was die Blume der Gnade zunichtemacht – kein Winterfrost, keine brennende Hitze des Sommers, keine zermalmenden Stürme, keine stürmischen Gewitter. Die früheren Dinge werden vergangen sein und ihnen wird ein neuer Himmel und eine neue Erde gefolgt sein, in denen Gerechtigkeit wohnt. Selige Stunde dieser Befreiung! *Hier* ist er „eine Lilie unter Dornen" (Hld 2,2); *dort* wird er ein „Baum der Gerechtigkeit" sein (s. Jes 61,3), über dem sich nie ein Sturm erheben und die Sonne nie untergehen wird.

> „Oh, was für einen Garten wird man sehen
> wenn alle Blumen der Gnade
> sich in ewigem Grün zeigen
> vor dem Angesicht des Pflanzers!
>
> Nicht mehr dem brennenden Himmel ausgesetzt
> oder der schneidenden Kälte des Winters.
> Was für niemals ersterbende Süße wird sich erheben
> aus jeder sich öffnenden Hürde!
>
> Kein Mangel an Sonne oder Regen oben,
> die Blumen sich neigen lassen;
> Brunnen des Lebens und Strahlen der Liebe
> entspringen und scheinen für immer.

Sie brauchen nicht länger belebende Luft
oder freundlich sich erhebenden Tau!
Ihre Schönheit ist unaussprechlich
und doch für immer neu.

Christus ist ihr Schatten und Christus ist ihre Sonne;
unter ihnen wandelt der König,
dessen Gegenwart ewiger Mittag ist
und sein Lächeln ewiger Frühling.

KAPITEL 8

DER HERR, DER WIEDERHERSTELLER DER SEINEN

„DIE SEELE MIR BRINGT ER ZURÜCK"
(PS 23,3; BUBER[15]).

Während der Besprechung unseres Themas haben wir uns bemüht, dem Leser die unzerstörbare Natur des göttlichen Lebens, die Beständigkeit des Gnadenbundes und die unwandelbare Liebe Gottes zu den Seinen deutlich und markant vor Augen zu halten. Die angemessene Darlegung unseres Themas erfordert mehr als das reine Anerkennen dieser herrlichen Wahrheiten des Evangeliums. Auf was für einem unsicheren Grund würde ohne sie die endgültige Errettung des Gläubigen ruhen! Wenn wir dazu gebracht werden, die Unsicherheit der Schöpfung zu betrachten – komprimieren wir nur einmal die Geschichte eines Kindes Gottes auf den kurzen Zeitabschnitt eines einzigen Tages –, und beachten, aus welchen Mängeln, welchen Unvollkommenheiten, welchem Wankelmut, welchem Zur-Seite-Abweichen, welcher Preisgabe von Prinzipien, welchen Mängeln in der Praxis, welchen Fehlern in der Beurteilung und aus was für einem Umherschweifen des Herzens sich diese

---

15 *Die Schrift*, verdeutscht von Martin Buber gemeinsam mit Franz Rosenzweig (Abk.: Buber), Lizenzausgabe für die Deutsche Bibelgesellschaft, Stuttgart 1998.

kurze Geschichte zusammensetzt, wie sehr werden wir dann dazu gebracht, Gott für die Beständigkeit des Bundes zu danken; jenes Bundes, welcher für die völlige Erlösung aller Gläubigen sorgt – der von der Ewigkeit her die wirksame Berufung, die vollkommene Bewahrung und das sichere Heil für jedes erwählte Gefäß der Barmherzigkeit sicherstellt! Mit welcher Klarheit und Süße wird diese Wahrheit von Gott selbst enthüllt: *„Wenn seine Söhne mein Gesetz verlassen und nicht in meinen Verordnungen wandeln, wenn sie meine Satzungen entheiligen und meine Gebote nicht beachten, so will ich ihre Abtrünnigkeit mit der Rute heimsuchen und ihre Missetat mit Schlägen; aber meine Gnade will ich ihm nicht entziehen und meine Treue nicht verleugnen; meinen Bund will ich nicht ungültig machen und nicht ändern, was über meine Lippen gekommen ist"* (Ps 89,31-35).

Wir werden sehen, dass in diesem Abschnitt zwei höchst ernste und bewegende Wahrheiten anerkannt werden – die wiederholte Abtrünnigkeit eines Kindes des Bundes und die Gewissheit seiner Wiederherstellung. Hauptsächlich mit der letzten Wahrheit haben wir im gegenwärtigen Kapitel zu tun.

1. *DIE NOTWENDIGKEIT DER GÖTTLICHEN WIEDERHERSTELLUNG*

Über die bestehende *Notwendigkeit*, dass der Herr wiederherstellt, müssen wir hier nicht viel sagen. Die vorhergehenden Seiten sind in einem gewissen Maß auf diesen Punkt eingegangen. Und doch bildet es die Grundlage unseres gegenwärtigen Themas und ist zu wichtig, als dass man es mit einem einfachen Verweis abtun kann. Wer – der daran denkt, dass *das göttliche Leben in einem Gläubigen seine Wohnung in einem nur teilweise erneuerten und geheiligten*

Herzen hat – kann daran zweifeln, dass es die *Notwendigkeit* der göttlichen Wiederherstellung gibt? Bei Adam vor seinem Fall war dies nicht so. In seinem Herzen gab es nichts, was dem Leben von Gott in ihm widerstand. Der Sinn, der Wille, die Zuneigung, ja, die ganze Seele, waren ein herrlicher Kreis von vollkommenem Licht und vollkommener Heiligkeit: Nicht ein Schatten trübte seinen Glanz, kein Fleckchen beeinträchtigte seine Schönheit. Jede Fähigkeit des Sinnes, jede Vorliebe des Willens, jedes Gefühl des Herzens, jeder Hauch des Verlangens stimmte mit dessen Natur überein und war vorteilhaft für sein Wachstum.

Doch jetzt ist dies nicht mehr so. Adam fiel, und in seinem Fall gab er seinen Nachkommen eine vollständig, in jedem Teil verderbte Natur weiter. Und obwohl es die göttliche und souveräne Gnade übernommen hat, diese Natur zu erneuern und dies zum Teil tut, ist sie doch nur *zum Teil* zu ihrer ursprünglichen Herrlichkeit erneuert und wiederhergestellt. Das göttliche Leben hat seinen Wohnsitz in einer gefallenen, fleischlichen Natur. Ein Satz des Apostels erklärt und bekräftigt diese Wahrheit: *„Was ich aber jetzt im Fleisch lebe …"* (Gal 2,20). Das göttliche Leben, was er führte, war *im Fleisch.* Es war von aller Verderbtheit und allen Schwächen, Unzulänglichkeiten und Angriffen des Fleisches umgeben. Es gab nicht einen Moment, in dem es nicht den Angriffen von innen ausgesetzt war. Es gab keine natürliche Fähigkeit des Sinnes oder keinen Schlag des Herzens, der für das Gedeihen des göttlichen Lebens nützlich war, sondern alles stand dessen Natur entgegen und dessen Fortschritt feindlich gegen- über. Jeder Gläubige möge bedenken, dass er das göttliche Leben, welches er führt, *im Fleisch führt*, und dass es keinen Tag gibt, an dem er nicht die Wiederherstellung durch den Herrn braucht.

Verbinden Sie nun damit die vielen *äußeren* Einflüsse, die dem gött- lichen Leben in der Seele feindlich gesinnt sind. So wie es innerlich nichts gibt, was vorteilhaft für einen Stand der Gnade ist, so gibt es auch äußerlich nichts, das diesen fördert. Er hat seine vielen und ungestümen Feinde: Satan lauert immer darauf, diesen anzugreifen; die Welt präsentiert sich immer in neuer Form und Faszination und Kraft, um diesen zu schwächen; tausend Versuchungen streben unaufhörlich danach, diesen zu umstricken. Seine inneren und äußeren Feinde haben sich also gegen diesen verbündet. Ist es da verwunderlich, dass der Glaube manchmal wankt, dass die Gnade manchmal abnimmt und der Puls des göttlichen Lebens oft schwach und lahm schlägt?

Die Heiligen aller Zeiten haben dies gespürt und beklagt – daher das Gebet von David, welches das Gebet aller wahren Gläubigen ist: *„Stütze mich, dass ich gerettet werde"* (Ps 119,117; Elb 06), dies beinhaltet die größte Schwäche in ihm selbst und dass er ständig der Gefahr des größten Falls ausgesetzt ist. „Stütze mich, denn nur, wenn ich durch dich gestützt werde, bin ich sicher." Und weiter betet er: *„Auch vor Hochmutssünden behüte deinen Knecht: lass sie nicht Macht über mich gewinnen!"* (Ps 19,14; Menge[16]), was besagt, dass ein Gläubiger, der den Neigungen seiner gefallenen Natur überlassen wird, zum Raub der schlimmsten Sünden werden kann: *„Auch vor Hochmutssünden behüte deinen Knecht!"* Als sich der Apostel an die bekehrten Hebräer wendet, ergreift er die Gelegenheit, sie zu ermahnen: *„Achtet also darauf, Geschwister, dass keiner von euch durch eine rebellische Haltung dem Unglauben Raum gibt und sich von dem lebendigen Gott abwendet"* (Hebr 3,12; NGÜ[17]). *„Sich ... abwendet"* – das beinhaltet eine stetige Neigung, von Gott abzuweichen. Und was sagt Gott selbst von seinem Volk: *„Aber mein Volk bleibt verstrickt in die Abkehr von mir"* (Hos 11,7; Elb 06). Und

---

16 *Die Heilige Schrift übersetzt von Hermann Menge* (Abk.: Menge), Deutsche Bibelgesellschaft, Stuttgart 2003.
17 Neue Genfer Übersetzung – das Neue Testament (Abk.: NGÜ), GenferBibelgesellschaft, 2009.

weiter: *„Warum ist denn dieses Volk vom rechten Weg abgewichen, verharrt Jerusalem in fortwährender Abkehr?"* (Jer 8,5). Ja, es ist eine fortwährende Neigung zu geistlichem Niedergang. Die Sonne erhebt sich nur, um zu sinken, die Uhr wird nur aufgezogen, um abzulaufen. Und es ist für sie genauso natürlich, den Gesetzen zu gehorchen, die sie regieren, wie für das Herz eines Kindes Gottes, den Eingebungen seiner verdorbenen und widerspenstigen Natur zu folgen.

2. DIE URSACHE, WARUM GLÄUBIGE VON GOTT ABWEICHEN

Dies führt uns dazu, das Prinzip allen Abweichens von Gott anzuschneiden. Wir betrachten die nachlässige Praxis eines Gläubigen, wir trauern und weinen darüber und tun gut daran. Wir spüren unserer eigenen nach und noch tiefere Scham und Bestürzung stehen uns ins Gesicht geschrieben. Doch wir vergessen, dass das Prinzip des Bösen, dem diese unheilige Praxis entspringt, der Grund für unseren bittersten Kummer und unsere größte Demütigung sein sollte. Wie wenige findet man unter den Berufenen Gottes, welche *die Sünde ihrer Natur* bekennen und betrauern, die unreine Quelle, aus welcher der Strom fließt, die nicht abgetötete Wurzel, von welcher der Zweig herrührt und durch die beide gefüttert und genährt werden! Darauf sieht Gott – die Sünde unserer gefallenen, nicht geheiligten Natur – und darauf sollten wir schauen und darüber trauern. In der Tat besteht echte Abtötung von Sünde in der Erkenntnis unserer sündigen Natur und ihrer Unterwerfung unter die Kraft der göttlichen Gnade. Der Grund, warum so wenig Gläubige *„durch den Geist die Taten des Leibes töte[n]"*, ist das Vergessen, dass das Werk zuerst und hauptsächlich an der *Wurzel* der Sünde in der Seele geschehen muss. *„Pflanzt einen guten Baum, so wird die Frucht gut"* (Mt

12,33). Reinigt die Quelle, und der Strom wird rein sein. Oh, gäbe es eine tiefere Kenntnis von der verborgenen Niederträchtigkeit unserer gefallenen Natur – ein noch tieferes Erlernen der Wahrheit –, dass in unserem Fleisch nichts Gutes wohnt; aufgrund dessen eine tiefer empfundene Demütigung und ein häufigeres Bekenntnis davon vor Gott! Wie viel größer als jetzt wären dann die Fertigkeiten in der Heiligkeit bei vielen Gläubigen!

Es gibt also in jedem Kind Gottes das angeborene *Prinzip* des Abweichens. Ungeachtet der Wunder der Gnade, die Gott für die Seele gewirkt hat – obwohl er den Gläubigen erwählt, berufen, erneuert, gewaschen und bekleidet hat –, würde dieser doch, wenn Gott ihn nicht hindern und Zügel anlegen würde, abweichen – und das für immer! Dieses nicht geheiligte, nicht abgetötete Prinzip würde ihn fortreißen. Ist in diesem Aspekt unseres Themas nicht etwas wahrhaft Herzzerreißendes – der Untertan einer freundlichen und gütigen Regierung lehnt sich doch immer gegen den Herrscher auf; er wohnt unter dem Dach eines freundlichen und liebenden Vaters und betrübt ihn doch ständig und weicht von ihm ab; er hat so viele kostbare Erweise seiner Liebe empfangen und gibt höchst undankbare Erwiderungen – oh, das ist genug, um die Seele in die tiefste Selbsterniedrigung vor Gott zu versenken! Leser, was ist der Herr für Sie gewesen? Kommen Sie und legen Sie vor ihm Zeugnis ab. Ist er für Sie je eine Wüste gewesen, ein trockenes und ödes Land? Hat es in seinem Handeln, seinem Verhalten, in seinem Weg mit Ihnen irgendetwas gegeben, weshalb Sie ihm den Rücken kehren sollten? Gab es in seinen Zurechtweisungen irgendwelche Härte, irgendeine unfreundliche Strenge in seinen Korrekturen, irgendetwas Richtendes und Rachsüchtiges in seinem Handeln? Nein, im Gegenteil! War er für Sie nicht ein fruchtbarer Garten, ein liebliches Land, eine Quelle lebendigen Wassers? Hat er nicht in all seinen Zurechtweisungen Freundlichkeit, Zärtlichkeit in all seine Züchtigungen und Liebe in all sein Handeln gemengt und hat seine Güte Sie nicht groß gemacht? Warum sind Sie dann von ihm abgewichen? Was gibt es in Gott, dass Sie ihn verlassen, was in Jesus, dass Sie ihn kränken, und was in dem seligen Geist, dass Sie ihn betrüben sollten? Liegt nicht der Grund für all Ihr Abweichen, Ihren geistlichen Niedergang, Ihre Unfreundlichkeit und Unfruchtbarkeit *in Ihnen selbst* und *allein* in Ihnen? Doch wenn dies Ihr Verhalten gegenüber Gott war, so war es doch nicht sein Verhalten gegenüber Ihnen. Dies bringt uns zur Betrachtung seiner wiederherstellenden Gnade.

3. WIEDERHERSTELLENDE GNADE

Der erste Punkt, den wir betrachten möchten, ist die *Liebe* des Herrn Jesus, dass er den unsteten Gläubigen wiederherstellt. Nichts als die absolut unendliche, zärtliche, unveränderliche Liebe könnte ihn zu solch einer Tat bewegen. In der Sünde des Abweichens vom Herrn eines Gläubigen ist so viel schlimme Undankbarkeit, so viel von tiefer Schändlichkeit, dass es – außer aufgrund der Natur der Liebe Christi – keinerlei Hoffnung auf seine Wiederkehr gäbe. Diese kostbare Liebe Christi sieht man nun vor allem darin, dass er den *ersten Schritt* bei der Wiederherstellung der Seele unternimmt: der erste Vorstoß wird von Seiten des Herrn unternommen. Dies ist eine zu wichtige Wahrheit, als dass man sie nur leicht anschneiden könnte. Nach der Bekehrung gibt es nicht mehr Rettung aus eigener Kraft, als vorher da ist; es ist ausschließlich das Werk des Herrn. Der gleiche Zustand des Sinnes, das gleiche Prinzip, das zu dem ersten Schritt des Abweichens von Gott führte, führt zu jedem folgenden, bis die Seele – ohne die zurückhaltende und wiederherstellende Gnade – für immer Abschied von Gott nehmen würde. Doch achten Sie auf den Ausdruck von David: *„Die Seele mir bringt er zurück."* Wer? Der, von dem er im ersten Vers als seinem Hirten spricht. *„Der HERR* ist mein Hirte" (Ps 23,1). Es ist der *Hirte*, der den ersten Schritt bei der Rettung des unsteten Schafes macht. Wenn es einen Aspekt gibt, der einen mehr als jeder andere mit Blick auf dieses Thema berührt, dann ist es dieser – dass die zärtliche, unveränderliche Liebe gegenüber seinem unsteten Kind derart ist, dass er den ersten Schritt unternimmt, um es zu retten. Sollte sich ein Herrscher, den man gekränkt und schimpflich behandelt hat, zuerst bewegen, um ein aufrührerisches Volk zu versöhnen? Dieser Herrscher ist Jesus. Sollte ein empörter Vater sein unstetes Kind suchen und es für seine Zuneigung und sein Haus wiederherstellen? Dieser Vater ist Gott. Oh, was ist es für eine Liebe, die Jesus auf die Suche nach seinem unsteten Kind führt! Liebe, die es nicht einfach weggehen lässt – Liebe, die sich nach dem Kind sehnt, es sucht und ihm auf all dessen irrigen Wegen, dessen verworrenem Umherschweifen und weitem Abweichen nachgeht; Liebe, die keine Unfreundlichkeit abkühlen, keine Vergesslichkeit schwächen und keine Distanz zerstören konnte!

Nicht weniger bemerkenswert ist die *Kraft* von Jesus bei der Wiederherstellung der Seele: *„Die Seele mir bringt* **er** *zurück"* – er, der allmächtige Hirte. Wir bedürfen der Allmacht, um uns zurückzubringen, wenn wir unstet gewesen sind; nichts weniger kann dies leisten. Um uns wieder zu bekehren, haben wir die gleiche Macht nötig, die uns einst bekehrte, und die gleiche Kraft, die einst schöpferisch in uns wirkte, um uns zu erquicken. Diese Kraft besitzt Jesus. Für die vollkommene Errettung seiner Kirche war es unentbehrlich, dass er sie hat. Deshalb sagt er, wenn er zu seinem Vater betet: *„Gleichwie du ihm Vollmacht gegeben hast über alles Fleisch"* – wozu diese Macht? –, *„damit er allen ewiges Leben gebe, die du ihm gegeben hast"* (Joh 17,2). Es war notwendig, dass er Vollmacht hat über *alles Fleisch*, ja, über all die Mächte, die sich gegen die Kirche zusammentun, damit er alle zur Herrlichkeit bringt, die ihm im Bund der Gnade gegeben wurden.

Diese Vollmacht wird nun in herrlicher Weise bei der Wiederherstellung der Seele gebraucht. Jesus wirkt *in* dem Gläubigen, um ihn zu retten. Er bricht das harte Herz, hält die Seele auf ihrem fortschreitenden Lauf des Abweichens auf, hemmt sie stark, stößt sie zu Boden, demütigt, erniedrigt sie und entlockt ihr dann das selige Bekenntnis: „Siehe, ich bin schändlich, doch er stellt meine Seele wieder her."

Es gibt auch unendliche *Weisheit* bei der Wiederherstellung durch den Herrn. Diese Vollkommenheit Jesu offenbart sich hier klar: Wir sehen sie in der *Weise*, die er für die Wiederherstellung wählt. Dass er, wie er es oft tut, unsere *Bedrängnisse* zum Mittel der Wiederherstellung unserer Seele macht, zeigt die enorme Tiefe seiner Weisheit. Das war das Gebet Davids: *„O HERR, belebe mich nach deinen Bestimmungen!"* (Ps 119,149). Und dies war sein Zeugnis: *„Ehe ich gedemütigt wurde, irrte ich; nun aber befolge ich dein Wort ... Wenn ich mitten durch die Bedrängnis gehe, so wirst du mich am Leben erhalten"* (Ps 119,67; 138,7). Die Zeit der Prüfung ist nicht selten die geheiligte Zeit der Erweckung. Wem ist dies nicht klargeworden, der den Ofen erlebt hat? *Dann* wurde der geistliche Niedergang der Seele entdeckt; *dann* wurde der verborgene Grund des geistlichen Niedergangs ans Licht gebracht; *dann* hat sich der Geist in Zerknirschung vor dem Herrn gebeugt; dann wurde die Gnade im Herzen erweckt und dem Gebet eine neue Süße verliehen, dem Glauben neuer Antrieb und der Hoffnung neues Strahlen, und aus der Flamme sind das Gold und Silber gereinigt von ihrem Zinn und ihrer Schlacke hervorgekommen. Doch warum diese vielen besonderen und kräftigen Bedrängnisse, die – wie wir sehen – manchmal ein Kind Gottes ereilen, um Wirkungen wie diese zu erzielen? Denken Sie nicht, dass es unserem himmlischen Vater Freude bereitet, uns zu züchtigen. Denken Sie nicht, dass es ihn entzückt, das Leiden, die Schmerzen und die Qual eines verwundeten Geistes zu sehen. Denken Sie nicht, dass er es liebt, unsere Tränen zu sehen und unsere Seufzer und unser Stöhnen unter dem Druck einer scharfen und vernichtenden Prüfung zu hören. Nein, er ist ein zärtlicher, liebender Vater, so zärtlich und so liebevoll, dass er uns nicht einen Schlag, noch ein Kreuz oder eine Prüfung mehr auferlegt, als absolut nötig ist für unser Wohl. Er tut nicht eine einzige Zutat in unseren bitteren Kelch, die nicht wesentlich für die Vervollkommnung der Arznei ist. Es ist zu unserem Besten, dass er uns züchtigt, nicht zu seinem Vergnügen. Und oft tut er dies, um uns aus unserem geistlichen Schlaf aufzuwecken, uns von unserem tiefen geistlichen Niedergang zu erretten und seinem Leben in der Seele neue Kraft, Gesundheit und neues Wachstum zu verleihen.

Wir dürfen auch nicht die *Güte* bei der Wiederherstellung durch den Herrn übersehen. Wir finden eine wunderschöne Bekundung davon bei der Errettung des in die Irre gegangenen Schafes, wie es Jesus selbst darlegt: *„Welcher Mensch unter euch, der hundert Schafe hat und eines von ihnen verliert, lässt nicht die neunundneunzig in der Wildnis und geht dem verlorenen nach, bis er es findet? Und wenn er es gefunden hat, nimmt er es auf seine Schulter mit Freuden"* (Lk 15,4-5). Hier zeigt sich die Güte des Hirten – er nimmt es auf seine Schulter. Es ist zu schwach, um selbst zu laufen, und zu erschöpft von seinem Umherschweifen, um umzukehren, darum nimmt es der gütige Hirte, der es gesucht und gefunden hat, „auf seine Schulter mit Freuden". Ein berührendes Bild der Güte des Heilands bei der Wiederherstellung einer abtrünnigen Seele! Was außer unendlicher Güte sieht man bei der Wiederherstellung von Petrus? Es war nur ein *Blick* – nicht ein Wort kam von den Lippen des Heilands –, nicht ein unfreundlicher Tadel, nicht ein hartes vorwurfsvolles Wort hauchte er. Doch dieser Blick – welcher Pinsel eines Künstlers hat ihn je nachmachen können; *dieser* Blick, so voller Liebe, so voller Güte, so voller Vergebung, schien zu sagen: „Ich werde für dich sterben, Petrus – all dies und noch mehr erleide ich für dich. Willst du, kannst du mich verleugnen?" Dieser Blick, so berührend, so anrührend, so ausdrucksvoll und so vergebend erreichte das Herz des abtrünnigen Apostels, rührte es, brach es und sandte ihn bitterlich weinend weg aus der Richthalle. In dem Blick, den Jesus Petrus zuwandte, war kein Ausdruck außer *Liebe*. Diese Wahrheit möge im Herzen jedes abtrünnigen Gläubigen verankert sein. Der Herr stellt die Seele *gütig* wieder her. In dem Moment, in dem er ihr ihre Sünde aufdeckt, überbringt er ihr ein Zeichen seiner vergebenden Barmherzigkeit. Das Balsam wird in dem Moment angewandt, in dem die Wunde geschlagen wird; das Heilmittel ist in dem Moment zur Hand, in welchem die Unpässlichkeit entdeckt ist. Im Herzen und in der Hand, in der Barmherzigkeit und der Methode des Herrn bei der Rettung seines Kindes ist eine Zärtlichkeit, eine unaussprechliche Zärtlichkeit, die nur er fühlen kann. Dies können Sie in Davids Fall sehen. Wie hat Gott ihm seine Sünde ins Gedächtnis gerufen? Durch die züchtigende Rute? Durch ein schweres Gericht? Durch heftigen Ausdruck des Missfallens? Nein, nichts davon waren seine Boten. Er sandte aber einen freundlichen, sanften treuen Propheten, um ihm seine schreckliche Abtrünnigkeit aufzudecken, und die verblüffenden Worte: *„Du bist der Mann"* waren kaum in seine Ohren gedrungen, als er dieses heilende Balsam ausgoss: *„So hat auch der HERR deine Sünde hinweggenommen; du sollst nicht sterben!"* (2.Sam 12,13). Oh, welche Güte, welche Zärtlichkeit werden so vom Herrn bei der Wiederherstellung seines unsteten Kindes gezeigt! Von wem könnte man dies erwarten als von ihm, dessen Natur und dessen Name *Liebe* ist – von wem, außer von ihm, der so zu seinem abtrünnigen Ephraim sprechen konnte: *„Ist mir Ephraim ein teurer Sohn? Ist er* mein Lieblingskind? Denn so viel ich auch gegen ihn geredet habe, muss ich doch immer wieder an ihn denken! Darum ist mein Herz entbrannt für ihn; ich muss mich über ihn erbarmen!, spricht der HERR" (Jer 31,20). Das ist ein Ausströmen von Zärtlichkeit gegenüber einer armen, umkehrenden, abtrünnigen Seele, wie sie nur im Herzen des HERRN wohnen konnte.

4. Die Art und Weise der Wiederherstellung

Doch wir müssen noch über den *Weg* sprechen, wie ein armer Abtrünniger zum Herrn zurückkehrt. Möge der Geist Weisheit und Salbung bei der Darlegung dieses sehr wichtigen Punktes geben! Zuerst kommen wir auf den Geist zu sprechen, in dem ein Abtrünniger zurückkehren sollte.

Wenn wir den Fall der abtrünnigen Gemeinde in Ephesus betrachten, sehen wir das Wesen ihrer Sünde und die Art ihrer Errettung so bekundet: *„Ich habe gegen dich, dass du deine erste Liebe verlassen hast. Bedenke nun, wovon du gefallen bist, und tue Buße und tue die ersten Werke!"* (Offb 2,4-5). Sie wurde zuerst zu einer ernstlichen *Erwägung* ihres früheren Zustands des Wohlergehens aufgerufen.

Der rückfällige Gläubige soll zu diesem ersten Schritt gebracht werden. *„Bedenke nun, wovon du gefallen bist"* – „Kehre zurück zu deiner früheren Geschichte, deinem früheren geistlichen Zustand; denke an deinen ersten Kummer wegen der Sünde, der ersten Freude über ihre Vergebung; denke an den Frühling deiner ersten Liebe; denke daran, wie kostbar Jesus, wie herrlich seine Person, wie süß sein Kreuz, wie angenehm sein Name und wie reich seine Gnade war!" Denken Sie daran, wie lieb Ihnen der Thron der Gnade war, wie oft Sie bei ihm Zuflucht gesucht und ihn von allen Flecken auf der Erde als den am meist gesegneten angesehen haben. Denken Sie daran, wie Sie mit der Salbung seiner adoptierenden Liebe mit Gott als einem Vater gewandelt sind – wie kindlich, wie eng, wie heilig Ihre Gemeinschaft mit ihm war. Denken Sie an die Zeiten der Erquickung im Heiligtum, bei den gemeinsamen Zusammenkünften, im Kämmerlein, wie Ihre Seele auf den sonnigen Seiten der Herrlichkeit zu wohnen schien und Sie sich nach den Flügeln einer Taube sehnten, um zu Ihrem Herrn zu fliegen. Denken Sie daran, wie Sie öffentlich und vor vielen Zeugen die Sünde abgelegt und Christus angezogen, der Welt Ihren Rücken gekehrt und unter den Nachfolgern des Lammes Ihren Platz eingenommen haben. Denken Sie daran, wie heilig, umsichtig und fleckenlos Ihr Wandel, wie zart Ihr Gewissen, wie ohne Falsch Ihr Geist und wie demütig und bescheiden Ihr ganzes Betragen war. Doch *was* und *wo* sind Sie jetzt? Oh, bedenken Sie, *wovon* Sie gefallen sind! Bedenken Sie, von was für einem großen Bekenntnis, von was für einem erhabenen Wandel, von was für heiligen Beschäftigungen, von was für geweihtem Entzücken, von was für süßen Freuden und von was für erfreulichen Wegen Sie weggegangen sind. Wollen Sie nicht wirklich mit dem lieblichen Dichter von Olney fragen:

„Wo ist die Glückseligkeit, die ich kannte
als ich den Herrn das erste Mal sah?
Wo ist die die Seele erquickende Sicht
von Jesus und seinem Wort?

Welch friedliche Stunden genoss ich einst!
Wie süß ist immer noch die Erinnerung daran;
doch sie haben eine schmerzende Lücke hinterlassen,
die die Welt niemals füllen kann.

Komm zurück, heilige Taube, komm zurück,
süßer Bote der Ruhe!
Ich hasse die Sünden, die dich trauern lassen,
und dich aus meiner Brust vertrieben."

Bei der Ermahnung, die der abtrünnigen Gemeinde in Ephesus gegeben wird, gibt es noch eine weitere Unterweisung, die ebenso auf den Fall all derer anwendbar ist, die vom Herrn abweichen: *„Tue Buße und tue die ersten Werke!"* Wie kann eine abgewichene Seele ohne *Buße* zurückkehren? Auf welch einem anderen Weg kann der verlorene Sohn das Herz seines Vaters erreichen? Buße beinhaltet das Vorhandensein und die Überführung von Sünde. Ach! Ist es keine *Sünde*, lieber Leser, dass Sie Gott den Rücken gekehrt haben? Ist es keine *Sünde*, dass Sie Ihre erste Liebe verloren haben, von Jesus abtrünnig geworden sind, sich Ihre Zuneigung von ihm weg auf die Welt oder die Schöpfung oder Sie selbst gerichtet hat? Ist es keine *Sünde*, nicht mehr mit dem Hirten zu wandeln, nicht mehr den Fußstapfen der Herde zu folgen, nicht mehr auf grünen Auen zu grasen oder an den Ufern stiller Wasser auszuruhen? Oh doch! Es ist eine Sünde von besonderer Größe. Es *ist* eine Sünde gegen Gott in der Eigenschaft als liebenden Vater, gegen Jesus in der Eigenschaft als sanften Erlöser, gegen den Heiligen Geist in der Eigenschaft als treuem Innewohnenden und Heiligenden. Es ist eine Sünde gegen die sehr kostbare Erfahrung seiner Gnade, gegen die rührendste Zurschaustellung seiner Liebe und gegen die zärtlichsten Beweise seiner Bundestreue.

Tun Sie also Buße über diese Ihre Sünde. Denken Sie daran, wie Sie Jesus von Neuem gekränkt haben, und *tun Sie Buße.* Denken Sie daran, wie Sie die Liebe Ihres Vaters vergolten haben, und *tun Sie Buße.* Denken Sie daran, wie Sie den Geist betrübt haben, und *tun Sie Buße.* Demütigen Sie sich in Staub und Asche vor dem Kreuz und blicken Sie durch dieses Kreuz wieder auf Ihren vergebenden Gott und Vater. Die süße Verheißung lautet: *„… sie werden auf mich sehen, den sie durchstochen haben, ja, sie werden um ihn klagen, wie man klagt um den eingeborenen Sohn"* (Sach 12,10). Dies führt uns dazu, einen weiteren Punkt ungeheurer Tragweite auf dem Weg der Rückkehr einer Seele zu Gott anzuschneiden.

Jede wirkliche Rückkehr einer abtrünnigen Seele geschieht durch Jesus. Jesus ist Gottes große Zugangstür zu seinem Thron. Kein anderer Eingang wird uns zu dem goldenen Zepter führen, kein anderer wird uns in das Allerheiligste bringen. So hat der Heilige Geist diese Wahrheit dargelegt: *„Da wir nun, ihr Brüder, kraft des Blutes Jesu Freimütigkeit haben zum Eingang in das Heiligtum, den er uns eingeweiht hat als neuen und lebendigen Weg durch den Vorhang hindurch, das heißt, durch sein Fleisch, und da wir einen großen Priester über das Haus Gottes haben, so lasst uns hinzutreten"* (Hebr 10,19-22). Oh selige Tür der Umkehr für einen armen, abtrünnigen Gläubigen mit gebrochenem Herzen! Ein gekreuzigter Heiland, an dem Gott sein Wohlgefallen hat und um dessentwillen er den Sünder empfangen, seine Sünde hinwegtun, den Abtrünnigen willkommen heißen und seine Abtrünnigkeit heilen kann.

Wir dürfen auch nicht das gnädige *Werk des Geistes* bei der Wiederherstellung einer abtrünnigen Seele vergessen. Denn ohne ihn würde auf der Seite des Gläubigen kein einziger Schritt auf dem Weg zur Rückkehr geschehen. Das erste ernstliche Erwägen, der erste wehmütige Blick des Auges auf das Zuhause des Vaters, der erste Seufzer, den das Herz ausstößt, die erste Träne, die aus der Quelle des Kummers aufbricht, der erste Schritt, der sich auf den verlassenen Gott richtet, ist die Folge dieser seligen Wirkung, seiner unveränderlichen Liebe und seiner Bundestreue. Was für Schuldner sind wir gegenüber dem seligen und ewigen Geist! Was für eine ehrfurchtsvolle Sicht sollten wir gegenüber seiner Person hegen, und was für zärtliche Gedanken sollten wir von seinem Werk hegen!

5. ERMUTIGUNGEN, ZUM HERRN ZURÜCKZUKEHREN

Die *Ermutigungen* zur Rückkehr zu dem Herrn sind zahlreich und groß. Zuerst haben wir die *gnädigen Einladungen von Gott selbst.* Wie zahlreich und bewegend sind sie! Wo ist das sich seiner Abtrünnigkeit tief bewusste Herz, das der Kraft einer Sprache wie dieser widerstehen kann: *„Geh hin, rufe diese Worte aus gegen den Norden hin und sprich: Kehre um, Israel, du Abtrünnige!, spricht der HERR. Ich will mein Angesicht nicht vor euch verdüstern, denn ich bin gnädig, spricht der HERR, und zürne nicht ewig!"* (Jer 3,12). Hier ist die Berechtigung für Sie zur Umkehr – Gottes eigene freie Einladung! Ihnen fehlt nicht mehr. Was sind die Entmutigungen Satans, was das Sprechen Ihrer Sünde gegen Sie, was die Schuld, der Unglaube und die Scham, die sich verbinden, um Ihren Weg zu erschweren, wenn Gott sagt: „Kehrt um!" Das ist ausreichend für Sie. Ihnen fehlt nicht mehr. Wenn er bereit ist, Sie wieder anzunehmen, Ihre Sünden zu vergeben, Ihre niederträchtige Undankbarkeit zu vergessen, Ihre Abtrünnigkeit zu heilen und Ihre Seele wiederherzustellen, haben Sie angesichts allen Widerstandes und aller Entmutigung eine deutliche Anordnung zur Umkehr. Und ferner lautet die aufmunternde Einladung: *„Nur erkenne deine Schuld, dass du dem HERRN, deinem Gott, die Treue gebrochen hast ... Kehrt um, ihr abtrünnigen Kinder, spricht der HERR, denn ich bin euer Eheherr! ... Kehrt um, ihr abtrünnigen Kinder! Ich will eure Abtrünnigkeit heilen!"* (Jer 3,13-14.22). *„Ich will ihre Abtrünnigkeit heilen, gerne will ich sie lieben; denn mein Zorn hat sich von ihnen abgewandt"* (Hos 14,5).

Der Charakter Gottes ermutigt eine abtrünnige Seele zur Rückkehr. In seinen Einladungen drängt er sie aufgrund dessen, *was er ist.* *„Kehre um, Israel, du Abtrünnige!, spricht der HERR. Ich will mein Angesicht nicht vor euch verdüstern, **denn ich bin gnädig**, spricht der HERR"* (Jer 3,12). Oh, berührendes, die Seele überwindendes, das Herz anrührendes Argument: „Kehrt um, *denn ich bin gnädig –* gnädig, euch anzunehmen, gnädig, euch zu vergeben, gnädig, euch zu heilen!" Oh, die grenzenlose Barmherzigkeit Gottes in Christus gegenüber einer Seele, die von ihrem unsteten Wandel umkehrt! Wird das Sie nicht locken? Ferner: *„Ich habe deine Verbrechen ausgelöscht wie einen Nebel und wie eine Wolke deine Sünden. Kehre um zu mir, denn ich habe dich erlöst!"* (Jes 44,22; Elb 06). „Kehre um, denn ich *habe* deine Sünden ausgelöscht; kehre um, denn ich *habe* dich erlöst! Das Werk ist bereits getan, die Vergebung ist bereits hervorgegangen, die Abtrünnigkeit wurde bereits vergeben. Zögere also nicht, sondern kehre um, denn ich habe dich erlöst!" Hier, auf der breiten Grundlage der freien und völligen Vergebung Gottes, wird die unstete Seele zur Umkehr gedrängt. Der Apostel kann wahrhaftig sagen: *„Wenn wir aber unsere Sünden bekennen, so ist er **treu und gerecht**, dass er uns die Sünden vergibt und uns reinigt von aller Ungerechtigkeit"* (1.Joh 1,9).

So wird der Charakter Gottes als einem barmherzigen, die Sünden vergebenden Gott im Wort Gottes als Motiv und Ermutigung zur Umkehr gezeigt. Das ist genau die Sicht von Gott, die Sie als eine abtrünnige Seele benötigen. In Ihnen selbst finden Sie alles zu Ihrer Entmutigung, alles, was Ihre Umkehr unmöglich macht. Und gerade dann, wenn in Ihnen ein Bewusstsein für Ihr Abweichen geweckt wird, sind Ihre ersten Gedanken von Gott derart, dass sie Sie aus seiner Gegenwart forttreiben. Sie sind bereit, zu sagen: „Ich bin eigensinnig vom Herrn abgewichen. Ich bin anderen Liebhabern nachgelaufen. Ich habe andere Zisternen ausgehauen. Jetzt hat mich der Herr in seinem Missfallen aufgegeben und mich in seinem Zorn für immer verlassen."[18] Doch Gott tritt hervor und rechtfertigt seinen eigenen gnädigen Charakter, zeigt seine eigene Liebe und richtet

---

18 Vgl. Jer 2,13.

sich in sehr ermutigendem und überredendem Ton an sein abweichendes Kind und sagt: *„Kehre um, Israel, du Abtrünnige … **denn ich bin gnädig!"***

In dem Gleichnis von dem *verlorenen Sohn* wird der Charakter Gottes gegenüber einer umkehrenden Seele genau und wunderschön geschildert. Der einzige Punkt, auf den wir nun hinweisen möchten, ist die Haltung des Vaters beim Kommen seines Kindes. Was war das für eine Haltung? Es war die Haltung einer äußerst ausdrucksvollen unverminderten Liebe, einer sehnsüchtigen Zärtlichkeit und eines Verlangens, ihn willkommen zu heißen. So wird er beschrieben: *„Als er aber **noch fern war**, sah ihn sein Vater und hatte Erbarmen; und er lief, fiel ihm um den Hals und küsste ihn"* (Lk 15,20). All das ist Gott für Sie, liebe umkehrende Seele! Er hält eifrig Ausschau nach Ihrer ersten Bewegung auf ihn zu; er schaut wie mit ausgerecktem Hals auf das erste Zeichen der Umkehr Ihrer Seele, auf das erste Geräusch Ihrer Fußtritte, auf das erste Erweichen Ihres Herzens. Ja, noch mehr als das – als wäre das nichts –, er sendet seinen eigenen Geist, um diese Umkehr in Ihrem Herzen zu bewirken, Ihr Herz zu brechen, Ihren schlummernden Geist aufzurütteln, Sie in seine Arme zu ziehen, zu gewinnen. Dies ist Ihr Gott – der Gott, den Sie verlassen haben, von dessen Wegen Sie abgeglitten sind, der aber in der großen Tiefe Ihres geistlichen Niedergangs und in dem hohen Maß Ihres Abweichens nie einen Moment sein liebendes Auge von Ihnen abgewandt hat.

Wir dürfen auch nicht die große Quelle der Ermutigung für eine umkehrende Seele übersehen – die, *welche aus dem Kreuz Christi entspringt*. Außer durch einen gekreuzigten Heiland gäbe es keine Möglichkeit der Umkehr zu Gott. Auf keine andere Weise könnte er im Einklang mit der Heiligkeit und Rechtschaffenheit der göttlichen Herrschaft – mit dem, was er sich selbst als gerechtem und heiligem

Gott schuldet – einen armen, unsteten, umkehrenden Sünder annehmen. Reine Buße und Demütigung wegen und Bekenntnis der Sünde würden der Seele keinerlei Anrecht auf einen Akt der Vergebung geben. Der Gehorsam und Tod unseres Herrn Jesus schaffte die Grundlage und bahnte den Weg für die Ausübung dieses großen und souveränen Aktes der Gnade. Das Kreuz Jesu ist die schrecklichste Zurschaustellung von Gottes Hass gegenüber der Sünde und zur gleichen Zeit die erhabenste Offenbarung seiner Bereitschaft, diese zu vergeben. Vergebung, vollständig und frei, steht auf jedem Tropfen Blut geschrieben, den man sieht; wird durch jedes Stöhnen verkündet, das man hört; und leuchtet durch das Wunder der Barmherzigkeit, welches die feierliche Szene am Kreuz abschließt. Oh, gesegnete Tür der Umkehr, offen und niemals geschlossen für den, der von Gott abgewichen ist! Wie herrlich, wie frei, wie zugänglich! Hierher kann der Sündige, der Schändliche, der Schuldige, der Unwürdige, der Arme, der Mittellose kommen. Hierhin kann auch der beladene Geist seine Last, der gebrochene Geist seinen Kummer, der schuldige Geist seine Sünde und der abtrünnige Geist sein Abweichen bringen. Alle sind hier willkommen. Der Tod Jesu war das Öffnen und Ausschütten des ganzen Herzens Gottes; es war das Ausströmen dieses Ozeans unendlicher Barmherzigkeit, der danach begehrte, lechzte und verlangte, sich zu ergießen; er war die Offenbarung Gottes, *wie* er einen armen, schuldigen Sünder lieben kann. Was hätte er mehr tun können als dies? Was für einen stärkeren Beweis, was für ein reicheres Geschenk, welche kostbarere Wohltat hätte er als Zeugnis dieser Liebe geben können? Und nun ist es *der schlichte Glaube* an dies, der diese Flut der Freude in die Seele herabbringt. Es ist die Sicht des Glaubens hiervon, die den Unnachgiebigen erweicht, den kieselharten Felsen spaltet, die Pyramide der Selbstgerechtigkeit einreißt, den rebellischen Willen in den Staub legt und die büßende, glaubende Seele mit den Armen der freien, reichen und souveränen Liebe umarmt. Hier wird der Gläubige auch dahin gebracht, die Sünde seiner Abtrünnigkeit in den schwärzesten Linien nachzuverfolgen und darüber mit seinen bittersten Tränen zu trauern.

> „Dann unter dem Kreuz anbetend
> erscheint die Sünde wie sie ist;
> wenn ich die Wunden Christi erforsche,
> kann ich dort meine Vergebung lesen."

Wenn der Herr Ihre Seele wiederhergestellt hat, lieber Leser, dann denken Sie daran, warum er dies getan hat – *um Sie Ihre Sünde hassen zu lassen*. Er hasst sie und er möchte auch Sie die Sünde hassen lassen. Und dies tut er, indem er sie vergibt, indem er das sühnende Blut auf das Gewissen sprengt und indem er Ihnen neu die Freuden seines Heils gibt. Und die Sünde wird nie so aufrichtig gehasst, nie so tief beklagt, so bitterlich betrauert und so völlig verlassen, wie wenn er zu dem Herzen spricht und sagt: „Deine Sünden *sind* dir *vergeben*. Gehe hin in Frieden." Als ob er sagen wollte: „Ich habe deine Übertretungen getilgt, ich habe deine Abtrünnigkeiten geheilt, ich habe deine Seele wiederhergestellt, ,*damit du daran denkst und dich schämst und vor Scham den Mund nicht auftust, wenn ich dir alles vergebe, was du getan hast, spricht GOTT, der HERR'*" (Hes 16,63).

Denken Sie daran, *dass genau dort, wo die Abkehr begann, auch die Umkehr beginnen sollte.* Begann sie im Kämmerlein? Dann lassen Sie Ihre Wiederherstellung im Kämmerlein beginnen. Kehren Sie zum stillen Gebet im Kämmerlein zurück, richten Sie den zerstörten Altar wieder her, bringen Sie die fast erloschene Flamme wieder zum lodern, machen Sie dieses geweihte Heiligtum wieder zum Zeugen

Ihrer Bekenntnisse, Ihrer Demütigung, Ihres lauten Schreiens, Ihrer Tränen und Ihrer engen, kindlichen und geheiligten Gemeinschaft mit Gott. Oh, seliger Moment, wenn Sie dort wieder gefunden werden, und sei es, um sich voller Schmerz an die Brust zu schlagen und sich vor dem Herrn in Sack und Asche zu kleiden!

Und übersehen Sie in dieser großen Sache der Wiederherstellung nicht *die Fürsprache von Jesus, dem Hohepriester, zur Rechten Gottes*. Wenn Ihr himmlischer Vater Ihre Seele wiederhergestellt hat, hat er dies nicht nur aus der Quelle seiner eigenen unveränderlichen Liebe heraus getan, sondern das, was ihn dazu bewegt hat, war die Kraft des süßen Weihrauchs des Blutes des Erlösers vor dem Gnadenthron. Jeden Moment steigt diese wohlriechende Wolke auf und trägt, wie sie emporsteigt, alle Lebensumstände des ganzen Israel Gottes. Dort ist nicht nur das Blut, das bereits auf den Gnadenthron gesprengt wurde, welches die göttliche Gerechtigkeit zufriedengestellt hat, sondern dort ist das beständige Eintreten des Blutes Jesu, des Priesters, vor dem Thron. Oh, kostbarer Gedanke, oh, tröstliche, ermutigende Wahrheit für eine Seele, die ihre Schritte zurück zu Gott lenkt! Von sich selbst aus hat sie nichts vorzubringen als ihre Torheit, ihre Undankbarkeit, ihre Erbärmlichkeit und ihre Sünde. Doch der Glaube kann seine zitternde Hand auf diese selige Wahrheit legen – der Glaube kann Jesus in seinen priesterlichen Gewändern zwischen der eigenen Seele und Gott stehen sehen, wie er seine Hände ausbreitet und sich zugunsten des umkehrenden Gläubigen verwendet und das Verdienst seines eigenen kostbaren Gehorsams und Todes geltend macht. Und derart ermutigt kann er sich nähern und das Zepter anrühren. *„Und wenn jemand sündigt, so haben wir einen Fürsprecher bei dem Vater, Jesus Christus, den Gerechten"* (1.Joh 2,1). *„Denn nicht in ein mit Händen gemachtes Heiligtum, in eine Nachbildung des wahrhaftigen, ist der Christus* *eingegangen, sondern in den Himmel selbst, um* **jetzt** *für uns vor dem Angesicht Gottes zu erscheinen"* (Hebr 9,24).

Werden Sie, liebe abtrünnige Seele, mit Blick auf all diese kostbaren Ermutigungen, überzeugenden Motive und ernstlichen Vorhaltungen, es immer noch ablehnen, umzukehren? Ich flehe Sie an, ich beschwöre Sie, ich ersuche Sie, aufzustehen und zu Ihrem Vater zu gehen und zu ihm zu sagen: *„Vater, ich habe gesündigt gegen den Himmel und vor dir."* Bei allem, was im Herzen des Vaters zärtlich und vergebend ist; bei allem, was im Werk Jesu rührend, überzeugend und kostbar ist – bei seinem Ringen und seinem blutigen Schweiß, bei seinem Kreuz und seiner Passion, bei seinem Tod, seinem Begräbnis und seiner Auferstehung –, ersuche ich Sie, umzukehren! Bei der Ehre der heiligen Religion, die Sie gekränkt haben, allen Hoffnungen auf die Herrlichkeit, die Sie gehegt haben, bei allem, was in der Erinnerung an die Vergangenheit geheiligt und kostbar ist, und bei allem, das mit Blick auf die Zukunft echt ist, beschwöre ich Sie, umzukehren! Bei den treuen Verheißungen Gottes, bei dem zärtlichen Sehnen von Jesus, bei dem gütigen Ziehen des Geistes, bei allem, was Sie an Freude, Frieden und Gewissheit einer wiederhergestellten Seele erleben werden, bei aller Nähe des Todes und der Ernsthaftigkeit des Gerichts, flehe ich Sie an, beschwöre ich Sie, ersuche ich Sie, unsteter, verlorener Sohn, umzukehren!

> „Kehre um, oh Umherschweifender, kehre um!
> Und suche eines gekränkten Vaters Angesicht.
> Dieses heiße Verlangen, das in dir brennt
> wurde von der zurückführenden Gnade entzündet.
>
> Kehre um, oh Umherschweifender, kehre um!
> dein Heiland wünscht, dass dein Geist lebt.
> Geh an seine blutende Seite und lerne,
> wie frei Jesus vergeben kann.

Kehre um, oh Umherschweifender, kehre um!
Gewinne deine verlorene, beklagte Ruhe wieder.
Des HERRN zerfließendes Inneres sehnt sich,
seinen Ephraim an seine Brust zu drücken."

KAPITEL 9

DER HERR, DER HÜTER DER SEINEN

„DER HERR BEHÜTET DICH" (PS 121,5).

Wie oft, klar und ernst legt der Heilige Geist diese große Wahrheit in seinem Wort dar, dass das Heil völlig in und von Gott ist, ungeachtet von allem Wert, aller Würde oder Kraft des Geschöpfes; und dass, da das Heil für sein Bundesvolk in höchstem Maße und ausschließlich sein Werk ist, es deshalb in jeder Hinsicht unendlich seiner würdig ist. Gott kann nichts tun, was nicht mit seiner eigenen unendlichen Größe in Einklang steht; er kann nie etwas tun, was seiner nicht würdig ist. Alle Erzeugnisse seiner schöpferischen Kraft in der Natur, alle Ereignisse seiner lenkenden Weisheit in der Vorsehung, tragen vom Kleinsten bis zum Größten die Prägung seiner ewigen „Kraft und Gottheit" (s. Röm 1,20). Doch bei dem Heil ist das in höchstem Maße und in erster Linie so. Hier leuchtet die ganze Gottheit auf. Hier ist die ganze Gottheit sichtbar. Hier taucht der HERR aus dem verhüllten Zelt seiner Größe und Herrlichkeit auf. Er wandelt mittels einer erstaunlichen Ausübung seiner Macht, eines erhabenen Aktes der Gnade und einer unaussprechlichen Erweisung seiner Liebe – vor denen alle anderen Offenbarungen seiner Herrlichkeit verblassen und so gut wie zu verschwinden scheinen – in seiner vollen Majestät unter den Menschen umher: *„Und ich hörte eine laute Stimme aus dem Himmel sagen: Siehe, das Zelt Gottes bei den Menschen! Und* *er wird bei ihnen wohnen; und sie werden seine Völker sein, und Gott selbst wird bei ihnen sein, ihr Gott"* (Offb 21,3). Dieses herrliche „Zelt", das „bei den Menschen" ist, was ist das weniger als die Erscheinung von Jesus in unserer eigenen Natur – Gott erschienen im Fleisch? Wir können wahrhaftig sagen: *„Groß ist seine Herrlichkeit durch [unsere] Rettung"* (Ps 21,5; Elb). Ist er der einzig weise Gott? Sein Heil muss notwendigerweise das tiefste Ergebnis dieser Weisheit sein. Ist er überaus heilig? Sein Heil muss heilig sein. Ist er gerecht? Sein Heil muss gerecht sein. Ist er gnädig? So muss sein Heil sein. Es trägt den Stempel jeder Eigenschaft; es enthält in seiner Natur die Manifestation jeder Vollkommenheit. Außer dem Kreuz seines geliebten Sohnes führt kein anderes Konzept seiner Weisheit, kein anderes Erzeugnis seiner Macht, keine andere Offenbarung seiner Größe zu einer angemessenen Auffassung von Gott. „Hier erscheint er unter dem neuen und beispiellosen Aspekt als der Gott unseres Heils. Und hier verlangt er nach einer Erneuerung des Lobes, nicht nur für seine außerordentliche Größe oder seine wunderbaren Werke, sondern für das, was er in seiner ihm eigenen und unendlichen Güte ist und was er in der Verwirklichung seiner Liebe gewährt. Allein der Gedanke an eine solche Enthüllung ist bereits selbst eine neue Schöpfung. Sie ist das Erzeugnis der Inspiration, nicht einer sterblichen Intelligenz. Sie konnte nur von ihm herrühren, von dem sie so begründet und vollbracht werden muss. Sie bildet ihr eigenes Zeugnis, sie beglaubigt sich selbst. Die Göttlichkeit ist genauso ihr Gegenstand, wie sie ihr Wesen ist. Jeder Eigenschaft wird unaussprechliche Majestät aufgedrückt und sie breitet sich so über ihre ganze Gestalt. Man kann von einem solchen System, und sogar von ihm, der dessen Urheber ist, gut sagen, dass hierin Gott im Fleisch geoffenbart ist, erblickt in seinem offenbarten Bild und seinem nicht geschaffenen Glanz."[19]

---

19 Quelle unbekannt.

Nun erfasst dieses Heil, das also so völlig und vollständig außerhalb der Schöpfung liegt, alle Verhältnisse eines Kindes Gottes. Es ist nicht nur eine Errettung vor dem kommenden Zorn – das wäre ein unermesslicher Akt der Gnade –, sondern es ist eine *gegenwärtige* Errettung, die für jede Not dieses Lebens vorausschaut und Vorsorge trifft, einschließlich Erlösung von allem Bösen, Hilfe in allen Problemen, Trost in allem Kummer, die Stillung allen Mangels und vollkommene Sicherheit und endgültigen Sieg durch alle Kämpfe, Angriffe und Schwierigkeiten hindurch. Doch der einzige Punkt, mit dem wir jetzt zu tun haben, ist die gegenwärtige und gewisse Sicherheit des Gläubigen, für die im Bund der Gnade gesorgt ist, die in Jesus, dem Haupt des Bundes, gewiss gemacht ist und die in diesem herrlichen Bundesplan des Heils offenbart ist. Wir haben im vorhergehenden Kapitel die ihm eigene Neigung und beständige Anfälligkeit eines Kindes Gottes zum Abweichen von Gott betrachtet. Nun möchten wir zum Heiligen Geist aufblicken, dass er uns diese große und tröstende Wahrheit entfaltet, dass der Herr die Seinen inmitten all ihrer Schwäche, ihrem Eigensinn und der Neigung zum Umherschweifen behütet, und dass die, die er behütet, wohl und ewig bewahrt sind. *„Der HERR behütet dich."*

1. DIE VOLLKOMMENE SCHWACHHEIT DES GLÄUBIGEN

Wir können unser Thema nicht richtig besprechen, ohne es in *der vollkommenen Schwachheit des Gläubigen selbst* festzumachen. Wenn dies nicht so wäre – wenn der Gläubige nicht aus Schwäche, völliger Schwäche und nichts als Schwäche bestehen würde –, dann könnte man vom Herrn nicht in Wahrheit sagen, dass *er* seine Leute *behütet*. Diese Wahrheit, so möchten wir noch einmal sagen, ist das Fundament unseres Themas und das muss dem Gläubigen beständig ins Gedächtnis gerufen werden. Das Prinzip des Selbstvertrauens ist das natürliche Erzeugnis des menschlichen Herzens. Der Wunsch, unabhängig von Gott zu leben, zu denken und zu handeln, ist das große Merkmal unseres völlig von Gott abgefallenen Menschengeschlechts. Was ist die große Zitadelle, auf deren Vernichtung die göttliche Gnade zuerst ihre Macht richtet? Was ist der erste Schritt, der zur Unterwerfung eines Sünders unter Gott unternommen werden muss? Was ist es, wenn nicht das Niederreißen dieser hochmütigen, maßlosen, unabhängigen Einbildung von sich selbst, die für den Menschen so natürlich und so abstoßend für Gott ist? Man möge nun daran denken, dass die göttliche und souveräne Gnade nicht die Extraktion *der Wurzel* dieses verdorbenen Prinzips aus dem Herzen derer unternimmt, die Gegenstand dieser Gnade sind. Die Wurzel bleibt bis zum Allerletzten der Pilgerschaft des Lebens. Obwohl sie zu einem gewissen Maß geschwächt, unterworfen und abgetötet ist, verbleibt sie immer noch. Sie erfordert äußerste Wachsamkeit, verbunden mit unaufhörlichem Gebet, damit sie nicht zur Zerstörung der Blüte der Seele, zum Betrüben des Geistes und zur Unehre Gottes aufschießt. Oh, wer kann sagen, wie sehr die zärtliche, treue Erziehung eines Bundesgottes vielleicht die Unterwerfung und Abtötung dieses hassenswerten Prinzips als ihr seliges Ziel hat? Wir werden es nie völlig wissen, bis wir das Haus unseres Vaters erreichen, wo sich das dunkle und für uns geheimnisvolle Handeln des liebenden Vaters an uns hier auf Erden in Licht und Herrlichkeit enthüllen und die Seele in Lob und Preis erheben wird!

Dass niemand, der nur Geschöpf ist – Engel oder Mensch –, sich selbst behüten kann, ist eine Wahrheit, die im Wort Gottes vollkommen geschrieben steht und durch einige der ernstesten und bewegendsten Beispiele veranschaulicht wird. *In der Geschichte der gefallenen Engel* hat Gott diese Wahrheit offenbart und bekräftigt.

Wenn sich irgendein Geschöpf selbst vor dem Fall bewahren könnte, warum dann nicht ein reiner engelhafter Geist? Sie hatten alles, was ein Geschöpf in sich selbst besitzt, was vorteilhaft für seine Sicherheit ist. Gott schuf sie in vollkommener Rechtschaffenheit und Heiligkeit; sie waren durch ein Gesetz gebunden, das in ihre Natur eingepflanzt war – das gleiche wie das Gesetz der Natur, welches in das Herz von Adam geschrieben war und welches im Kern dem Moralgesetz entspricht; sie waren durch dieses Gesetz gebunden, sagen wir, Gott aufs Äußerste zu lieben, ihm unbedingt zu gehorchen und ihm hingebungsvoll und für alle Zeit zu dienen. Keine Macht konnte sie von dieser Verpflichtung befreien; ihnen fehlte auch nicht das moralische Vermögen, ihr zu gehorchen. Die Neigung ihres Willens, die Vorlieben ihres Sinnes, das Verlangen ihrer Empfindungen war alles darauf gerichtet. Und doch fielen sie! Warum? Weil Gott ihnen die Freiheit ihres Willens ließ, der unbeständig war. Und in dem Moment, in dem sie sich selbst überlassen waren, fielen sie wie Blitze vom Himmel. *„Ich sah"*, sagt Christus, *„den Satan wie einen Blitz vom Himmel fallen"* (Lk 10,18). Wenn es der Macht eines Geschöpfes möglich gewesen wäre, sich selbst zu erhalten, wäre hier der herrliche Schauplatz gewesen, diese Macht zu zeigen. Ihre Naturen waren heilig, der Gott, dem sie dienten, war heilig, der Ort, den sie bewohnten, war heilig, ihre Gefährten waren heilig, ihre Beschäftigungen waren heilig, und doch fielen sie! Wieder fragen wir warum? Weil kein Geschöpf sich jemals durch irgendeine angeborene, ihm eigene Stärke oder Kraft aus sich selbst erhalten konnte oder erhalten kann. In dem Moment, in dem Gott es sich selbst überlässt, in dem Moment fällt es.

Schauen Sie auf Adam: Er war auch in vollkommener Heiligkeit geschaffen. Nicht ein Flecken Sünde war ursprünglich in seiner Natur. Nicht eine Wolke verfinsterte seinen Sinn. Nicht die kleinste Neigung seines Willens oder eine einzige Vorliebe seines Herzens hatte nicht Gott als Zentrum. Und doch fiel er aus seiner ursprünglichen Heiligkeit. Und warum? Weil er sich nicht selbst behüten konnte. Gott überließ ihn seiner natürlichen und moralischen Befähigung, die im Geschöpf natürliche und moralische *Schwachheit* ist. Er überließ ihn seinem eigenen freien Willen, er überließ ihn seiner eigenen angeborenen Kraft, und die traurige Folge war, dass er augenblicklich fiel – und in ihm, als ihrem Haupt des Bundes, fiel das ganze Menschengeschlecht. Adam war arm in sich selbst – er war ein Empfänger der freien milden Gaben des Gottes des Himmels. Selbst als er in all der Schönheit und der Fülle des Paradieses ruhte und die Erde als der Herrscher einer neuen und herrlichen Welt durchschritt, auf der ihm alles Anerkennung zollte und seinem Willen unterworfen war, selbst da war er, wie alle Geschöpfe notwendigerweise sein müssen, arm in sich selbst und war als ein schwaches, abhängiges Geschöpf auf den Gott angewiesen, der ihn schuf. Und in dem Moment, in dem Gott seine erhaltende Kraft zurückzog, in dem Moment riss sich Adam die Krone der Herrlichkeit der Schöpfung von seinem Kopf und zertrampelte sie im Staub in Stücke!

Schauen Sie auf die Geschichten von einigen der bedeutendsten Heiligen Gottes. Was für eine bewegende Bekräftigung dieser höchst wichtigen Wahrheit bieten sie, über die wir nun sprechen, dass das sich selbst überlassene Geschöpf vollkommen schwach ist! Wenn die Engel in ihrer Reinheit und wenn Adam im Zustand seiner Unschuld als Folge fielen, dass sie nach dem souveränen Willen Gottes ihrer eigenen Obhut überlassen wurden, was können wir dann von einem gefallenen, unvollkommenen Geschöpf erwarten, selbst wenn es erneuert ist? Schauen wir in Gottes gepriesenes Wort und lesen, was dort *ausgesagt* wird in Bezug auf die Kraft eines erneuerten Geschöpfes, sich selbst zu hüten. Wie ergreifend und zugleich wie überzeugend sind diese Aussagen: *„... in uns ist keine Kraft"* (2.Chr 20,12), *„... als wir noch kraftlos waren"* (Röm 5,6; Elb 06), *„... weil es durch das Fleisch kraftlos war"* (Röm 8,3), *„... aus Schwachheit zu Kraft gekommen"* (Hebr 11,34). Könnte die Sprache eindrucksvoller die völlige Schwachheit eines Kindes Gottes zeigen? Und was für *Bilder* werden gebraucht, um dem Sinn die gleiche Wahrheit einzuprägen? Sie sind äußerst ausdrucksvoll. Der Gläubige wird als Lamm unter Wölfen dargestellt (s. Lk 10,3); als eine Taube, die den Raubtieren ausgesetzt ist (Ps 74,19); als eine Lilie unter den Dornen (s. Hld 2,2); als geknicktes Rohr und als glimmender Docht (s. Mt 12,20); als kümmerliche Rebe, die am Weinstock hängt (s. Joh 15). *Und was geben sie selbst zu? „Der HERR ist meines Lebens Kraft"* (Ps 27,1). *„Der HERR ist mein Hirte"* (Ps 23,1). *„Stütze mich, dass ich gerettet werde"* (Ps 119,117; Elb 06). *„Auch vor Hochmutssünden behüte deinen Knecht: lass sie nicht Macht über mich gewinnen!"* (Ps 19,14; Menge). *„Senke meine Tritte ein in deine Fußstapfen, damit mein Gang nicht wankend sei!"* (Ps 17,5). *„Ja, wir hatten in uns selbst schon das Todesurteil, damit wir nicht auf uns selbst vertrauten"* (2.Kor 1,9). *„Aber durch Gottes Gnade bin ich, was ich bin ... jedoch nicht ich, sondern die Gnade Gottes, die mit mir ist"* (1.Kor 15,10). Und was für *Beispiele* gibt es? Um nur ein paar aus vielen auszuwählen: Schaut auf die Unmäßigkeit von Noah, den Unglauben von Abraham, den Ehebruch und Mord von David, den Götzendienst von Salomo, die Selbstgerechtigkeit von Hiob, die Ungeduld von Mose, das Selbstvertrauen und die abwartende, sich nicht festlegende Verfahrensweise von Petrus. Ernst sind diese Lektionen der Nichtigkeit des Geschöpfes; bewegend sind diese Beispiele seiner vollkommenen Schwachheit!

Doch warum von anderen sprechen? Möge der Leser, wenn er ein bekennendes Kind Gottes ist, innehalten und die Vergangenheit *in seinem eigenen Leben* untersuchen. Was für Kennzeichen vollkommener Schwachheit kann er entdecken; welche Belege für seine eigene Unbeständigkeit, Torheit und sein unreifes Urteilsvermögen kann er aufspüren; welche Ausbrüche tiefer Niederträchtigkeit; was für Enthüllungen verborgener Verderbtheit; was für erschreckende Symptome der schrecklichsten Abkehr und des schlimmsten Abfalls von Gott zeigt dieser Rückblick!? Und das ist auch, daran möge man denken, die Geschichte eines Gläubigen in Jesus, eines erneuerten Kindes Gottes, eines Teilhabers an der göttlichen Natur, eines Anwärters auf die ewige Herrlichkeit! Heilig und gesegnet sind diejenigen, die, wenn sie dieses Buch lesen und beiseitelegen, all ihre törichten Einbildungen bezüglich ihrer eigenen Kraft und davon, sich selbst zu hüten, aufgeben und beten, und nicht aufhören, zu beten: *„Stütze mich, dass ich gerettet werde"* (Ps 119,117; Elb 06). *„Darum, wer meint, er stehe, der sehe zu, dass er nicht falle!"* (1.Kor 10,12).

Der Herr aber lässt die Seinen ihre vollkommene Schwäche und Unzulänglichkeit *erkennen*, sich selbst zu behüten. Und das geschieht auch nicht rein gedanklich, theoretisch, nicht durch das, was sie hören, oder durch das, was sie lesen, sondern aus ihrer eigenen tiefen Erfahrung der Wahrheit. Ja, er bringt sie unaufhörlich dazu, diese Erkenntnis zu lernen. Ich weise nicht nur auf jene gesegnete Zeit hin, wenn der Heilige Geist das erste Mal die Axt an das Gefüge ihrer Selbstgerechtigkeit legt – sie lernen es wahrhaftig dann das erste Mal –, sondern es ist eine Wahrheit, mit der sie in wachsendem Maße bekannt werden. Es ist eine Lektion, die ihnen täglich beigebracht wird. Und es wird derjenige am vollkommensten darin geschult, der sein Herz am eingehendsten beobachtet, sehr auf seinen Weg achtgibt und sich sehr stetig und schlicht mit dem Kreuz Jesu beschäftigt. Der Weg, den der Herr einschlägt, um Gläubige zur Erkenntnis davon zu bringen, ist verschieden. Manchmal geschieht es, indem er sie in große Nöte und Schwierigkeiten bringt, ihren Weg mit Dornen verzäunt oder ihn mit Granit pflastert. Manchmal geschieht es durch großes Unglück nach großem Wohlstand wie bei Hiob, dem alles genommen wurde und der in Staub und Asche gelegt wurde, damit er zu der Überzeugung und dem Bekenntnis tiefer und völliger Schändlichkeit kommt. Manchmal geschieht es durch Umstände absoluten Wohlergehens, wenn er dem Herzen das gibt, wonach es verlangt, aber Magerkeit in die Seele sendet. Oh, wie lehrt das einen gottesfürchtigen Menschen seine eigene völlige Nichtigkeit! Manchmal erlaubt er dem Boten Satans, zu schlagen; sendet ein schweres, sich fortwährendes, zerfleischendes Kreuz und lässt es bestehen. Manchmal entfernt er einen geliebten Halt, auf den wir uns zu übertrieben und zu gewiss verlassen haben; lässt einen Wurm an die Wurzel unseres wohltuenden, sich ausbreitenden Rizinus heran (s. Jona 4,7); trocknet unsere erfrischende Quelle aus oder führt uns tief in das Tal der Selbsterniedrigung und Demütigung hinunter. Doch die große Schule, in der wir diese schmerzliche, aber nötige und heilsame Lektion lernen, ist *der Leib der Sünde*, den wir täglich mit uns tragen. Hier lernte Paulus seine Lektion, wie er im siebten Kapitel seines Briefes an die Gemeinde in Rom zeigt und für welchen Brief die Heiligen Gottes allezeit Grund haben, den seligen und ewigen Geist dafür zu loben und anzubeten: *„Denn ich weiß, dass in mir, das heißt in meinem Fleisch, nichts Gutes wohnt; das Wollen ist zwar bei mir vorhanden, aber das Vollbringen des Guten gelingt mir nicht. Denn ich tue nicht das Gute, das ich will, sondern das Böse, das ich nicht will, das verübe ich. Wenn ich aber das tue, was ich nicht will, so vollbringe nicht mehr ich es, sondern die Sünde, die in mir wohnt. Ich elender Mensch! Wer wird mich erlösen von diesem Todesleib?"* (Röm 7,18-20.24). In dieser Schule und auf diese Weise lernte der große Apostel der Heiden, dass der heiligste, gründlich gelehrte, nützliche, privilegierte und sogar inspirierte Heilige Gottes in sich selbst nichts als die absolut vollkommene Schwachheit der Sünde war. Seien Sie also nicht niedergeschlagen, lieber Leser, wenn der Herr der Geist Ihnen die *gleiche Lektion* auf dem *gleichen Weg* lehrt; wenn er jetzt das verborgene Böse umpflügt, den brachliegenden Boden aufbricht und Sie mehr von dem bösen Prinzip Ihres Herzens, der Niederträchtigkeit Ihrer gefallenen Natur lehrt und dies vielleicht auch eine Zeit tiefer Prüfung und das Herz zerbrechender Heimsuchung sein kann. Ach! Sie sind bereit, auszurufen: „Alle diese Dinge sind gegen mich: ‚*Sorglos war ich, da hat er mich überfallen; er hat mich beim Nacken ergriffen und zerschmettert und mich als seine Zielscheibe aufgestellt. Seine Geschosse umschwirrten mich, er durchbohrte meine Nieren ohne Erbarmen; meine Galle schüttete er auf die Erde aus. Er zerbrach mich, [riss mir] eine Bresche nach der anderen, lief gegen mich an wie ein Krieger*' (Hiob 16,12-14). Bin ich ein Kind Gottes? Kann ich ein Gefäß der Gnade sein und zur gleichen Zeit ein Gefäß für so viel verborgenes Böses und solch tiefer, überwältigender Prüfung? Ist das die Art, wie er mit den Seinen umgeht?"

> „Ich bat den Herrn, dass ich wachsen möge
> im Glauben, in der Liebe und in aller Gnade,
> dass ich mehr von seinem Heil erkennen möge
> und sein Angesicht noch ernster suche.
>
> Er war es, der mich lehrte, so zu beten,
> und er, vertraue ich, hat Gebet beantwortet.
> Doch es war auf eine solche Weise,
> dass sie mich fast zur Verzweiflung trieb.
>
> Ich dachte, zu irgendeiner günstigen Stunde
> würde er meine Bitte auf Anhieb erhören
> und durch die fesselnde Kraft seiner Liebe
> meine Sünden bannen und mir Ruhe schenken.

Stattdessen ließ er mich all das Böse spüren,
das in meinem Herzen verborgen war,
und ließ die wütende Macht der Hölle
in jeden Winkel meiner Seele einfallen.
Ja mehr, mit eigener Hand schien er
mein Wehe verschärfen zu wollen.
Durchkreuzte alle schönen Pläne, die ich hegte,
blies auf meinen Rizinus und machte mich niedrig.

‚Herr, was soll das?‘, rief ich zitternd.
‚Willst du mich armen Wurm in den Tod treiben?‘
‚Auf diese Weise‘, so antwortete der Herr,
‚beantworte ich Gebete um Gnade und Glauben.‘

‚Diese inneren Kämpfe nutze ich,
um dich von Selbstsucht und Stolz zu befreien
und um deine Vorstellungen von irdischer Freude zu
durchbrechen,
damit du deine Erfüllung allein in mir suchen mögest!‘"[20]

Ja, lieber Leser, Sie sind weder einsam noch allein. Denn das ganze
Bundesvolk Gottes geht diesen Pfad zu ihrem besseren und leuchten-
deren Zuhause. Hier werden sie mit ihrer eigenen Schwachheit,
ihrer unaufhörlichen Anfälligkeit zu straucheln vertraut. Hier entsa-
gen sie ihren früheren Gedanken in Bezug auf die Kraft, die sie in
sich selbst haben, und die Fähigkeit, sich selbst zu hüten. Und hier
lernen sie auch mehr von Jesus als ihre Stärke, ihren allgenugsamen
Hüter, mehr von ihm als ihrer Weisheit, Gerechtigkeit, Heiligung und
Erlösung (s. 1.Kor 1,30). Fassen Sie also Mut, denn der Herr, Ihr
Gott, geht Ihnen voran auf einem sicheren und richtigen Weg, um
Sie in eine Stadt der Ruhe zu bringen!

---

20 Quelle unbekannt.

2. Gott, der vollkommene Hüter

Doch der Herr behütet die Seinen. Wir wollen unsere verbleibenden Betrachtungen auf die Erwägung dieses Punktes lenken. Wenn das wahr ist, was wir über die völlige Hilflosigkeit, die Neigung zu ständigem Abweichen eines Kindes Gottes vorgebracht haben, ist sicherlich kein Argument nötig, um zu zeigen, dass der Gläubige genau solch einen Hüter braucht, wie Gott einer ist. Wenn er sich nicht selbst hüten kann, kann ihn kein bloßes Geschöpf hüten – niemand außer Gott in Christus.

Unser gepriesener Herr hat selbst diese Wahrheit verkündet. Achten Sie auf die zweifache Sicherheit des Gläubigen in seiner und in des Vaters Hand: *„Meine Schafe hören meine Stimme, und ich kenne sie, und sie folgen mir nach; und ich gebe ihnen ewiges Leben, und sie werden in Ewigkeit nicht verlorengehen, und niemand wird sie aus meiner Hand reißen. Mein Vater, der sie mir gegeben hat, ist größer als alle, und niemand kann sie aus der Hand meines Vaters reißen. Ich und der Vater sind eins"* (Joh 10,27-30). Hier werden die Seinen als sein eigenes erwähltes besonderes Volk – seine Schafe – bezeichnet, ihm von seinem Vater gegeben und sind vollkommen sicher in den Händen beider. Hören Sie, wie er für die Seinen seine Seele ausschüttet: *„Und ich bin nicht mehr in der Welt; diese aber sind in der Welt, und ich komme zu dir. Heiliger Vater, bewahre sie in deinem Namen, die du mir gegeben hast, damit sie eins seien, gleichwie wir! Als ich bei ihnen in der Welt war, bewahrte ich sie in deinem Namen; die du mir gegeben hast, habe ich behütet"* (Joh 17,11-12).

Dass der Herr Jesus *die Seinen vor dem Straucheln bewahren kann*, ist eine Sicht unseres Themas, die der besonderen und dankbaren Erwägung würdig ist. Das ist das Fundament unseres Glaubens, dass Christus die *Macht* hat, die Menschen, die seiner Fürsorge anvertraut sind, in alle Zeit und in alle Ewigkeit zu behüten. Sie sind sein Teil, seine Braut, sein Schmuck. Sie wurden ihm von seinem Vater anvertraut und deshalb ist er für ihr gegenwärtiges und ewiges Heil verantwortlich. Wir wollen nun sehen, wie er in jeder Hinsicht für dieses große Unterfangen geeignet ist.

Christus ist *als Gott* in der Lage, die Seinen zu behüten. Als der HERR seinem Volk unter dem Alten Bund Verheißungen des Segens gab – im Hinblick darauf, ihren Glauben daran zu stärken, dass er in der Lage ist, das auszuführen, was er verheißen hat –, pflegte er seinem Namen einen Hinweis auf seine Allmacht hinzuzufügen: *„… der HERR, der Schöpfer der Himmel – Er ist Gott –, der die Erde gebildet und bereitet hat – Er hat sie gegründet"* (Jes 45,18). Also war – wie groß und gewaltig, wie scheinbar unmöglich die verheißene Sache auch sein mag – er, welcher Himmel und Erde geschaffen hat, in der Lage, seine Verheißung zu vollbringen. Nun wird genau diese Vollkommenheit Gottes – dieses Werk, das seine Allmacht charakterisiert und alle Fragen zu seiner ewigen Kraft und Gottheit beantwortet und alle Zweifel zum Schweigen bringt – *Christus zugeschrieben* und gehört ihm, dem Hüter der Seinen. Daher heißt es: *„Denn in ihm ist alles erschaffen worden, was im Himmel und was auf Erden ist, das Sichtbare und das Unsichtbare, seien es Throne oder Herrschaften oder Fürstentümer oder Gewalten: Alles ist durch ihn und für ihn geschaffen; und er ist vor allem, und alles hat seinen Bestand in ihm"* (Kol 1,16-17). Nicht weniger eindrucksvoll ist die gleiche Ausübung von Allmacht, die Christus im Brief an die Hebräer zugeschrieben wird: *„Der Sohn spiegelt die Herrlichkeit Gottes wider, und alles an ihm ist ein Ausdruck des Wesens Gottes. **Er erhält das Universum durch die Macht seines Wortes.** Nachdem er uns durch seinen Tod von unseren Sünden gereinigt hat, setzte er sich auf den Ehrenplatz an der rechten Seite des herrlichen Gottes* *im Himmel.*" (Hebr 1,3; NLB[21]). In diesem Abschnitt wird Jesus eine *schöpferische* und *erhaltende* Kraft zugeschrieben – Eigenschaften, die nur von Gott ausgesagt werden können. Hierin also liegt das große Vermögen Christi als Hüter seines Bundesvolkes. Die gleiche Vollkommenheit, die ihn zum Haupt des Bundes und Bürgen der Seinen befähigte – die gleiche allmächtige Kraft, die ihm die Möglichkeit gab, ihr Heil zu bewirken, ihre Last und den Fluch für ihre Sünden zu tragen –, ermöglicht es ihm, sie zu bewahren, solange sie tot sind durch Übertretungen und Sünden (s. Eph 2,1), und sie zu behüten, nachdem sie durch das Wirken des Heiligen Geistes berufen und erneuert worden sind. Er ist also als Gott in der Lage, seine Heiligen vor dem Fall zu behüten.

Doch ist er auch *als Mittler* – *als Gott-Mensch* – in der Lage, die Seinen zu behüten. Als Haupt des Bundes und Bewahrer der Kirche *„gefiel [es dem Vater], in ihm alle Fülle wohnen zu lassen"* (Kol 1,19). Der Vater wusste, was seine geliebte Familie nötig haben würde. Er wusste, welche Verderbtheit seine Kinder bedroht, welche Versuchungen sie verleiten, welche Feinde sie angreifen, welche Schwächen sie umgeben und welche Prüfungen sie bedrücken würden. Deshalb *gefiel* es ihm – es war sein eigenes gutes und gnädiges Wohlgefallen –, dass in seinem Sohn, dem Mittler seiner geliebten Kinder, *alle* Fülle wohnen würde – die Fülle des Verdienstes, die Fülle der Vergebung, die Fülle der Gerechtigkeit, die Fülle der Gnade, Weisheit und Stärke –, entsprechend den verschiedenen, vielfachen und unterschiedlichen Umständen seiner Familie. Es heißt *„alle* Fülle". „Fülle", wie Owen wunderschön anmerkt, „die ausreicht für jedes Ziel der Gnade. Fülle für die Praxis, um vor Menschen und Engeln ein Beispiel des Gehorsams zu sein; Fülle für die Gewissheit einer ungestörten Gemeinschaft mit Gott; Fülle für

---

21 *Neues Leben. Die Bibel* (Abk.: NLB), Hänssler Verlag, Holzgerlingen 2002/2005.

die Bereitschaft, anderen davon zu geben; Fülle, die ihn geeignet macht für alle Gelegenheiten und Erforderlichkeiten der Seelen der Menschen. Fülle zu einer Herrlichkeit, die für das Vorhandensein in der Person des Sohnes Gottes nicht unpassend ist. Fülle zu einem vollkommenen Sieg in Prüfungen über alle Versuchungen. Fülle, die genau dem ganzen Gesetz entspricht, jedem gerechten und heiligen Gesetz Gottes. Fülle bis zu dem äußersten Fassungsvermögen einer begrenzten, geschaffenen, endlichen Natur; Fülle für die größte Schönheit und Herrlichkeit eines lebendigen Tempels Gottes; Fülle zur vollkommenen Freude und Wonne der Seele seines Vaters. Fülle für ein ewiges Monument der Herrlichkeit Gottes, indem er dem Menschensohn solch unfassbare Vorzüglichkeiten verliehen hat."

Er behütet sie also als der Mittler der Seinen bei Nacht und bei Tag in vollkommener Sicherheit. Kein Mensch, keine Macht kann sie aus seiner Hand reißen; er hat ihr vollständiges Heil garantiert. Das Heil für die Seinen wäre nur zum Teil erwirkt worden, wenn er zwar für ihre Sünden gestorben und zu ihrer Rechtfertigung auferstanden wäre, aber doch nicht für ihre *Sicherheit* gesorgt hätte, während sie durch eine Welt der Sünde und Versuchung wandeln; wenn er sie ihrer eigenen Obhut überlassen hätte, als ungeschützte Beute für jegliche Verderbtheit ihres Herzens, die Machenschaften Satans und der Macht weltlicher Verstrickungen. Den Seinen steht ein dreifacher Feind gegenüber: Satan und die Welt stehen im Bunde mit ihren eigenen unvollkommen erneuerten und geheiligten Herzen – jenem heimtückischen Feind, der im Lager wohnt und immer bereit ist, die Seele in die Hände ihrer Feinde auszuliefern. Wie soll ein armes, schwaches Kind Gottes gegen eine solche Phalanx standhalten und gegen sie ankämpfen? Er aber, der mächtig war, zu erretten, ist mächtig, zu behüten. In ihm sind bereits Vorkehrungen getroffen worden für alle schwierigen, komplizierten und gefährlichen

Umstände, in die der Gläubige geraten kann. Es ist Gnade angehäuft für die Unterwerfung jeder angeborenen Verderbtheit. Es gibt eine Waffenrüstung für jeden Angriff des Feindes – Weisheit, Stärke, Trost, Mitgefühl, Freundlichkeit –, alles, was ein armer, glaubender Sünder möglicherweise braucht, ist in reichem Maße in Jesus vorrätig, dem Haupt des Bundes aller Fülle Gottes für sein Volk.

Doch wie soll ein Kind Gottes dies alles nutzen, was ihm zur Verfügung steht? Hier zeigt sich das schlichte, aber herrliche *Leben aus dem Glauben*. Durch den Glauben an Christus wird die Seele im Kampf gestärkt. Dies ist der Kanal, durch den die Fülle Jesu zu dem Gläubigen kommt. Durch den Glauben macht er sich auf zu seiner reichen und umfassenden Versorgung. Durch den Glauben tauscht er seine Nichtigkeit gegen Christi Allgenugsamkeit. Durch den Glauben tauscht er seine Unwürdigkeit gegen den unendlichen Verdienst Christi. Durch den Glauben tauscht er seine Schwachheit gegen Christi Stärke, seine Torheit gegen Christi Weisheit. Er bringt sein furchtsames Herz, seinen ängstlichen Geist, seine Nervosität, seinen zweifelnden Sinn, seine nebulösen Anzeichen der Gotteskindschaft, sein schmerzliches Kreuz und seinen besonderen Fall – welcher Art er auch sein mag – *durch den Glauben*, in der Ausübung *des schlichten Glaubens*, zu Jesus, und hängt sich wie ein leeres Gefäß an den Pflock, der an dem festen Ort eingeschlagen ist, Eljakim, an den sich die ganze Herrlichkeit seines Vaterhauses hängt, *„die Sprösslinge und die Abkömmlinge, alle kleinen Gefäße, von den Tonschalen bis zu allen Krügen"* (Jes 22,24). So kann der schwächste, der am schwersten angegriffene, der am tiefsten geprüfte, der am schmerzlichsten versuchte Gläubige seinen Goliath durch ein einfaches Handeln des Glaubens mit der Fülle, die in Jesus Christus ist, tot zu seinen Füßen niederstrecken. Oh, wie mächtig ist der Gläubige, der, in einem tiefen Misstrauen gegenüber seiner eigenen Kraft, sich von dem Geist der Abhängigkeit von sich selbst befreit, schlicht und ganz und gar auf Jesus blickt und nur dann vorwärtsgeht, um auf seinen Feind zu treffen, wenn er stark in der Stärke ist, die in Christus ist.

Doch was ist *das große Übel*, in dessen Gefahr echte Heilige Gottes am meisten stehen und was ihre ängstlichen, furchtsamen Herzen am meisten fürchten? Ist es nicht ein verborgenes und äußerliches Abtrünnigwerden von Gott nach ihrer Bekehrung? Sicher ist es das, wie die Erfahrung jedes ehrlichen, rechtschaffenen, gottesfürchtigen Menschen bezeugen wird. Dann ist es sein Trost, zu wissen, dass Jesus ihn *vor dem Straucheln* behüten kann. *„Dem aber, der mächtig genug ist, euch ohne Straucheln zu bewahren ...“* (Jud 1,24). Dies ist das überwältigendste Übel, das dem Gläubigen ins Gesicht starrt. Manche, die nur unvollkommen im Wort unterrichtet sind, fürchten hier einen schrecklichen Abfall vom Glauben und eine endgültige Verdammung aus der Gegenwart Gottes hernach. Sie glauben zwar, dass Christus der göttlichen Gerechtigkeit bezüglich ihrer Sünden völlig Genüge getan, die mächtige Schuld ausgelöscht, ihnen seine Gerechtigkeit zugeschrieben, ihre Missetaten getilgt, sie berufen, erneuert, geheiligt und durch seinen Geist vollkommen von ihnen Besitz ergriffen hat; dass er in die Höhe aufgefahren ist, um für sie beim Vater einzutreten – aber dass sie doch, nach all dieser erstaunlichen Ausübung von Macht und diesem einzigartigen Erweis freier Gnade, dem vollständigen Abfall von Gott überlassen werden und endgültig und ewig verloren gehen können. Wenn es eine Lehre gibt, die von ihrer Natur her äußerst schrecklich und von ihren Folgen her enorm bedrückend und der Herrlichkeit Gottes und der Ehre Christi direkt entgegengesetzt ist, dann, so scheint es mir, ist es diese.

Andere wiederum, die besser von dem Geist gelehrt wurden, hört man sagen: „Ich glaube an die Beständigkeit des Bundes, an die Unveränderlichkeit von Gottes Liebe und an die Treue meines himmlischen Vaters. Doch ich fürchte, dass ich eines Tages unter einer schweren Versuchung, einem Ausbruch innewohnender Sünde – wenn der Feind wie eine Flut hereinbricht –, zur Verwundung meines Friedens, zur Beschämung meiner Brüder und zur Unehre Christi zu Fall kommen werde." Lieber Leser, Sie würden wahrhaftig straucheln, wenn er Sie einen Moment lang Ihrer eigenen Obhut überlassen würde. Doch Jesus ist in der Lage, Sie vor dem Straucheln zu bewahren. Lesen Sie die Verheißungen, glauben Sie diese und ruhen Sie in ihnen! Was sagt er in Bezug auf seine erlöste Kirche? *„Ich, der HERR, behüte ihn und bewässere ihn zu jeder Zeit; ich bewache ihn Tag und Nacht, damit sich niemand an ihm vergreift"* (Jes 27,3). *„... aber die Gerechten stützt der HERR"* (Ps 37,17). *„Aber der Gerechte wird an seinem Weg festhalten, und wer reine Hände hat, dessen Kraft nimmt zu"* (Hiob 17,9). *„Sie schreiten von Kraft zu Kraft, erscheinen vor Gott in Zion"* (Ps 84,8). *„Die auf den HERRN vertrauen, sind wie der Berg Zion, der nicht wankt, sondern ewiglich bleibt. Wie Berge Jerusalem rings umgeben, so ist der HERR um sein Volk her von nun an bis in Ewigkeit"* (Ps 125,1-2). *„... die wir in der Kraft Gottes bewahrt werden durch den Glauben zu dem Heil"* (1.Petr 1,5). *„Ich hebe meine Augen auf zu den Bergen: Woher kommt mir Hilfe? Meine Hilfe kommt von dem HERRN, der Himmel und Erde gemacht hat! Er wird deinen Fuß nicht wanken lassen, und der dich behütet, schläft nicht. Siehe, der Hüter Israels schläft noch schlummert nicht. Der HERR behütet dich"* (Ps 121,1-5).

Ein schlichter Blick auf diese Abschnitte wird dem Auge des Gläubigen *eine dreifache Schnur* zeigen, durch die er vor dem Straucheln bewahrt wird. In erster Linie bewahrt *Gott der Vater* ihn – *„die wir in der Kraft Gottes bewahrt werden"*. Die Kraft, die die Welt erschuf und erhält, bewahrt den Gläubigen. Der ewige Vorsatz, die Liebe und Gnade des Vaters hält ihn: Dies ist die erste Schnur.

Ferner bewahrt ihn *Gott der Sohn*: *„Meine Schafe hören meine Stimme, und ich kenne sie, und sie folgen mir nach; und ich gebe ihnen ewiges Leben, und sie werden in Ewigkeit nicht verlorengehen, und niemand wird sie aus meiner Hand reißen"* (Joh 10,27-28). Die Bundesverpflichtungen, der vollkommene Gehorsam, der sühnende Tod des Immanuel bewahren den Gläubigen: Dies ist die zweite Schnur.

Und ferner bewahrt ihn *Gott der Heilige Geist*: *„Wenn der Feind hereinbricht wie eine Flut, wird der Geist des Herrn ein Banner gegen ihn aufrichten [Randbemerkung: wird ihn in die Flucht schlagen]"* (Jes 59,19, KJV[22]). Die wirksame Berufung, die persönliche Innewohnung, die zärtliche Liebe, die Bundestreue und die Allmacht des ewigen Geistes behüten den Gläubigen: Dies ist die dritte Schnur. *„... und eine dreifache Schnur wird nicht so bald zerrissen"* (Pred 4,12). Welch außerordentlich große und kostbare Verheißungen! Wir können gut mit dem Dichter singen:

> Glücklicher, aber nicht sicherer,
> sind die verherrlichten Leiber der Heiligen im Himmel.

Doch an diese Verheißungen des dreieinen Gottes, die Seinen vor dem Straucheln zu bewahren, hat er weise und gnädig die sorgfältige, betende Nutzung all der Mittel gebunden, die er für dieses Ziel eingesetzt hat. Die Bibel spricht nirgends von dem Gläubigen oder richtet sich an ihn als eine leblose Maschine oder einen reinen Automaten, sondern als jemanden, der *„lebt in Christus Jesus"* (Röm 6,11), als *„erschaffen in Christus Jesus"* (Eph 2,10), als *„göttlicher Natur teilhaftig"* (2.Petr 1,4). Als solchem wird ihm geboten, seine *„Rettung mit Furcht und Zittern"* zu verwirklichen (Phil 2,12), umso eifriger bestrebt zu sein, seine *„Berufung und Auserwählung fest zu machen"* (2.Petr 1,10), zu wachen und zu beten, damit er nicht in

---

22 *King James Version – Authorized Version* (Abk.: KJV).

Anfechtung gerät (s. Mt 26,41). Und der Apostel Judas ermahnt deshalb die Heiligen gütig und ernstlich, an die er seinen kurzen Brief richtete: *„Ihr aber, Geliebte,* **erbaut euch** *auf euren allerheiligsten Glauben und betet im Heiligen Geist;* **bewahrt euch selbst** *in der Liebe Gottes und hofft auf die Barmherzigkeit unseres Herrn Jesus Christus zum ewigen Leben"* (Jud 20-21). So hat Gott ein gewisses Maß an Verantwortung für sein eigenes Stehen dem Gläubigen selbst auferlegt, damit dieser nicht träge, unaufmerksam und nachlässig im Gebet ist, sondern sich immer seiner feierlichen Verpflichtung bewusst ist, *„die Gottlosigkeit und die weltlichen Begierden [zu] verleugnen und besonnen und gerecht und gottesfürchtig [zu] leben in der jetzigen Weltzeit"* (Tit 2,12) und daran zu denken, dass er nicht sich selbst gehört, sondern mit einem Preis erkauft wurde (s. 1.Kor 6,19-20).

Der Leser möge sich vor dem kleinsten Missbrauch einer der großen Wahrheiten hüten, die in diesem Werk besprochen wurden, besonders der, die in diesem Kapitel hervorgehoben wird. Wenn auch die Kraft Gottes die *wirksame Ursache* für die ewige Sicherheit des Gläubigen ist, so muss der Gläubige doch fleißig Gebrauch machen von allen heiligen Mitteln als *die Helfer*, welche Gott eingesetzt hat und die er als Werkzeuge benutzt, um sich vor dem Straucheln zu bewahren. Als Tempel des Heiligen Geistes, als Gegenstand des göttlichen Lebens, als einem, dem vergeben und der gerechtfertigt ist, ist er berufen, sich beharrlich zu mühen, unaufhörlich zu beten und aufmerksam zu wachen. Er soll nicht vorsätzlich in eine Versuchung laufen, sich selbst unnötigerweise der Macht des Feindes aussetzen, sich mit unheiligen und feindlichen Einflüssen umgeben und dann bei der Wahrheit Zuflucht suchen, dass der Herr ihn vor dem Straucheln bewahren wird. Gott behüte! Es wäre äußerst schrecklich, *„die Lehre, die der Gottesfurcht entspricht"* (1.Tim 6,3), dafür zu missbrauchen, *„die Wahrheit durch Ungerechtigkeit auf[zu]halten"* (Röm 1,18) und Christus zum Sündendiener zu machen (s. Gal 2,17). Lieber Leser, wachen und beten Sie dagegen an!

Und zuletzt: Möge die ermutigende Aussicht auf die Herrlichkeit, für die Sie bewahrt werden, Sie zu aller emsigen Beharrlichkeit in der heiligen Pflicht anspornen und Sie zu allem geduldigen Aushalten von Leid nötigen. In allen Kämpfen mit innewohnender Sünde, unter dem Druck aller äußeren Prüfungen möge Sie diese kostbare Wahrheit trösten, dass Ihr himmlischer Vater Sie *„wiedergeboren hat zu einer lebendigen Hoffnung durch die Auferstehung Jesu Christi aus den Toten, zu einem unvergänglichen und unbefleckten und unverwelklichen Erbe, das im Himmel aufbewahrt wird für [Sie], die [Sie] in der Kraft Gottes bewahrt werden durch den Glauben zu dem Heil"* (1.Petr 1,3). Dass bald – oh, wie bald – alles, was jetzt das Herz mit Sorge belastet und es mit Kummer niederdrückt – alles, was das Auge mit Tränen trübt und den Tag bang und die Nacht schlaflos macht –, so sein wird, als wäre es nie gewesen. Hervorkommend aus der Verstrickung, der Trostlosigkeit, der Einöde, der Einsamkeit und den Versuchungen der Wüste werden Sie in Ihre ewige Ruhe eingehen, in Ihr unvergängliches Erbe, wo es keinen Kummer, keinen geistlichen Niedergang, keine Sünde gibt. Wo es keinen Sonnenuntergang, noch Dämmerung, keine Abendschatten, noch mitternächtliche Finsternis gibt, sondern alles ein vollkommener, wolkenloser, ewiger Tag ist, von dem *Jesus* die Freude, das Licht und die Herrlichkeit ist.

„Dem aber, der mächtig genug ist, euch ohne Straucheln zu bewahren und euch unsträflich, mit Freuden vor das Angesicht seiner Herrlichkeit zu stellen, dem allein weisen Gott, unserem Retter, gebührt Herrlichkeit und Majestät, Macht und Herrschaft jetzt und in alle Ewigkeit! Amen" (Jud 1,24).

VERZEICHNIS DER BIBELSTELLEN

D. Martyn Lloyd-Jones
Gott allein genügt!
Jesaja 40
Paperback, 152 Seiten
ISBN 978-3-935188-58-6

€ 11,20

Es wird gesagt, dass Martyn Lloyd-Jones über Gott predigte, im Gegensatz zu anderen, die Liebe predigen oder Jesus Christus. Seine vollmächtigen Predigten aus Jesaja 40 bestätigen diese Tatsache und zeigen dadurch, was die Menschen der heutigen Zeit am meisten brauchen – nämlich Gott so zu kennen, wie er wirklich ist.

Es wird klar, dass der Gott der Bibel nicht nur der große Schöpfer und Richter ist, sondern ein Vater der Gnade und Güte und ein Tröster, der uns in unseren tiefsten Bedürfnissen begegnet. Dieser ganz und gar ausreichende Gott hat alle unsere Probleme, Zweifel und Schwierigkeiten im Blick und schon eine Lösung dafür, durch das Evangelium von seinem Sohn, Jesus Christus.

„Das Erste, dessen wir uns hinsichtlich des Evangeliums Jesu Christi bewusst werden müssen, ist, dass es eine von Gott gesandte Botschaft ist. Es ist Gott, der hier redet. Es ist Gott, der diesem Mann Jesaja eine Botschaft gibt. Es ist Gott, der sagt: ‚Tröstet, tröstet.‘ Es ist Gott, der allmächtige Gott selbst, der Jesaja zu reden befiehlt. Warum beginne ich damit, und warum betone ich es? Wenn uns dies nicht klar ist, dann wird nichts anderes uns jemals klar sein. Das Erste, das wir in Bezug auf die christliche Lebensweise und den christlichen Heilsweg verstehen müssen, ist, dass sie ganz und gar von Gott sind. Die größte Tragödie in der heutigen Welt ist die Vorstellung, die der Durchschnittsmensch sich von Gott macht" (D. Martyn Lloyd-Jones).

Diejenigen, die einen Hunger nach Gott haben – oder ihn besser kennen möchten –, werden durch dieses Buch eine große Hilfe erfahren.

J.C. Ryle
Seid heilig!
Der Schlüssel zum erfüllten Leben
Hardcover, 464 Seiten
ISBN 978-3-935188-31-9

€ 17,90

Der Autor J.C. Ryle ist schon zu seiner Zeit (1816-1900) zu der tiefen Überzeugung gekommen, dass praktische Heiligkeit und ganze Selbsthingabe an Gott von modernen Christen nicht mehr genügend gelebt werden. Das Thema persönlicher Gottesfurcht ist traurigerweise in den Hintergrund geraten. Der christliche Lebensstil ist auf vielen Gebieten auf einem niedrigen Niveau und die Wichtigkeit, Gottes Lehre durch unsere täglichen Gewohnheiten Ehre zu machen, gerät in Vergessenheit.

Weltliche Menschen beklagen sich oft begründet, dass sogenannte „religiöse" Leute nicht so liebenswürdig und selbstlos und gutgelaunt sind wie andere, die kein Glaubensbekenntnis von sich geben. Gesunde protestantische und evangelikale Lehre ist nutzlos, wenn sie nicht von einem heiligen Leben begleitet ist. Sie ist mehr als nutzlos. Sie bewirkt Schaden. Sie wird von eifrigen und beobachtenden Weltmenschen als eine unrealistische und hohle Sache verachtet und bringt den Glauben in Misskredit.

Um diesem Trend entgegenzuwirken, ist eine Richtungsänderung durch eine völlige Wiederbelebung der biblischen Heiligkeit nötig.

John Owen
Die Gefahr des Abfallens
Die Puritaner Band 7
Hardcover, 176 Seiten
ISBN 978-3-935188-96-8

€ 10,20

Nur wenige Themen werden von gegenwärtigen christlichen Autoren so selten aufgegriffen wie das vorliegende Thema aus Hebräer 6,4-6. Die Vorstellung, dass sich bekennende Christen nicht als wahre Gläubige herausstellen könnten, ist ein äußerst sensibles Thema – gerade in unserer oberflächlichen Zeit. Für den Autor John Owen allerdings ist gerade diese Verdrängung ein triftiger Grund für eine tief gehende und detaillierte Analyse.

Einige Leser werden dieses Buch als Gewissensprüfung erfahren, andere werden betroffen sein durch die Klarheit und Erkenntnis, mit der Owen diese Analyse ausführt. Aber alle werden dieses Buch als ein Werk erkennen, das zwar den geistlichen Zustand schonungslos offenlegt, den Leser aber dadurch vor der Abkehr vom Evangelium bewahren möchte.

Bestellanschrift:

3L Verlag gGmbH
Auf der Lind 9

D-65529 Waldems

Telefon: 0 61 26 - 2 24 68 30
Telefax: 0 61 26 - 2 24 68 96
E-Mail: info@3Lverlag.de
www.3LVerlag.de